民事非诉讼法律实务模拟教程

主 编 ◎ 刘 洲 刘如翔
副主编 ◎ 甘 露 彭丽容

四川大学出版社
SICHUAN UNIVERSITY PRESS

图书在版编目（CIP）数据

民事非诉讼法律实务模拟教程 / 刘洲，刘如翔主编.
成都：四川大学出版社，2025.4. -- ISBN 978-7-5690-
7784-1

Ⅰ．D925.1

中国国家版本馆CIP数据核字第2025894BR0号

| 书　　名：民事非诉讼法律实务模拟教程
　　　　　　Minshi Feisusong Falü Shiwu Moni Jiaocheng
| 主　　编：刘　洲　刘如翔

| 选题策划：梁　平　叶晗雨　杨　果
| 责任编辑：梁　平
| 责任校对：李　梅
| 装帧设计：裴菊红
| 责任印制：李金兰

| 出版发行：四川大学出版社有限责任公司
| 地址：成都市一环路南一段24号（610065）
| 电话：（028）85408311（发行部）、85400276（总编室）
| 电子邮箱：scupress@vip.163.com
| 网址：https://press.scu.edu.cn
| 印前制作：四川胜翔数码印务设计有限公司
| 印刷装订：成都市川侨印务有限公司

| 成品尺寸：185 mm×260 mm
| 印　　张：14
| 字　　数：361千字

| 版　　次：2025年5月 第1版
| 印　　次：2025年5月 第1次印刷
| 定　　价：68.00元

本社图书如有印装质量问题，请联系发行部调换

版权所有 ◆ 侵权必究

扫码获取数字资源

四川大学出版社
微信公众号

前　言

《民事非诉讼法律实务模拟教程》初版出版至今已有十年。这十年中，无论是民事非诉讼法律实务的现实发展，还是民事非诉讼法律实务的模拟教学实践，都出现了很多新变化，使得我们有必要对本教材进行修订：

一方面，非诉讼业务实践发展的要求。尽管借鉴了海外经验，但我国律师非诉讼业务模式主要是中国律师行业在实践中探索总结的结果。随着法治建设的持续推进，部分与非诉讼法律实务密切相关的法律文件先后被制定、修改或废止，这会直接影响到非诉讼法律实务。同时，随着非诉讼法律实务的开展，一些新的非诉讼法律服务领域或者类型有待教材予以体现。

另一方面，教材应用场景变化的要求。我们最初编写教材时主要考虑的是供法学专业本科学生教学使用。但随着近年来法学专业人才培养对实践性教学重视程度的加深，不少高校已经开始在硕士研究生培养方案中纳入了非诉讼法律实务教学的内容。以笔者所在大学为例，"非诉讼实务模拟"从2017级法律硕士专业开始成为一门必修课。由于法律硕士专业学生的年龄、阅历、知识结构等与本科生差别很大，原教材已经无法满足现实教学要求，迫切需要对教材中的部分内容进行修订。

此外，受限于编者能力、经验等因素，教材初版中还存在个别错漏之处，我们希望通过本次修订修正。

有鉴于此，我们对教材进行了全方位修订，主要修订内容包括：一是新增了部分模拟实验的项目，同时对部分内容进行了修改，以适应硕士研究生教学的需要；二是根据立法和实践的变化对原教材中涉及的法律规定进行了更新，同时结合新的实践对原教材中的部分内容进行了完善；三是对原教材中一些错漏之处进行了更正。

刘　洲

目 录

第一篇 模拟实验准备 ……………………………………………………… 1
  第一章 民事非诉讼法律实务概述 ………………………………………… 3
  第二章 民事非诉讼业务基本技能 ………………………………………… 23

第二篇 模拟实验操作 ……………………………………………………… 49
  第三章 法律顾问比选 ……………………………………………………… 52
  第四章 法律尽职调查 ……………………………………………………… 69
  第五章 劳动合同审查 ……………………………………………………… 113
  第六章 商事合同审查 ……………………………………………………… 136
  第七章 股权激励方案审查 ………………………………………………… 161
  第八章 法律风险审查 ……………………………………………………… 187

附 录 ………………………………………………………………………… 211
  附录1 法学院民事非诉讼法律实务模拟课程保密承诺书 ……………… 213
  附录2 法学院民事非诉讼法律实务模拟课程平时成绩考核记录表 …… 214
  附录3 法学院民事非诉讼法律实务模拟课程记录表 …………………… 215
  附录4 法学院民事非诉讼法律实务模拟课程调查表 …………………… 216

参考文献 …………………………………………………………………… 218

第一篇 模拟实验准备

第一章　民事非诉讼法律实务概述

律师法律服务通常可以分为诉讼业务和非诉讼业务。诉讼业务是每一个法律人最为熟悉的领域，也是社会公众对法律服务最朴素的理解。传统法律职业教育是以培养法律人处理诉讼业务的能力为中心展开的，从进入法学院开始，每一名法科学生就被纳入了以诉讼为中心的法律职业教育模式。无论是实体法教学还是程序法教学，最终目的都是帮助学生掌握应对不同法律诉讼业务的基本技能。就现实而言，律师在法庭上的雄辩、法官在法庭上的威严已经成为人们对法律业务最直观的认识。必须承认，诉讼业务作为典型的法律业务，是每一个法律人必须熟练掌握的基本技能，但是仅仅掌握诉讼业务技能却不能称为一名合格的法律人。实际上，在诉讼业务之外，非诉讼业务同样是法律业务的重要领域。处理非诉讼业务，同样应当成为每一个法律人应当熟悉掌握的基本技能。

一、非诉讼业务的含义和特点

（一）非诉讼业务的含义

非诉讼业务是相对于诉讼业务而言的，不过目前中国法律学术界和实务界关于非诉讼业务并未形成统一的定义。人们通常认为，非诉讼业务是指律师接受公民、法人或者其他组织的委托，在其职权范围内为当事人处理不与法院、仲裁委员会发生直接关联的法律事务。也有人将非诉讼业务界定为公民、法人或其他组织委托律师代办无争议的法律事务或办理虽有争议但不经诉讼程序解决的非诉讼事务。

严格说来，从事非诉讼业务的法律人并非仅限于律师，实际上目前企业、政府等单位中也存在不少从事相关法律事务的人员，其所从事的法律事务往往也属于非诉讼业务范畴；同时，非诉讼业务也并非仅限于民事领域，在刑事、行政领域也存在大量的非诉讼业务。不过，鉴于律师是办理非诉讼法律事务的主要群体，同时民事法律事务在律师事务中占据了绝对比例，因此，通常人们谈及非诉讼业务时，都是针对的律师办理民事非诉讼业务。[①]

[①] 在本书中，如无特别说明，非诉讼业务均针对律师办理民事非诉讼法律事务而言。

(二) 非诉讼业务的特点

诉讼业务是律师行业的传统业务领域，但是近年来非诉讼业务在中国律师业务中发展极为迅速。非诉讼业务具有一些不同于诉讼业务的特点：

(1) 业务领域广阔。非诉讼业务涉及人们日常生活、社会工作、国际交往等领域，业务范围极其广泛，从提供法律咨询服务、出具法律意见书、参与公司商务谈判到大型项目合同签订、企业改制、公司并购、股票上市、资产处置、银团贷款等各个方面都存在非诉讼业务资源。随着经济不断发展，非诉讼业务的空间几乎可以无限拓展。

(2) 经济利益相对丰厚。对律师来讲，诉讼业务的拓展往往取决于当事人对发起诉讼或仲裁必要性和可行性的现实判断，具有不确定性，这会进一步导致律师诉讼收入的不稳定性。在这个方面，非诉讼业务表现出一定的优势：一方面，非诉讼业务可以为律师提供较为稳定的收入来源。如果能够长期性地担任一定数量的常见法律顾问，那么律师的收入就比较有保障。另一方面，非诉讼业务能够为律师带来比较高的经济利益。在当前律师业务中，诸如兼并与收购、项目融资与证券、私募投资与风险投资、反垄断与国际贸易等非诉讼业务通常都被视为律师行业中的高端业务，这些业务往往可以为律师带来极为丰厚的收入。

(3) 工作过程相对灵活，主动性较强。律师诉讼业务的开展要受到程序法的严格限制，律师在诉讼过程中的角色定位和作用发挥兼具主动性和被动性。同诉讼业务相比，律师处理非诉讼业务的过程相对显得比较灵活，主动性比较强。一方面，非诉讼业务通常不具有对抗性，律师追求的是通过提供优质的法律服务，帮助当事人避免或减少可能遭遇的法律风险；另一方面，由于非诉讼业务范围极为广泛，不同业务所涉及的法律差别极大，不少业务的处理并无权威和系统的程序法规定，因此律师处理非诉讼业务时比较着重于书面工作，注重以不同方式和手段解决问题，从而表现出比较明显的灵活性与主动性。

(4) 执业环境相对良好。律师开展非诉讼业务时所面临的主要是市场经济环境下不同律师事务所和律师团队自身业务能力的竞争，这在很大程度取决于律师自身解决问题的能力，而无需承受办理诉讼业务时来自当事人、证人、法院、公诉人等各方面的压力。因此，总体来看，律师从事非诉讼业务的执业环境相对较好。

(5) 以团队为主要工作方式。尽管目前在不少大型诉讼案件中，律师也存在以团队方式参与诉讼的情形，但是就法律实务而言，律师团队在非诉讼业务中更为常见。事实上对于很多高端非诉讼业务，例如公司股票上市、大型企业改制、公司并购、项目融资等，由于这些业务往往极为复杂，涵盖多个业务领域，适用的法律、政策文件众多，需要起草和审查的法律文件及相关资料繁多，工作量相当巨大，仅凭个别律师的能力和精力是根本无法胜任的，必须有针对性地组建律师团队，否则难以为客户提供良好的法律服务。

二、非诉讼业务对律师的基本要求

（一）具有良好的知识结构

非诉讼业务对于律师在知识结构方面的要求是相当高的，这主要表现在以下三个方面：

第一，非诉讼业务要求律师具备扎实的法律专业功底，这不仅要求律师具有坚实的法律理论基础，熟知相关的法律和政策，而且要求律师具备良好的法律思维，善于从庞杂的资料中提炼出相关的法律问题，梳理出基本的法律关系，并且找到解决问题的现实法律途径。

第二，非诉讼业务要求律师具有较为广博的知识面。由于非诉讼业务涉及的领域极为广阔，综合性很强，不少业务的顺利开展需要多方专业力量的共同参与。以公司股票上市为例，其中需要律师事务所、证券公司、会计师事务所、资产评估公司等众多机构的参与，在业务过程中律师所需要处理的问题往往已经不是单纯的法律问题，而是涉及其他领域的专业问题，或者需要结合其他领域的专业意见给出法律意见和建议。这就要求律师拓展自己的知识面，尽可能地学习和了解其他相关专业领域（如金融、会计、税收）的专业知识，从而为当事人提供更加优质的法律服务。

第三，具有较高的外语水平。现代社会对于从事非诉讼业务律师的外语水平要求越来越高。这不仅要求律师能够熟练地运用外语与外国客户进行交流，而且要求律师尽可能娴熟地运用外语起草相关文件，事实上这对于中国律师而言并不容易。以涉外业务为例，这在当前中国律师的非诉讼业务中属于绝对的高端业务，经济效益极为可观，然而现实中真正能够胜任此类业务的律师为数极少，大多数精于此类业务的律师都有国外留学的背景。

（二）具有极强的文字功底和良好的工作习惯

律师处理非诉讼业务的工作主要体现在文案上面，同时不同业务的处理往往有着不同的程序性和规范性要求，非诉讼业务要求律师具有很强的文字功底。根据不同的客户和实际业务需要，撰写不同类型的法律文书。同时，律师应当养成良好的工作习惯，严谨、细致、耐心、周全对于律师处理非诉讼业务而言显得尤为重要，应做好业务的受理、立卷、统计等工作。

还应当注意的是，某些非诉讼业务所涉及的问题法律并没有规定或者仅有一些原则性的规定，这会给业务的顺利开展带来很大的困扰。遇到此类情形时，律师应当及时同客户、政府部门或其他单位进行沟通，取得后者的理解和支持；同时应当积极发挥自己的主观能动性，在符合基本法律原则和既有政策精神的前提下，提出既能满足客户要求又能较好地规避相关政策和法律风险的建议。

（三）具有良好的心理素质和团队精神

在律师非诉讼业务中，有部分专项法律服务涉及的专业领域广泛，法律程序复杂，参与的机构和人员众多,服务对象和政府部门要求严格,业务流程环环相扣,工作量极为巨大,业务周期漫长且工作前景具有不确定性。这些因素都要求律师具有良好的心理素质来,以有效应对非诉讼业务所带来的挑战。

非诉讼业务通常以团队形式展开工作,这要求律师具有良好的团队精神和协作能力。一个优秀的律师团队要求:一是各个成员应当有着准确的角色定位和适当的业务分工,团队领导者与协作者之间的职责应当尽量清晰,每一个成员之间的知识结构和业务专长应当形成互补;二是各个成员承担工作的具体进程应当予以合理的安排,并由团队领导者督促有序推进,同时根据现实需要进行调整;三是团队各成员之间主要是一种协作关系而非竞争关系,因此各成员不要计较一时的工作分配和个人得失,而应当尽可能互相理解、互相支持。

三、非诉讼业务的类型与领域

（一）非诉讼业务的类型

关于非诉讼业务的类型,目前理论界和实务界有不同的概括,但是并没有形成一个统一的认识,有时候法律的规定也同现实中人们的理解有差异。例如,尽管《中华人民共和国律师法》将担任法律顾问和提供非诉讼法律服务分列为不同的律师业务,然而在实践中,法律顾问通常被视为律师非诉讼业务的重要组成部分。考虑到在非诉讼业务中,有些业务属于律师非诉讼业务领域中的常见业务,处理这些业务对于每一名非诉讼律师而言属于基本功;其他的业务则属于专业性较强的领域,律师往往擅长某一类或某几类业务,因此,本书将律师民事非诉讼业务大致划分为常规法律服务与专项法律服务。

1. 常规法律服务

常规法律服务属于律师非诉讼业务中的日常工作,主要包括以下内容:起草法律文件,例如意向书、备忘录、协议与合同、律师函;审查相关文件或往来函件,审查和参与准备招投标文件;参与谈判及内外部会议;提供法律咨询,进行律师见证等。常规法律服务通常属于常年法律顾问的工作范围。原则上,律师事务所可以接受所有自然人、法人或其他组织的聘请,指派律师为其提供常见法律顾问服务,但在现实中,以企业聘请法律顾问最为普遍。律师事务所提供常年法律法律顾问服务,需要与客户签订常年法律顾问合同。

根据《中华人民共和国律师法》第二十八条规定,律师可以从事下列业务:①接受自然人、法人或者其他组织的委托,担任法律顾问;②接受民事案件、行政案件当事人的委托,担任代理人,参加诉讼;③接受刑事案件犯罪嫌疑人、被告人的委托或者依法接受法律援助机构的指派,担任辩护人,接受自诉案件自诉人、公诉案件被害人或者其近亲属的委托,担任代理人,参加诉讼;④接受委托,代理各类诉讼案件的申诉;⑤接受委托,参加调解、仲裁活动;⑥接受委托,提供非诉讼法律服务;⑦解答有关法律的询问、代写诉讼文书和有关法律事务的其他文书。

【法律文书示例】聘请常年法律顾问合同

聘请常年法律顾问合同

(2022) ××（蓉）顾字第　号

聘请方：　　　　　（以下称甲方）
地址：
法定代表人：
电话：　　　　　　　传真：
E-mail：

应聘方： ××律师事务所　　　　　（以下称乙方）
地址：××省××市××街××号××大厦B座28楼
负责人：王××
电话：　　　　　　　传真：
网址：　　　　　　　E-mail：

甲方系依据中华人民共和国法律成立并存续的法人，为规范经营管理行为、防范和降低法律风险、维护自身合法权益，决定聘请乙方担任常年法律顾问；乙方同意接受甲方聘请担任甲方之法律顾问，并指派专业律师提供法律顾问服务。

为此，甲乙双方经友好协商，并依据《中华人民共和国律师法》《中华人民共和国民法典》等法律法规之规定，订立本合同，共同遵照执行。

第一条　顾问律师

1. 甲方同意聘请乙方指派的＿＿＿＿＿＿＿＿＿＿律师为甲方常年法律顾问之顾问律师，负责甲方日常法律事务的处理。

2. 由于甲方所需法律顾问服务工作量的增加，经协商后，乙方可增派专业律师提供法律服务。

3. 乙方指派之上述律师因故无法履行本合同义务时，乙方应及时与甲方协商并另行指派律师为甲方提供法律顾问服务。

4. 视甲方之工作需要，乙方可临时指派其他专业律师或律师助理为甲方处理临时性或应急性之法律事务。

第二条　顾问律师的工作范围及内容

1. 对甲方日常业务上涉及的法律问题提供咨询法律意见或建议。

2. 提供与甲方业务或经营、管理密切相关的法律法规、规章、政策等法律信息和资讯。

3. 受甲方委托，协调处理甲方股东之间、公司与员工之间、员工与员工之间的争议，维护甲方的整体利益。

4. 受甲方委托，就甲方的对外投资、担保、房屋拆迁安置等经营或管理中的重大法律事务以及可能发生法律风险的事务，进行法律风险的预测，提出法律意见与对策，并根据甲方的需要为甲方出具《法律意见书》。

5. 受甲方委托，协助甲方草拟、审查、修改业务中所涉及的各类重大合同、法律文书、规范性文件。

6. 受甲方委托，协助甲方审查、修改并对外出具《律师函》《声明》《确认书》等法律文书。

7. 受甲方的委托，协助甲方制定、修改、审查涉及劳动、商业秘密及其他经营、管理等方面的规章制度。

8. 受甲方的委托，列席甲方的办公会议或专题会议，参与有关法律事务及商业事务的谈判，并协助甲方审查或准备谈判所需的法律文件。

9. 受甲方委托，协助甲方对其高级管理人员或相关专业人员进行法律培训。

10. 受甲方的委托，就甲方准备进行诉讼、仲裁的案件进行法律论证、策划。

11. 受甲方的委托，代为清理甲方的债权债务，并提出法律意见与对策。

12. 受甲方委托，代理甲方所涉及的诉讼、仲裁、行政复议等法律事务或通过协商、调解等方式参与甲方各类民事、经济、行政纠纷的解决。

13. 受甲方委托，代理参加甲方重大复杂的非诉讼活动（包括但不限于重大资信调查、投融资、项目招投标、股份制改造、企业并购与上市），并提供专项法律服务；

14. 办理双方认可的其他法律事务。

第三条 甲方的权利、义务

1. 甲方有权就乙方律师办理法律事务提出明确、合理、合法的要求。

2. 甲方有权就与乙方律师工作配合等问题提出合理化建议和意见。

3. 若乙方律师无法胜任顾问工作，甲方有权向乙方提出更换律师的合理要求。

4. 甲方应当尊重乙方律师及其工作成果，不得无故干涉乙方律师正常的、合理的、合法的顾问工作。

5. 甲方需要顾问律师在成都市之外完成顾问工作时，应征得乙方的同意，并承担完成工作所需的各项差旅费用。

6. 甲方应当全面、客观和及时地向乙方律师提供与之法律事务有关的各种情况、文件、资料，并对陈述之情况以及提供之文件、资料的真实性、客观性、合法性负责。

7. 甲方应为乙方律师提供必要的办公设备和条件，以保障乙方律师正常、有效地工作。

8. 甲方应按本合同之约定向乙方支付律师费用。

第四条 乙方的权利、义务

1. 乙方律师因工作之需要，有权向甲方有关人员了解情况和调取有关材料。

2. 乙方律师提供的服务必须忠实于法律和事实，不得向甲方提供违反法律法规规定的法律意见，乙方律师在提供服务过程中因故意或重大过失向甲方提供违反法律规定的法律意见的，应赔偿由此对甲方造成的损失，但赔偿的金额以乙方基于本协议收取的律师服务费为限额。

3. 乙方律师向甲方提供的各项法律意见或法律文书应当清晰、明确、全面，并且是合法的、可行的。乙方不得故意曲解法律规定的本意，或者有意向甲方隐瞒法律上既已存在的风险。

4. 鉴于法律服务的专业性很难以统一的量化标准进行评价，因此乙方律师应恪守律师职业道德和执业纪律，本着勤勉尽职的原则，按照律师行业公认的服务标准和规范，为甲方提供法律服务，应当以维护甲方的合法利益为宗旨，满足甲方的工作需要，避免甲方受到恶意索赔。

5. 乙方律师应严格按照甲方的授权范围及本合同之约定履行顾问职责，不得超越甲方的授权范围，实施任何有损于甲方合法权益的行为。

6. 乙方律师应当在取得甲方提供的文件资料后，及时完成委托事项，并及时向甲方通报工作进程。

7. 乙方律师应对顾问工作建立工作档案，保存完整的工作记录。

8. 对甲方提出更换顾问律师之合理要求，乙方应当及时调换，但乙方有权拒绝甲方的无故更换律师之要求。

第五条　服务方式

1. 乙方所采取的工作方式为：根据甲方的业务需要不定期为甲方提供法律服务。

2. 顾问律师提供服务的方式包括上门服务或者通过接发传真、电子邮件方式处理。如甲方因紧急情况需立即处理，可随时约见顾问律师。

第六条　法律服务期限

乙方为甲方提供法律顾问服务之期限为壹年，即从＿＿＿＿年＿＿＿月＿＿＿日起至＿＿＿＿年＿＿＿月＿＿＿日止。期满后如需续约的，由甲乙双方另行协商并重新签订《法律顾问合同》。

第七条　法律顾问费用

1. 根据《××省律师服务收费管理实施办法》及《××省律师服务收费项目及标准》的规定，经双方协商一致，甲方向乙方支付以下律师费用：

（1）本合同签订之日起五日内，甲方应向乙方一次性支付法律顾问费用人民币＿＿＿＿万元（大写人民币＿＿＿＿＿＿＿＿＿＿万元整）；

（2）受甲方的委托，乙方律师为甲方办理本合同第二条第11、12、13、14项法律事务以及为甲方处理其他重大非诉讼法律事务时，甲方应与乙方另行协商签订《委托合同》，并应按《委托合同》之约定另行向乙方支付律师代理费；

（3）乙方律师受托为甲方办理法律事务所需差旅、食宿等费用均由甲方承担并另行支付。

2. 甲方应按约将本合同项下律师费用转账至乙方账户：

户　　名：××律师事务所
帐　　号：××××××××
开 户 行：××银行××支行

3. 乙方在收到甲方支付的法律顾问费后，应据实向甲方出具正式发票。

第八条　保密条款

乙方律师应严守因工作知悉的甲方及甲方相关单位的商业秘密，不得随意发表与法律顾问职责无关的言论。

第九条　合同的解除和变更

1. 经甲乙双方协商一致，双方可解除本合同。

2. 一方违约，导致或可能导致本合同目的不能实现，另一方有权提出解除合同的要求。

3. 一方提出解除合同的要求，应当及时以书面形式通知另一方，并应当说明解除合同的理由。

4. 本合同各项条款可以经双方协商一致后予以变更。

第十条　争议解决

本合同生效后，为履行或执行本合同发生不可协商或协商不成之争议，甲乙双方或任何一方均可向××市××区人民法院起诉。

第十一条　生效及其他

1. 本合同经甲乙双方签字或盖章后生效。

2. 本合同未尽事宜，由双方另行协商并以书面形式予以补充。

3. 本合同一式肆份，甲乙双方各执贰份。

4. 本合同签订于____省____市。

甲方：　　　　　　　　　　　　　乙方：××律师事务所
代表：　　　　　　　　　　　　　代表：
签约日期：　年　月　日　　　　　签约日期：　年　月　日

2. 专项法律服务

专项法律服务，是指律师接受客户委托，就某一项具体事务提供专门法律服务。律师为客户提供何种专项法律服务主要取决于具体事务的性质和客户的要求。例如，甲律师事务所协助外国 A 银行，为中国 B 股份有限公司提供 6.1 亿元人民币的多币种预售银团贷款。该所在本项目中担任 A 银行的法律顾问，为其提供法律咨询、起草相关融资文件等服务。又如，乙律师事务所接受中国 C 交易中心的委托，为交易中心开业及运营提供全程法律服务，范围涵盖交易模式的设计、交易规则和制度的修订、相关协议或文件的审查、公司治理与劳动人事等制度的完善、相关法律咨询和法律意见的出具等。专项法律服务通常是不包含在常年法律顾问合同之中的，需要律师与客户签订专项法律服务合同或专项法律顾问合同，另行收费。

【法律文书示例】专项法律服务合同

专项法律服务合同

〔　　〕华专字第　　号

聘请方：　　　　　（以下称甲方）
　　　　地址：
　　　　法定代表人：
　　　　电话：　　　　　　　　　传真：
　　　　E-mail：
应聘方：××律师事务所　　　　　（以下称乙方）
　　　　地址：××省××市××街××号××大厦××座××楼
　　　　负责人：王××
　　　　电话：××××-××××××××　　传真：××××-××××××××
　　　　网址：　　　　　　　　　　E-mail：

甲方因＿＿＿＿＿＿＿＿＿＿＿＿＿＿＿＿＿＿＿＿事宜，为维护自身的合法权益，特聘请乙方提供专项法律服务，并代为办理该项工作中的有关法律事务。现依据《中华人民共和国民法典》《中华人民共和国律师法》等相关法律法规，经双方协商一致签定本合同，以资各方诚信履行。

第一条　甲方委托乙方提供如下法律服务：
＿＿＿＿＿＿＿＿＿＿＿＿＿＿＿＿＿＿＿＿＿＿＿＿＿＿＿＿＿＿＿＿＿＿
＿＿＿＿＿＿＿＿＿＿＿＿＿＿＿＿＿＿＿＿＿＿＿＿＿＿＿＿＿＿＿＿＿＿
＿＿＿＿＿＿＿＿＿＿＿＿＿＿＿＿＿＿＿＿＿＿＿＿＿＿＿＿＿＿＿＿＿＿

第二条　乙方的义务
1. 乙方委派执业律师为甲方办理合同第一条所列服务事项；
2. 乙方律师应当勤勉、尽责，尽最大努力维护甲方的合法权益；
3. 乙方律师应当在取得甲方提供的文件资料后及时完成服务，并应甲方要求通报工作进展情况；
4. 乙方律师在本合同期内，对涉及甲方的对抗性案件，不得担任与甲方具有法律上利益冲突的另一方的法律顾问或者代理人；
5. 乙方律师对其获知的甲方个人隐私、商业秘密负有保密义务。

第三条　甲方的义务
1. 甲方应当真实、完整、及时地向乙方提供与本次委托事项有关的各种情况、文件、资料；
2. 甲方应当为乙方律师办理服务事项提出明确、合法合理的要求；
3. 甲方应当按时、足额向乙方支付约定的律师费；
4. 甲方指定＿＿＿＿＿＿＿＿＿（电话：＿＿＿＿＿＿＿＿）为乙方的联系人，负责转达甲方的指示和要求，提供文件和资料等，甲方更换联系人应当通知乙方律师。

第四条　律师费用及支付方式

根据《××省律师服务收费管理实施办法》及《××省律师服务收费项目及标准》的规定，经双方协商一致，甲方在签定本合同＿＿＿日内应向乙方支付律师费＿＿＿＿＿＿＿元人民币（大写人民币＿＿＿＿＿＿＿万元整）。

第五条　工作费用

乙方律师办理甲方委托事项所发生的下列工作费用，应由甲方承担：

1. 相关行政、司法、鉴定、公证等部门收取的费用；
2. 市外发生的差旅费、食宿费、翻译费、复印费、长途通信费等；
3. 乙方律师应当本着节俭的原则合理使用工作费用。

第六条　违约责任

乙方无正当理由不提供第一条规定的法律服务或者违反本合同规定的义务，甲方有权依据法律规定追究乙方的相应责任。

乙方不得无故解除本合同。甲方的委托事项违法、利用律师提供的服务从事违法活动、甲方故意隐瞒与案件有关的重要事实、甲方无正当理由拖欠律师费等情况除外。

甲方不支付律师费、工作费用，或者非因乙方律师过错要求变更、终止合同的，乙方已收取的律师费不予退还，且乙方有权要求甲方支付未付的律师费、未报销的工作费用，甲方还必须按照逾期金额的20％向乙方支付违约金。

第七条　情势变更

乙方律师在办理委托事项的过程中，如发现案件的实际情况与本合同签订前甲方提供的信息以及材料不符，由此造成乙方律师的工作量增加，甲乙双方应当另行协商增加律师费。

第八条　争议的解决

甲乙双方如因本合同发生争议，应先行友好协商；如协商不成，任何一方均有权向××市××区人民法院起诉。

第九条　合同的生效

本合同一式贰份，甲乙双方各执壹份，由甲乙双方代表签字（或加盖公章）之日起生效，至委托事项完结为止。

第十条　通知和送达

甲乙双方因履行本合同而相互发出或者提供的所有通知、文件、资料，均以首页所列明的地址、传真送达，一方如果迁址或者变更电话，应当书面通知对方。

第十一条　补充条款

＿＿

甲方：	乙方：××律师事务所
代表：	代表：
签约日期：　　年　　月　　日	签约日期：　　年　　月　　日

（二）非诉讼业务的领域

就中国律师行业现状而言，非诉讼业务包括如下领域。

1. 公司运营

公司运营法律服务包括：公司设立、登记的过程服务，公司融资结构与方式的设计与完善，公司股权架构及管理结构的设计与完善，公司运营法律风险的管理，公司法人治理结构的设计与完善，公司内控制度的设计与完善，公司股权激励机制的设计与完善，连锁加盟、特许经营项目，税收法律事务（揭示资本运作和企业重组全过程的税收法律风险和相应方案筹划，解决税收争议，协助企业就涉税争议和税务机关进行沟通，申请复议，提起行政诉讼），劳动法律事务（提供劳动法律咨询，举办劳动法律知识培训，代拟、审核劳动合同、保密合同等企业法律文书，为劳动者和用人单位代理劳动争议或人事争议案件的调解，出具劳动专业法律意见书和律师函，受托处理与劳动法及人力资源管理有关的其他事务，担任企业劳动法律顾问和人力资源管理顾问），企业信用风险控制法律事务（协助企业构建信用管理法律体系，建立并完善信用评估机制、债权保障机制、应收账款管理机制和危机处理机制，以非诉讼方式处理合同、债务纠纷，企业资信调查、尽职调查、资产和经营调查、市场调查，信用风险管理及应收账款处理技巧培训，企业不良资产、债权处置，信用保险、信用保理），公司合并、分立、收购、重组，公司股权纠纷调处，公司破产重整、破产与清算。

2. 投资与资本市场

投资法律服务包括：投资项目的尽职调查、法律可行性研究，外国公司代表机构、外商投资性公司、外商投资企业的设立，风险投资、私募股权投资（设立私募股权基金及创业投资机构，包括协助公司办理名称核准、营业执照、相关税务登记等手续，并就公司的治理架构及税收筹划提供相关法律建议；私募股权基金、风险资本投资及退出组合公司；组合公司吸收私募股权投资或风险资本；私募股权基金或创投机构投资前及过程中风险控制、尽职调查、商务谈判、制作投资协议等法律文件），境外投资、跨境投资、国际并购（帮助客户了解并履行相关政府部门境外投资及付汇所需的各项审批手续，对投资目标国的法律监管环境、境外投资项目的结构、法律风险及其他法律问题提供意见，推介境外律师并与境外律师合作就目标公司或目标资产进行法律尽职调查，评估和控制潜在法律风险，对各种投融资安排、结构进行分析，对投资方式的安排提出建议，起草、审阅和修改交易不同阶段的法律文件，或对交易对方起草的法律文件进行分析、审阅和提供法律意见，参加谈判，就谈判策略及谈判中涉及的法律及商务问题提供咨询，协助进行项目交割以及交割后的工作，其他与境外投资相关的法律事务），投资项目的经营管理。

资本市场法律服务包括：企业的股份制改造，境内A股（包括首发和再融资）发行上市，境内上市外资股（B股）发行上市，境外发行上市，上市公司重大资产重组、上市公司合并与分立、"买壳""借壳"上市，上市公司反收购设计与服务，公司债、可转债、次级债、企业债的发行上市，企业短期融资券的发行，中期票据的发行，证券投资基金管理公司的筹建、设立，证券投资基金产品的募集、发行，证券投资基金管理公司治理、日常运营，国内外私募基金的发行，证券承销团律师服务、招股文件制作。

3. 银行与金融

银行与金融法律服务包括：商业银行日常法律事务，国际商业信贷、项目融资、银团贷款等资产类法律事务，各类融资担保法律事务，信用证、托收、票据、保理、福费廷等结算类法律事务，银行卡类法律事务，理财产品等产品类法律事务，存款等负债类法律事务，金融机构不良资产法律事务，金融创新类法律事务，资产证券化法律事务，银行与非银行金融机构交叉融合类法律事务，收购资产管理公司的资产包法律事务，融资租赁法律事务，各类信托法律事务（基金信托，财产信托，受托经营、投资基金信托，公司理财、项目融资信托，代保管信托，信托贷款与存款，养老金信托，有价证券信托投资，养老金投资基金信托，房地产信托投资），各类保险法律事务（保险公司日常法律事务，保险机构的设立、股权转让、并购、融资，保险公司资本运营及保险资金运用，保险条款、单证等保险法律文书的翻译与审核，保险产品的法律风险分析和合规审查，再保险，保险经纪、保险代理和保险公估，保险理赔、保险代位求偿）。

4. 房地产与基础设施

房地产法律服务包括：土地一级开发，土地使用权招标、拍卖、挂牌，项目立项与项目公司设立，项目公司并购，项目收购与转让项目工程招标投标，项目工程设计、施工、监理，项目工程结算，物业销售、转让、租赁与物业管理，商业地产经营，房地产投资信托，房地产项目融资，房地产项目开发全流程法律风险管理。

基础设施法律服务包括：火电、风电、水电、热电联产、核电、太阳能电站的建设、运营、投资与融资，港口、公路、桥梁、电站、水厂、输油管的建设、运营、投资与融资，煤矿、有色金属矿产及稀有金属矿产项目的建设、运营、投资与融资，城市公用设施、供水、污水处理项目、垃圾处理项目的建设、运营、投资与融资，运动场馆及大型公共基础设施的建设、运营、投资与融资。

5. 国际贸易与WTO业务

国际贸易与WTO业务法律服务包括：进出口合同、外贸代理合同，境内外商账追收、起草信用证以及争议解决，贸易融资、提货担保，租船、提单、海运欺诈、船舶扣押、装运、仓储、货物扣押，商品检验、外汇、海关事务，海关知识产权保护，技术贸易事务，产品、服务及技术进出口管制事务，反倾销原审调查，反补贴原审调查，新出口商复审、期间复审、行政复审、日落复审，保障措施，WTO争端解决，贸易壁垒调查，应诉美国337调查。

同时，中国律师行业也在不断创新，根据客户的现实需要并结合自身的专业能力，开发出有针对性的专项法律服务类型和产品，从而更好地满足现实的需要。

四、律师办理非诉讼业务应当遵循的原则

律师办理非诉讼业务，应当遵循如下基本原则。

(一) 勤勉尽责原则

律师事务所与客户签订的法律顾问合同生效之后，双方即建立起委托合同关系，律师事务所指派的律师应当根据合同的约定和职业规范，采取一切可能的手段，依法维护委托人的合法权益。无论是诉讼业务还是非诉讼业务，勤勉尽责都是律师应当履行的一项基本原则。但是勤勉尽责的含义本身具有一定的模糊性，在不同法律服务中对律师职责的具体要求并不相同。尤其是在某些重大的非诉讼业务中（例如公司并购、项目融资业务、IPO业务），由于关联企业众多、法律关系复杂、原始材料浩繁、业务周期较长等，对律师事务所和承办律师本人的职业伦理、专业能力、工作规范、协作精神等都提出了很高的要求，律师事务所和承办律师都必须在提供法律服务的过程中始终保持严谨、专业、高效的工作态度，以尽到勤勉尽责义务。

以证券法律业务为例，中国证监会发布的《律师事务所从事证券法律业务管理办法》（中国证券监督管理委员会第223号令，以下简称《办法》）于2023年12月1日起施行。《办法》在第一章中对律师事务所及律师从事证券法律业务提出了原则性的要求，包括：①《办法》对律师事务所及律师从事的证券法律业务作出了清晰的界定，即律师事务所接受当事人委托，为其证券发行、上市和交易等证券业务活动，提供的制作、出具法律意见书等文件的法律服务（第二条第二款）。②律师事务所及其指派的律师从事证券法律业务，应当遵守法律、行政法规及相关规定，遵循诚实、守信、独立、勤勉、尽责的原则，恪守律师职业道德和执业纪律，严格履行法定职责，保证其所出具文件的真实性、准确性、完整性（第四条）。

《办法》第二章规定了具体的业务范围，包括出具法律意见（第六条）、起草招股说明书等与证券业务活动相关的法律文件、进行信息验证并制作验证笔录（第七条）。《办法》第三章还分别针对律师事务所及其律师从事证券法律业务规定了具体的业务规则，主要包括：①要求律师事务所建立和执行风险控制制度（第十条、第十一条），设立风险控制专门机构或岗位并将风险控制制度的执行情况记录在工作底稿中（第十二条）；②对律师事务所及其律师在从事证券法律业务时的查验规则、法律意见书、工作底稿等工作作出了非常细致的规定，这些规定是律师从事证券法律业务时应当严格遵守的职业规则，严格遵守这些职业规则不仅是规范律师事务所及其律师证券法律业务执业行为的需要，而且也是律师事务所及其律师有效防范执业风险的需要。

【案例】某律师事务所及律师因违反勤勉尽责义务受到行政处罚

中国证监会行政处罚决定书
（××××及相关责任人员）
〔××××〕××号

当事人：北京××××律师事务所（以下简称××××），住所：北京市××××。

俞××，男，1975年11月16日出生，××××律师，住址：上海市静安区。

许××，男，1988年8月27日出生，××××律师，住址：上海市宝山区。

依据2005年修订的《中华人民共和国证券法》(以下简称2005年《证券法》)的有关规定,我会对××××为××生态景观股份有限公司(以下简称××生态或公司)提供法律服务未勤勉尽责一案进行了立案调查、审理,并依法向当事人告知了作出行政处罚的事实、理由、依据及当事人依法享有的权利。当事人均未提出陈述、申辩意见,也未要求听证。本案现已调查、审理终结。

经查明,××××存在以下违法事实:

一、××生态2018年非公开发行股票行为构成欺诈发行

经我会另案查明,××生态2018年非公开发行期间存在实际控制人王某燕非经营性资金占用情形、发行申请文件所依据的三年一期财务报表存在虚假记载的情形,××生态不符合《创业板上市公司证券发行管理暂行办法》(证监会令第100号)第九条第六项、第十条第一项规定的发行条件,以欺骗手段骗取发行核准。上述行为违反2005年《证券法》第十三条第二款、第二十条第一款的规定,构成2005年《证券法》第一百八十九条第一款所述的欺诈发行违法行为。

二、××××接受××生态委托提供法律服务,其制作、出具的文件存在虚假记载

2018年2月7日,××××接受××生态委托,担任公司本次创业板非公开发行股票的专项法律顾问,出具《2018年创业板非公开发行股票的律师工作报告》《2018年创业板非公开发行股票的法律意见书》及补充法律意见书等文件,收取不含增值税业务收入943396.20元,签字律师为俞××、许××。××未能发现××生态存在非经营资金占用及财务造假情形,并出具发行人符合发行条件的相关法律意见书、律师工作报告等,其制作、出具的文件存在虚假记载。

三、××××在提供法律服务中未勤勉尽责

(一)××××对××生态银行贷款合同查验不到位

××生态与供应商宁波市奉化××公司(以下简称奉化××)签订采购合同,××生态据此向银行申请经营贷,贷款银行将资金转入××生态指定银行账户后,由贷款银行直接将贷款划转给奉化××。后续奉化××将资金转入无锡瑞德××设计有限公司(以下简称瑞德××)等××生态的三家关联公司,形成非经营性资金占用,××生态对贷款划转给奉化××及之后的相关流程均不做会计处理。经查,上述采购合同为虚假商务合同,目的是获得银行贷款并形成资金占用。

上述银行贷款合同要求××生态提供其与奉化××签订的商务合同、发票及其他凭证等资料。××××在提供法律服务过程中,未获取相应的商务合同、发票及其他凭证等资料,未对贷款的用途予以合理关注,进而未发现××生态与奉化××之间不存在真实业务往来,未能发现非经营性资金占用的情形,违反《律师事务所证券法律业务执业规则(试行)》(以下简称《执业规则》)第十四条"律师采用书面审查方式进行查验的,应当分析相关书面信息的可靠性,对文件记载的事实内容进行审查,并对其法律性质、后果进行分析判断"的规定。

(二)××××对××生态银行存款未履行查验程序

××生态实际控制人王××在2012年至2019年间控制使用××生态中国农业银行尾号7407账户,通过瑞德××等三家公司与××生态发生关联交易并形成非经营性资金

占用，导致 7407 账户中实际的货币资金与××生态账面记载的金额不一致。

××××在提供法律服务过程中，未获取银行出具的存款证明原件，也未向开户银行进行书面查询、函证，导致××××未能查验确认××生态农业银行 7407 账户资金的真实性，未能发现××生态 7407 账户中实际的货币资金与××生态账面记载的金额不一致，违反《执业规则》第二十四条"对银行存款的查验，律师应当查验银行出具的存款证明原件；不能提供委托查验银行存款证明的，应当会同委托人（存款人）向委托人的开户银行进行书面查询、函证"的规定。

上述违法事实，有相关法律意见、情况说明、工作底稿、询问笔录、发票等证据证明，足以认定。

我会认为，××××上述行为违反《执业规则》第十四条、第二十四条，《律师事务所从事证券法律业务管理办法》（证监会令第 41 号）第三条、第十二条第一款、第十三条、第十四条以及 2005 年《证券法》第二十条第二款、第一百七十三条的规定，构成 2005 年《证券法》第二百二十三条"证券服务机构未勤勉尽责，所制作、出具的文件有虚假记载、误导性陈述或者重大遗漏"所述情形。项目签字人俞××、许××是直接负责的主管人员。

根据当事人违法行为的事实、性质、情节、社会危害程度，依据 2005 年《证券法》第二百二十三条的规定，我会决定：

一、对北京××××律师事务所责令改正，没收业务收入 943396.20 元，并处以 943396.20 元罚款；

二、对俞××、许××给予警告，并分别处以 5 万元罚没款。

上述当事人应自收到本处罚决定书之日起 15 日内，将罚款汇交中国证券监督管理委员会开户银行：中信银行北京分行营业部，账号：××××，由该行直接上缴国库，并将注有当事人名称的付款凭证复印件送中国证券监督管理委员会行政处罚委员会办公室备案。当事人如果对本处罚决定不服，可在收到本处罚决定书之日起 60 日内向中国证券监督管理委员会申请行政复议，也可在收到本处罚决定书之日起 6 个月内直接向有管辖权的人民法院提起行政诉讼。复议和诉讼期间，上述决定不停止执行。

中国证监会
××××年××月××日

（二）避免利益冲突原则

所谓避免利益冲突原则，是指拟委托律师担任法律顾问的当事人，在该律师所在的律师事务所中，是否与该律师事务所的其他当事人之间存在利益冲突，即是否存在可能有损该当事人或者该律师事务所其他当事人利益的情况。根据中华全国律师协会 2009 年修订的《律师执业行为规范》第四章第四节的规定，律师事务所应当建立利益冲突审查制度。律师事务所在接受委托之前，应当进行利益冲突审查并作出是否接受委托的决定。办理委托事务的律师与委托人之间存在利害关系或利益冲突的，不得承办该业务并应当主动提出回避。律师办理诉讼业务或者非诉讼业务，均应当避免利益冲突。

就非诉讼业务而言，若存在以下情形，律师及律师事务所不得与当事人建立或维持委托关系：①律师代理与本人或者其近亲属有利益冲突的法律事务的；②律师办理非诉讼业务，其近亲属是对方当事人的法定代表人或者代理人的；③曾经亲自处理或者审理过某一事项或者案件的行政机关工作人员、审判人员、检察人员、仲裁员，成为律师后又办理该事项的；④除各方当事人共同委托外，同一律师事务所的律师同时担任彼此有利害关系的各方当事人的代理人的；⑤其他与前述情况相似，且依据律师执业经验和行业常识能够判断为应当主动回避且不得办理的利益冲突情形。

若存在以下情形，律师应当告知委托人并主动提出回避，但委托人同意其代理或者继续承办的除外：①同一律师事务所接受正在代理的非诉讼业务当事人的对方当事人所委托的其他法律业务的；②律师事务所与委托人存在法律服务关系，在某一诉讼或仲裁案件中该委托人未要求该律师事务所律师担任其代理人，而该律师事务所律师担任该委托人对方当事人的代理人的；③在委托关系终止后一年内，律师又就同一法律事务接受与原委托人有利害关系的对方当事人的委托的；④其他与前述情况相似，且依据律师执业经验和行业常识能够判断的其他情形。律师和律师事务所发现存在上述情形的，应当告知委托人利益冲突的事实和可能产生的后果，由委托人决定是否建立或维持委托关系。委托人决定建立或维持委托关系的，应当签署知情同意书，表明当事人已经知悉存在利益冲突的基本事实和可能产生的法律后果，以及当事人明确同意与律师事务所及律师建立或维持委托关系。

（三）保密原则

《中华人民共和国律师法》第三十八条规定，律师应当保守在执业活动中知悉的国家秘密、商业秘密，不得泄露当事人的隐私。律师对在执业活动中知悉的委托人和其他人不愿泄露的情况和信息，应当予以保密。但是，委托人或者其他人准备或者正在实施的危害国家安全、公共安全以及其他严重危害他人人身、财产安全的犯罪事实和信息除外。《律师执业行为规范》第八条重申了《中华人民共和国律师法》的前述规定。

律师业务建立在当事人对律师事务所及其律师高度信任的基础之上，这种信任既包括对律师事务所及其律师专业能力的信任，也包括对律师事务所及其律师职业操守的信任。"失去当事人信任的律师犹如无根之水、无本之木，是不可能在律师执业的道路上走得顺利走得更远的。"[1] 保密原则显然是对律师职业操守的要求。

---

[1] 孙志祥：《非诉讼律师实务》，法律出版社，2014年版，第233页。

【相关文件】中华全国律师协会律师法律顾问工作规则

中华全国律师协会律师法律顾问工作规则

(2000年3月26日经中华全国律师协会第四届常务理事会第六次会议通过)

第一条 为了促进、保障律师法律顾问工作的开展，保证服务质量，并使法律顾问工作制度化、规范化，根据《律师法》等有关法律、法规的规定，特制定本规则。

第二条 法律顾问是指律师依法接受公民、法人或者其他组织的聘请，以自己的专业知识和技能为聘请方提供多方面的法律服务的专业性活动。

法律顾问的业务范围主要包括为聘请人就有关法律问题提供意见，草拟、审查法律文书，代理参加诉讼、调解或者仲裁活动，办理聘请人委托的其他法律事务。

第三条 律师事务所可受聘担任聘方的常年法律顾问，指派本所执业律师负责在聘期内为聘方提供综合性法律服务。

律师事务所可受聘担任聘方的临时法律顾问，指派本所执业律师负责为聘方提供所需的法律服务。律师事务所可受聘担任聘方的专项法律顾问，指派本所执业律师负责对聘方特定的项目提供法律服务。

第四条 受律师事务所指派担任法律顾问的律师必须是依《律师法》及有关规定取得了律师执业证并在律师事务所执业的执业律师。

未经律师事务所指派，律师个人不得以任何形式或名义担任法律顾问。

律师助理人员不得独立担任法律顾问，但可以协助律师完成法律顾问工作。

第五条 律师事务所可以接受下列聘请人的聘请，担任法律顾问：

1. 各级政府及其职能部门或其派出机构；
2. 公民；
3. 法人；
4. 其他组织。

第六条 聘方应就其所为的民事行为，所提供的法律事实及证据、文件的真实性承担法律责任；律师事务所及顾问律师应就其所提供的法律意见的合法性承担法律责任。

第七条 律师事务所及其指派的顾问律师在完成法律顾问工作中，应依法维护聘方的合法权益，遵守诚信原则，在授权委托范围内，依法独立提供法律服务。

第八条 律师事务所及其指派的顾问律师，有权拒绝聘方要求为其违法行为及违背事实、违背律师职业道德等的事项提供服务，有权拒绝任何单位、个人的非法干预。

第九条 律师事务所应结合本所的实际情况，在遵守本规则的基础上建立法律顾问工作制度，并根据实际情况予以充实和完善。

第十条 各级司法行政机关、律师协会应加强律师事务所担任法律顾问工作的监督、指导。

顾问律师在受指派提供法律顾问服务过程中对遇到的重大问题、参与重大项目、经济合同谈判应及时向律师事务所汇报。

律师事务所及顾问律师在提供法律服务过程中对有重大社会影响的事件、突发事件，在提供法律意见前，应向当地司法行政机关、律师协会报告。

第十一条　律师事务所受聘担任法律顾问前，应对聘方资信进行初步调查，调查内容包括但不限于：

1. 聘方为法人、其他组织时应调查：

（1）是否依法成立，是否合法存续；

（2）该法人目前的基本状况；

（3）证照上所核准的经营范围；

（4）实际上的主营业务范围；

（5）聘请法律顾问的基本目的及要求。

2. 聘方为自然人时应调查：

（1）国籍及居住地；

（2）职业及其他自然状况；

（3）聘请法律顾问的基本目的及要求。

第十二条　律师事务所受聘担任聘请人的法律顾问，必须签订法律顾问合同，法律顾问合同是法律顾问关系成立的唯一证明。

第十三条　法律顾问合同经双方签字或盖章后生效，包括但不限于如下条款：

1. 聘方及受聘方的名称（姓名）、住所、通讯方式；

2. 法律顾问的工作范围、工作方式、履行职责的权限；

3. 担任法律顾问的律师姓名、执业证号；

4. 聘期起止时间；

5. 聘方为保证法律顾问职责的履行提供的必要工作条件和物质保障；

6. 顾问律师应有的知情权；

7. 法律顾问费的支付标准和办法；

8. 合同的变更和解除；

9. 双方约定的其他权利、义务；

10. 违约责任；

11. 解决争议的方法。

第十四条　律师事务所及其指派的律师提供法律顾问服务时，包括但不限于如下方式：

1. 咨询；

2. 出具法律意见书、律师函；

3. 参与重大商务谈判；

4. 起草、审查、修改合同和规章制度；

5. 代办登记注册等法律事务；

6. 法制宣传、教育、培训；

7. 提供有关法律信息；

8. 经另行委托，代理各类诉讼、仲裁、行政复议案件，参与调解纠纷。

律师事务所受聘指派律师担任法律顾问的服务内容、范围、工作安排由双方在法律顾问合同中明确约定。

第十五条　法律顾问的报酬，由律师事务所统一收取，受律师事务所指派提供法律顾问服务的律师不得直接从聘请人处收取任何报酬。

律师事务所与聘请人应在法律顾问合同中约定法律顾问报酬的标准及计算依据。顾问律师在为聘方提供法律服务时，必要的交通费、差旅费等由聘方承担。

费用支付方式、支付时间及减免或增加条件均应在法律顾问合同中明确约定。

第十六条　律师事务所受聘担任法律顾问后，应及时指派本所执业律师提供法律顾问服务。

第十七条　顾问律师应依法律顾问合同的规定或聘方的授权委托提供法律服务，不得超越委托权限。

担任各级政府及其派出机构的法律顾问，应根据合同规定和政府委托的权限履行义务，不得超越委托权限。

顾问律师不得从事与履行法律顾问职责无关的事务，不得利用担任各级政府及其派出机构法律顾问的便利进行不正当竞争，也不得利用政府法律顾问的身份代理他人办理法律事务。

不得以顾问律师身份从事任何营利性活动谋取私利。

第十八条　受律师事务所指派担任顾问律师的执业律师，应尽快熟悉聘方情况，其中包括但不限于：

1. 聘方的性质、职能、经营范围、内部结构及负责人、隶属关系、主要关联方等；
2. 聘方的个人及家庭的自然情况、工作简况等；
3. 聘方近期的法律事务的性质、种类、有否特急事项；
4. 对聘方需提供法律服务的事项进行归类、整理。

第十九条　律师事务所及其所指派的顾问律师应对其提供法律服务过程中接触、了解到的国家秘密、商业秘密、不宜公开的情况及个人隐私负有保密的义务。

第二十条　担任聘方法律顾问的律师事务所，应依照《律师执业避免利益冲突规则》的规定，避免利益冲突。

第二十一条　顾问律师应当建立为聘方服务的工作日记，原则上做到一次一记，一事一记。顾问律师应对聘方实行一户一卷，办理具体的法律事务，要一事一档。

第二十二条　顾问律师应将聘方交与承办的重大的、疑难的或事关聘方重大利益的法律事务提交律师事务所讨论，以保证工作质量。

第二十三条　律师事务所要定期听取顾问律师的工作汇报，定期到聘方征求意见，不断提高服务质量。

第二十四条　受指派担任法律顾问的律师因故不能履行法律顾问职责时，受聘律师事务所应当与聘方协商另行指派顾问律师，以保证法律顾问工作的连续性。

第二十五条　在聘期内提前解除法律顾问合同时，双方应签订解聘协议，并就善后事宜的处理予以书面约定。

顾问律师应就解聘原因、善后处理应注意的问题及法律顾问报酬是否退还、退还比例等向律师事务所提交书面报告。

律师事务所及顾问律师应及时进行总结，对背后事宜作出预案。必要时向司法行政部门、律师协会进行汇报。律师事务所应及时归卷备查。

第二十六条　法律顾问合同期满或终止前，律师事务所及顾问律师应主动就是否续聘征询聘方意见，若聘方有意续聘，应及时就续聘条件进行磋商，以保证法律服务的连续性。法律顾问合同因期满或法律服务事项完成而终止后，顾问律师要及时写出总结报告，律师事务所应及时归卷备查。

第二十七条　本规则自发布之日起施行。

第二章 民事非诉讼业务基本技能

一、法律备忘录

法律备忘录是律师对客户或者高年资律师（或合伙人）所提出的问题进行的书面法律分析，有些法律备忘录需要律师提出具体解决的方案。向高年资律师（或合伙人）出具的备忘录属于律师事务所内部使用的法律文件；而向客户出具的备忘录属于外部法律文件，根据其内容可能具有一定的法律效力，有时还可以作为律师向委托人汇报自己近期工作的书面报告和凭证，因此向客户出具法律备忘录时应当特别慎重。在此仅针对向客户出具的法律备忘录情形进行介绍。

撰写法律备忘录时，应当根据受众的不同，使用适当的语气、选择具体的内容、确定相应的语言风格。同时法律备忘录的撰写应当做到以下几点：

（1）格式规范。关于法律备忘录的格式并不存在统一标准（有些大型律师事务所存在内部的格式要求），但严格遵循一定格式规范的法律备忘录不仅有助于为客户提供更加优质的服务，而且有助于凸显律师工作的专业性。

（2）事实陈述客观全面。对相关法律事实和背景情况的陈述应当客观、全面，注明来源/出处、时间、地点、事情经过、参与主体等信息，不清楚之处可以向客户或相关部门收集进一步的信息。

（3）法律分析准确、有针对性。要善于归纳和概括法律问题，正确适用法律，应当坚持原则并独立做出分析，在满足客户需要的同时要注意防范和规避自身的风险。

（4）结论明确。绝大部分法律备忘录是需要有结论的（哪怕是阶段性的结论），因此备忘录的结论应当做到简单明确，要明确告知客户的相关问题是否具有合法性，如不合法则要提供合法性的方案和建议；如果确实无法得出确切的结论，也应当告知客户并向其提供进一步的建议（如要求客户补充资料，或者给出相关参考方案）。

【法律文书示例】法律备忘录

法律备忘录

日　　期：×××年××月××日　　星期×
收件人：×× 先生　×× 女士
　　　　××××有限公司
发件人：×××
抄　　送：×××
事　　由：××××

敬启者：

经过对贵公司《××××方案（征求意见稿）》（以下简称××方案）和《××××规定》（以下简称××规定）的分析和讨论，我们初步形成了对上述方案的观点和看法。为此，我们出具本备忘录，仅供贵公司参考。

一、××方案当中需要关注的问题

××方案就整体来看内容翔实，结构合理，对有关××××的规定也较为全面，具有很强的实用性，因此对于征求意见稿，我们仅提醒贵公司关注以下几个方面：

1. ……

2. ……

二、××规定当中需要关注的问题

我们理解一份完整的××规定中需要关注的问题应当包括：××××、××××、×××等。考虑到该规定所应当具备的完整性、细节性和可操作性等特点，我们认为××规定中有下述值得关注的方面：

1. ……

2. ……

对于上述事项，如有任何问题，请随时与我们联系。

顺颂

商祺！

××律师事务所
××××年××月××日

二、律师函

律师函，也称为律师信，是指律师接受客户的委托就有关事实或法律问题进行披露、阐释和评价，进而提出要求以达到一定效果而出具的法律文书。律师出具律师函的基本目的在于将委托人的诉求和律师针对有关事实和法律问题的专业判断和评价，通过专业和规范的方式传递至特定或不特定的送达对象，使送达对象知晓，并产生一定的心理预期。在法律实务中，律师函往往对于维护委托人自身的合法权益具有重要作用。

律师函的表现形式多元，常见的主要有律师催告（敦促）函、律师询问函、律师答复函等，当律师函系针对不特定主体出具时，往往又称为律师声明或律师授权声明。在法律实务中采用何种形式的律师函取决于委托人所准备解决的具体问题和意图实现的特定目的。当客户为实现预防和制止某种行为发生或/和继续发生的目的，如对侵权行为的制止，可以通过律师向特定对象发出律师函，以制止该侵权行为的继续，从而减少其客户的损失，同时也为客户后续采取相关法律行动做准备；当客户需要敦促特定对象履行某些法律义务，如催讨债务，也可以向其发出律师函，以给对方形成心理压力，督促对象履行义务；当客户需要就某些事实或某些权利进行公示或者澄清时，也可以通过律师发布律师函，例如上市公司就某些事项向广大股民进行披露，或者在商务谈判中为澄清事实向谈判对象或第三方发出律师函。此外，从诉讼与仲裁的角度讲，使用律师函有时还可以起到顺延诉讼时效或仲裁时效的作用。

律师函近年来在我国法律实践中的应用有日益扩大的趋势，但需要指出的是，律师函并非适用于所有情形。我国已有地方律师协会在发布的工作指引中对于律师函的适用范围提出了建议。例如，广东省律师协会2023年1月印发的《广东省律师出具律师函业务操作指引》第三条第一款指出，律师函通常用于下列范围：①要求第三方向委托人履行金钱给付义务或者交付财产，为或者不为一定行为；②代委托人通知第三方解除合同或者改变原法律状态；③律师事务所认定的其他合理情形。该指引第二款还明确指出，下列情形一般不宜出具律师函：①民事纠纷中涉及委托人与第三方之间的婚姻、收养、监护等有关身份关系变更的情形；②刑事案件中除刑事自诉、刑事和解等可以由当事人自行处分权利之外其他情形；③行政案件中当事人有需要向行政机关提出申请、申诉、反映情况的，一般应当以其他公文方式处理。

【法律文书示例】律师函

律师函[①]

（　）××（　）律函字第　　号

××公司：

××事务所（以下简称："本所"）系于中华人民共和国（以下简称："中国"）合法注册的从事中国法律服务的律师事务所。本所受××公司（以下简称为"××公司"）的委托/本所作为××公司（以下简称为"××公司"）的常年法律顾问，指派本所××律师、××律师就贵司××××一事，依据《中华人民共和国××法》《中华人民共和国××法》及相关法律法规之规定，特向贵司致函如下：

[①] 见上海市律师协会《律师签发律师函操作指引（2021）》（2021年6月18日上海市律师协会业务研究指导委员会通讯表决通过，执笔人：周志强律师、田志远律师）。

一、委托人陈述的基本事实

××年×月×日，……

以上事实正在进一步调查取证中。

二、法律分析及法律后果

根据××公司向本所提供的上述事实及证据，我们认为：……

贵司××行为的性质及可能应当承担的法律责任……

三、解决问题的方法及建议

为弥补××公司的损失，妥善解决上述纠纷，并避免诉累，请贵司在收到本函之日起×日内履行……义务：……

如贵司不愿接受××公司的要求，可能会导致双方分歧及误会加深，促使××公司通过诉讼等法律途径维护其合法权益，故请贵司慎重考虑本律师意见。

本律师函作出法律分析所依据的事实系由委托人提供，并不排除与客观事实有所出入的可能。贵方如对本律师函涉及事实有异议，或对问题的解决有其他合理建议，请直接与本律师联系沟通。

本律师函不得以任何方式被解释为委托人对权利作任何放弃、义务作任何增加。

（提示：经办律师签发律师函时，无需照搬上述一、二、三点所列纲要语句，只需按上述结构要求表述即可。）

特此函告！

律师联系方式：……

委托人联系方式：……

（××）律师事务所
××年×月×日

寄送地址：

联系方式：

EMS单号：

附件：

【法律文书示例】律师声明

律师声明

（2022）沪×律函字第××号

受××××有限公司的委托，上海××律师事务所律师（以下简称本所律师）发表律师声明如下：

根据××××有限公司提供的相关材料，××××公司自2022年以来汽车产品产销持续增长，上半年产销××汽车××辆，较去年同期增长35.61%，高于全国同行业平均水平20％。上半年生产汽车发动机××台，整车市场占有率达到22.41％。汽车发动机和汽车整车质量均稳定上升，市场反应良好。

近来，个别单位背离了职业道德和执业准则，对××××有限公司的产品进行了一些不符合事实的蓄意诋毁，侵害了××××有限公司的合法权益，本所律师代表××××有限公司保留依法追究其相关法律责任的权利。

特此声明

上海××律师事务所
××律师、××律师
2022年××月××日

三、律师见证

根据中华全国律师协会2007年制订的《律师见证业务工作细则》（以下简称《细则》），律师见证是指律师应客户的申请，根据见证律师本人亲身所见，以律师事务所的名义依法对具体的法律事实或法律行为的真实性、合法性进行证明的一种活动。律师见证业务涉及的范围非常广阔，《细则》明确列举的见证业务包括：①各类经济合同的签订与履行行为；②企业章程、董事会决议、转股协议等法律文书；③继承、赠与、转让、侵害等民事行为；④各种委托代理关系。应当注意的是，《细则》并未穷尽律师见证业务可以适用的所有领域，实际上，只要不属于法律法规、行政规章规定不应由律师见证的情形，律师见证都存在适用的可能。

律师见证业务的基本属性要求，律师见证必须建立在律师本人亲身所见的基础之上，即满足"亲历性"的要求，因此，根据《细则》的规定，律师见证的时间应当是被见证的法律行为发生之时；律师见证的空间应当是律师本人在见证时视眼所能见到的范围。律师违反上述时空条件出具的律师见证书不仅不具有法律效力，而且还可能承担相应的法律责任。

律师从事见证义务应当遵循以下基本原则：①自愿原则，即律师见证系根据客户申请发生，见证内容也取决于客户申请的事项。②直接原则，律师见证业务要求，"律师必须到达当事人法律行为的现场，亲眼看见并且亲自调查核实需要见证的法律行为"[1]。律师仅能就其本人视野所见范围内发生的具体法律事实进行证明。③公平原则，律师见证时应当真实地反映客户的意思表示，客观地确认正在发生的法律行为。④回避原则，为保障律师见证的独立性，律师不得办理与本人、配偶或本人、配偶的近亲属有利害关系的见证业务。⑤真实合法原则，律师应当查明当事人的主体资格、行为能力、申请的事项及相关证件材料等是否真实、合法；如存在瑕疵，律师应当建议当事人在律师提供见证服务前及时补正。⑥保密原则，律师对客户申请办理见证的事务，应当保守秘密；

---

[1] 孙志祥：《非诉讼律师实务》，法律出版社，2014年版，第255页。

除非法律有明确规定，不得向任何第三方披露律师见证的内容。

律师见证是一项严肃的工作，该项业务的基本程序包括：

（1）收案。在收案环节，律师要通过与当事人的交谈，了解当事人要求见证的具体内容，明确其要求。需要注意以下几个要点：首先，律师与申请见证的当事人谈话，应当制作笔录；其次，同意受理见证业务的，应当由律师事务所与当事人签订律师见证委托合同（专项法律服务合同），在合同中明确双方的权利义务和具体承办见证事务的律师，再由承办律师完成见证事务。

（2）进行见证工作。律师事务所应当指派两名律师进行见证工作，律师必须在见证工作中全程亲身参与。

（3）审查。承办律师在出具《律师见证书》前应当依法对下列事项进行审查：①客户是否具有民事权利能力和民事行为能力；②客户的意思表示是否真实；③客户所要求见证的事项是否合法；④客户提供的证明材料和其他文件是否具有真实性、合法性、完整性和有效性。

（4）出具律师见证书。律师出具的见证书要求格式正确、事项齐全、真实合法，见证律师应当在见证书上签字。如系遗嘱见证，遗嘱见证书上必须有立遗嘱人头脑清醒时的亲笔签字，且有立遗嘱的具体时间。

律师见证书主要包括以下内容：①客户委托见证事项；②律师见证的过程；③律师见证的法律依据；④律师见证的结论；⑤见证律师的签字，并由律师事务所盖章；⑥律师见证的时间；⑦律师见证书所附的见证材料。

【法律文书示例】律师见证书

律师见证书

（年份）川　律见字第　号

见证委托人赵××，男，汉族，出生于××××年×月×日，身份证地址：_____，电话：_____，身份证号：_____。

见证委托人邓××，女，汉族，出生于××××年×月×日，身份证地址：_____，电话：_____，身份证号：_____。

见证委托人李××，女，汉族，出生于××××年×月×日，身份证地址：_____，电话：_____，身份证号：_____。

一、见证事项

四川××律师事务所接受见证委托人赵××、邓××及李××委托，并指派××律师、××律师就见证委托人赵××、邓××与见证委托人李××签订《房屋使用权转让协议》行为的真实性予以见证。

二、见证材料

1. 见证委托人赵××、邓××提供的居民身份证、结婚证、户口簿，见证委托人李××提供的居民身份证、户口簿。

2. 见证委托人赵××、邓××提供的《房屋使用权转让协议》（××××年××月×

×日，3页）；《房屋使用权转让补充协议》（××××年××月××日，1页）；《交房通知单》（××××年×月×日，×页）；收据（×张），分别为：①住宅房款××××元；②天然气及光纤入户费××××元；③物管费及垃圾清运费×××元；④装修管理费××××元；⑤住房面积差补款××××元。

三、见证过程

见证委托人赵××、邓××、李××来到本所，在见证律师×××、×××面前亲笔签名、捺印《房屋使用权转让协议》。

四、见证结论

见证委托人赵××、邓××与李××在签订《房屋使用权转让协议》时神志清醒，具有完全民事行为能力。

声明：

1. 见证委托人对《房屋使用权转让协议》项下房屋的性质均知悉并同意履行本协议；

2. 本所仅对见证委托人提供的书面材料予以形式见证，不做实质见证；

3. 本《律师见证书》仅对见证委托人的签字、捺印行为的真实性予以律师见证，并不见证其他内容，合同双方的交易安全（含合法性）由见证委托人自行承担法律风险，本所不承担任何法律责任。

四川××律师事务所
见证律师：×××
见证律师：×××
（公章）×××
××××年××月××日

四、法律尽职调查（法律审慎调查）

尽职调查，通常是指在股票发行上市、收购兼并、重大资产转让等商事交易过程中，当事人委托律师、注册会计师、投资银行等专业机构，就交易中的交易对象和交易事项的财务、经营、法律等事项，按照其专业准则进行的审慎和适当的调查和分析。

律师进行的尽职调查属于法律尽职调查。上海律师协会2001年制定的《律师参与法律审慎调查业务操作指引》将法律审慎调查界定为：当一方（"调查方"）拟进行商业计划或交易，如合资、重组、并购、购买资产等情况（不包括上市）时，委托律师事务所（"调查方律师"）对有关方（"被调查方"）的有关资料、文件、信息等从法律角度进行分析和判断，并作出审慎调查报告。在审慎调查过程中，被调查方委托的律师事务所（"被调查方律师"）应根据被调查方的要求和指示与调查方律师协调，共同促使调查方的商业计划或交易在此基础上得以完成。

法律尽职调查的出现，源自市场经济背景下市场主体规范商事交易行为、防范交易风险的需要。律师进行法律尽职调查的目的，在于确认目标公司的合法成立和有效存续，核查目标公司所提供文件资料的真实性、准确性和完整性，核查目标公司的组织架构、业务状况和其他事项的法律状况，发现和分析目标公司现存的法律问题和风险并提出解决方案，作为律师出具法律意见并准备交易文件的重要依据。

在西方发达国家，律师进行法律尽职调查是保障重大商事交易行为有序进行的重要手段，在长期的法律实践中，律师行业已经形成了一套成熟的法律尽职调查业务流程、工作规范和调查方法。当前中国律师行业的法律尽职调查基本上是在改革开放之后，随着市场经济的发展和资本市场的建立而出现的。中国第一次在官方法律文件中出现律师尽职调查这个概念，是2001年3月6日中国证券监督管理委员会发布的《公开发行证券公司信息披露的编报规则第12号——律师法律意见书和律师工作报告》（"编报规则第12号"）中。该规则第五条规定："律师在律师工作报告中应详尽、完整地阐述所履行尽职调查的情况，在法律意见书中所发表的意见或结论的依据、进行有关核查验证的过程、所涉及的必要资料或文件。"就现实情形来看，法律尽职调查应用的领域非常广泛，包括股票和债券公开发行与上市、企业收购和兼并、重大资产转让、风险投资和大型项目投资、项目融资等诸多领域。

关于法律尽职调查的作用，中国律师实务界主要达成了如下共识：①能够帮助调查方了解被调查方的情况，从法律角度确认被调查方的主体合法性，并判断该情况是否能使拟进行的商业计划或交易具备深入洽谈的可能性；②发现委托项目可能存在的法律障碍和法律风险，帮助调查方决定是否调整该商业计划或交易的价格及确定调整价格的幅度；③帮助调查方按照现实情况进一步合理、合法地调整商业计划或交易有关合同的条款、结构以及决定商业计划或交易完成的时间表；④促使被调查方对相关情况进行真实的陈述和保证，帮助调查方更加准确地确定该商业计划或交易完成的前提条件和完成后的义务；⑤调查的结果将帮助被调查方为促使商业计划或交易基本实现而尽早采取需要的补救措施或帮助调查方在有关协议中增加被调查方的陈述和保证条款[①]。

由于商事交易的类型不同，尽职调查的内容也不尽一致。以股权收购交易为例，律师进行法律尽职调查应当主要针对如下事项：

（1）目标公司设立与发展过程的合法性。

对于目标公司设立的合法性调查主要包括两个方面：①主体资格，即目标公司设立的程序、资格、条件、方式等是否合法，包括目标公司设立过程中有关资产评估、验资等是否已经履行了法定的程序，若涉及国有资产时是否已经取得有关批准。②其是否具备从事营业执照所确定的该行业或经营项目的特定资质，如建筑资质、房地产资质、危险品运输资质等。应当严格核查目标公司的相关证书原件，如《营业执照》《税务登记证》《统计登记证》等，对于外商投资企业还需核查主管部门颁发的《批准证书》、外汇登记IC卡等证件；重点核查各个证书的年检情况、有效性以及各个证书之间的信息统

[①] 参见上海律师协会《律师参与法律审慎调查业务操作指引》和新疆律师协会《新疆维吾尔自治区律师参与法律审慎调查业务》。

一性。如目标公司曾经发生股权变动的，应特别注意股权转让是否依法进行？是否与前手股东存在争议？股权转让金是否支付完毕？如果涉及国有企业股权变更，还要审查是否依法经过审计、评估并挂牌交易？对于目标公司发展过程合法性的调查，主要对目标公司各种变更事项进行审查，在进行该项调查时应重点关注公司股东会和董事会的各项决议，公司重大事项的表决、通过程序，章程的修订程序是否合法。在此过程中，相关材料主要由目标公司提供，律师在必要的时候可以到工商机关、其他行政机关或有关主体予以查证。

（2）对目标公司资产状况的法律调查。

关于目标公司资产状况的调查主要包括三个方面的内容：①调查目标公司拥有及使用的房产、土地使用权、商标、专利等无形资产的情况。具体工作对象包括：A. 权利凭证。核实上述财产是否已经取得完整的权属证书，如果尚未取得有关证书，那么还需要分析要取得这些证书是否存在法律障碍。B. 权利的限制。主要关注上述财产是否存在权利限制诸如抵押、质押等情况，是否存在产权纠纷或者潜在的纠纷。②调查目标公司的债权、债务状况，目的是审查目标公司的各项应收、应付账款是否合法和有效等。③调查目标公司的知识产权资产是否存在，有效期届至何时，是否有效存续，所有权属于谁，该知识产权有无经济价值和战略价值，是否存在侵犯他人知识产权的潜在责任等。

（3）目标公司签署的重大合同、重大债权债务及对外担保情况。

关于公司签署的重大合同情况的调查，应当重点关注：①重大合同的重要条款，如合同金额、价款支付方式、合同内容等；②是否存在对交易有限制性的条款；③重大合同的履行情况，如是否存在严重违约情形及违约风险。关于目标公司的重大债权债务及对外担保情况，应当重点关注：①主要融资和担保合同是否对交易有所限制；②是否符合《中华人民共和国公司法》第十五条的规定[①]。此外，在必要时，需要进行财务尽职调查。

（4）对目标公司人力资源制度的调查。

调查重点是核实目标公司的人才档案、劳动合同资料（关注是否签订劳动合同、合同期限等），员工的福利情况，人才流动情况，是否存在劳资纠纷的情况等。该项工作主要是评估目标公司的用工制度是否存在风险。因为公司被收购并非劳动合同解除的理由，如果原有用工制度存在风险（例如未签订劳动合同、未购买社保等），那么就应作出相关安排，要求股权转让方先行处理这些法律风险。

[①] 2023年12月29日修订后的《中华人民共和国公司法》第十五条规定：公司向其他企业投资或者为他人提供担保，按照公司章程的规定，由董事会或者股东会决议；公司章程对投资或者担保的总额及单项投资或者担保的数额有限额规定的，不得超过规定的限额。公司为公司股东或者实际控制人提供担保的，应当经股东会决议。前款规定的股东或者受前款规定的实际控制人支配的股东，不得参加前款规定事项的表决。该项表决由出席会议的其他股东所持表决权的过半数通过。

(5) 目标公司的税收情况。

主要调查目标公司的税收状况,核查是否存在偷税漏税行为,是否享受税收优惠,同时要对其享受税收优惠的法律法规、政策等文件的合法性进行分析。目标公司所涉及的主要税种包括企业所得税、营业税及附加、契税、土地增值税、印花税、房产税、土地使用税等。

(6) 目标公司诉讼、仲裁情况。

律师在调查中应当重点关注:①有关诉讼、仲裁的基本情况,包括起因、时间、当事方、主要过程及裁决内容;②裁决的履行情况,包括该付款的是否已支付并提供付款证明、该履行义务是否已履行;③是否存在后续的程序和风险。由于中国尚未建立具有权威性的全国性诉讼和仲裁查询系统,上述材料目前主要由目标公司提供。除此之外,律师还可以通过以下途径查询:①最高人民法院官网;②当地法院或仲裁委员会;③第三方企业查询平台。

【律师尽职调查报告示例】

尽职调查报告

导言

- 尽职调查的范围与宗旨

有关××公司的律师尽职调查,是由本所根据aa股份有限公司(以下简称aa)的委托,基于aa和××的股东于××××年××月××日签订的《股权转让意向书》第××条和第××条的安排,在本所尽职调查律师提交给××公司的尽职调查清单中所列问题的基础上进行的。

- 简称与定义

在本报告中,除非根据上下文应另做解释,否则下列简称和术语具有以下含义(为方便阅读,下列简称和术语按其第一个字拼音字母的先后顺序排列):

"本报告"指由××律师事务所于××××年××月××日出具的关于××公司之律师尽职调查报告。

"本所"指××律师事务所。

"本所律师"或"我们"指××律师事务所法律尽职调查律师。

"××公司"指××公司,一家在××省××市工商行政管理局登记成立的公司,注册号为××××××××××。

本报告所使用的简称、定义、目录以及各部分的标题仅供查阅方便之用;除非根据上下文应另做解释,所有关于参见某部分的提示均指本报告中的某一部分。

- 方法与限制

本次尽职调查所采用的基本方法如下:

审阅文件、资料与信息;

与××公司有关公司人员会面和交谈;

向××公司询证;

参阅其他中介机构尽职调查小组的信息;

考虑相关法律、政策、程序及实际操作。

本报告基于下述假设:

所有××公司提交给我们的文件均是真实的,所有提交文件的复印件与其原件均是一致的。

所有××公司提交给我们的文件均由相关当事方合法授权、签署和递交。

所有××公司提交给我们的文件上的签字、印章均是真实的。

所有××公司对我们做出的有关事实的阐述、声明、保证(无论是书面的还是口头做出的)均为真实、准确和可靠的。

所有××公司提交给我们的文件当中若明确表示其受中国法律以外其他法律管辖的,则其在该管辖法律下有效并被约束。

描述或引用法律问题时涉及的事实、信息和数据是截至××××年××月××日××公司提供给我们的受限于前述规定的有效的事实和数据;及我们会在尽职调查之后,根据本所与贵公司签署之委托合同的约定,按照贵公司的指示,根据具体情况对某些事项进行跟踪核实和确认,但不保证在尽职调查之后某些情况是否会发生变化。

本报告所给出的法律意见与建议,是以截至报告日所适用的中国法律为依据的。

- 本报告的结构

本报告分为导言、正文和附件三个部分。报告的导言部分主要介绍尽职调查的范围与宗旨、简称与定义、方法与限制、本报告的结构以及对关键问题的摘要;在报告的主体部分,我们将就十个方面的具体问题逐项进行评论与分析,并给出相关的法律意见;报告的附件包括本报告所依据的由××公司提供的资料及文本。

- 对关键问题的摘要

正文

1 ××公司的设立与存续

1.1 ××公司的设立

1.1.1 ××公司设立时的股权结构

××公司于××××年××月××日设立时,其申请的注册资本为×××万元人民币,各股东认缴的出资额及出资比例如下:

股东名称	出资额	出资形式	出资比例
×××	×××万元	货币	××%
×××	×××万元	货币	××%
×××	×××万元	货币	××%
合计	×××万元		100%

1.1.2 ××公司的出资和验资

根据××公司最新营业执照,其注册资本为××万元人民币(实缴××万元)。

(1) 根据××会计师事务所于××××年××月××日出具的×××所验字(2006)第××号《验资报告》,××公司第一期出资×××万元人民币已在××××年××月××

日之前由上述三位股东以货币的形式缴足。

（2）根据××有限责任会计师事务所于××××年××月××日出具的×××所验字（2006）第××号《验资报告》，××公司第二期出资××万元人民币已在××××年××月××日之前由上述三位股东以货币的形式缴足。

1.1.3　对××公司出资的法律评价

根据《中华人民共和国公司法》的规定，内资的有限责任公司注册资本必须在公司成立之日起两年内缴足，而根据××公司的章程，其××万元人民币的注册资本是在三年内分三次到位的，此种做法与《中华人民共和国公司法》的规定相冲突。根据××公司有关人员陈述，××公司的此种出资方式系经当地政府许可，但本所律师认为，《中华人民共和国公司法》为全国人大通过的法律，地方政府无权制定与《中华人民共和国公司法》相悖的政策，目前该种出资方式的合法性不能成立。

1.2　××公司的股权演变

1.2.1　××××年股权转让

根据××××年××月××日××市工商行政管理局提供的企业变更情况表，××××年××月××日，××公司的股东×××先生将其持有的××%股权全部转让给×××先生，××××年××月××日，上述股东变更已在××市工商行政管理局南定工商所完成了变更登记。

本次股权转让之后，××公司的股权结构为：

股东名称	出资额（万元）	所占比例
×××	×××	××%
×××	×××	××%
合计	×××	100%

1.2.2　本次股东变更的法律评价

××公司本次股权转让行为符合当时法律法规和规范性文件的规定，并已履行了必要的法律手续。

1.2.3　××公司现有股东的基本情况

经本所律师核查，××公司现有股东为以下2名自然人：

（1）股东×××，男，身份证号为××××××××××××××××。

（2）股东×××，男，身份证号为××××××××××××××××。

1.3　××公司的存续

1.3.1　××公司的存续情况

（1）××公司现持有××市工商行政管理局于××××年××月××日核发的注册号为××××××××××号的企业法人营业执照，注册资本为×××万元人民币（实缴××万元），法定代表人为×××，住所位于×××，经营范围为××生产、销售。

（2）根据其营业执照上记载的年检情况，该公司已于××××年××月××日通过了××市工商行政管理局××年度的年检。

1.3.2　××公司存续的法律评价

根据××公司的章程及其年检资料，其目前合法存续。但其营业执照上的营业期限为××××年××月××日至××年××月××日，根据其章程，其第三期出资必须在××××年××月××日前完成，因此，aa在受让其100%股权后，应在××××年××月××日前完成剩余的×××万元出资的义务，否则××公司的存续将存在法律障碍。

2　××公司的组织架构及法人治理结构

2.1　××公司章程的制定及修改

××公司章程是在××××年××月××日由××公司最初设立时的三位股东制定的。根据到目前为止××公司提供的资料，××××年××月××日，由于二期出资××万元的到位，××公司股东会对章程第7条进行过修改。此后于××××年××月××日，由于股东间的股权转让，××公司股东会对章程进行了第二次修改。

2.2　××公司的法人治理结构

根据××公司公司章程，该公司设有股东会、执行董事一名和监事一名。

2.3　××公司的董事、经理和其他高级管理人员

××公司现有执行董事一名、监事一名、经理一名。其中，×××为执行董事，×××为公司监事，×××为公司经理。

3　××公司的生产设备和知识产权

3.1　××公司的生产设备

根据××评估师事务所出具的××评报字〔2006〕第××号《评估报告书》，××公司的生产设备的评估价值为××元人民币。

3.2　××公司的知识产权

根据××公司的陈述，其目前未拥有任何商标、专利和专有技术，也未提出任何商标、专利申请。

本所律师未得到任何有关××公司《企业保密协议》或保密制度的材料。

4　××公司的土地及房产

4.1　土地使用权

4.1.1　土地租赁

根据bb与cc有限公司于××××年××月××日签订的《合同书》，cc有限公司将其拥有的位于××的××亩土地租赁给bb的全资子公司使用，期限为20年，租金为××万元，全年租金上限为×××万元。

4.1.2　土地租赁的法律评价

本所律师认为，bb与cc有限公司签订的《合同书》中约定的承租土地的主体为bb的全资子公司，而××公司并非bb的全资子公司，因此，应获得cc有限公司对此种情况的书面确认。此外，cc有限公司将其无建筑物或附着物的土地使用权出租，没有法律依据，其合法性存在疑问。

4.2　房屋所有权

4.2.1　房屋状况

根据××评估师事务所出具的××评报字〔2006〕第××号《评估报告书》，××公司共拥有房屋建筑物××幢，建筑面积××平方米；构筑物及其他辅助设施××项；评估价值为××元人民币。

根据××公司的陈述及本所律师的核查，××公司所有房产均未办理《房地产权证》。

4.2.2 房屋状况的法律评价

本所律师认为，××公司的房屋由于未按规定办理建房手续，其办理权证存在法律障碍。

5 ××公司的业务

5.1 ××公司的经营范围

根据××公司目前持有的××市工商行政管理局于××年××月××日核发的注册号为××××××××××号的企业法人营业执照，其经营范围为××生产、销售。

5.2 ××公司持有的许可证和证书

5.2.1 有关生产经营的许可证

经本所律师审查，××××年××月××日，××公司取得××市化工行业管理办公室出具的《化学品生产企业核定证明材料》，证明其生产的××不属于危险化学品。

5.2.2 有关的环保验收

××公司××××吨/年××生产项目于××××年××月××日得到了当地环保部门关于同意通过验收的意见。

6 ××公司的贷款合同与担保

6.1 正在履行的贷款合同

经本所律师核查，至本报告出具日，××公司无正在履行的贷款合同。

6.2 担保合同

经本所律师核查，至本报告出具日，××公司无正在履行的担保合同。

7 ××公司的税务问题

根据××公司提供的书面说明，其目前主要执行的税种和税率为：

（1）增值税：

按17％计缴。

（2）所得税：

按33％计缴。

（3）城市维护建设税：

按增值税的7％计缴。

（4）教育附加费：

按增值税的3％计缴。

8 ××公司的重大诉讼、仲裁与行政措施

经本所律师审查，××××年××月××日，××市质量技术监督局张店分局对××签发《质量技术监督行政处罚决定书》，对××公司正在使用的××设备中承压设备未进行登记注册等行为处以以下行政处罚：限1个月内改正，罚款××元。

××公司未提供其他有关诉讼、仲裁或行政处罚的资料。根据××公司的陈述，其将于正式股权转让协议签订前出具关于重大诉讼、仲裁、纠纷或其他司法或行政程序的书面状况说明或承诺。

9　××公司的保险事项

经本所律师核查，××公司为其以下财产设置了保险：

（1）××××年××月××日，××公司为其固定资产和流动资产（存货）向中国人民财产保险股份有限公司××市××支公司投保了财产保险综合险，保险金额为××元人民币，保险期限为××××年××月××日至××××年××月××日。保单的第一受益人为中国农业银行××市分行。

（2）车牌号为××和××的运输工具已分别向中国人民财产保险股份有限公司××市××支公司和中国太平洋财产保险股份有限公司××支公司投保。

10　××公司的劳动用工

根据××公司的书面说明，其目前签订有劳动合同的职工为××名。如果本次收购为股权收购，收购完成后，贵公司将接收××公司原有的所有签订劳动合同的职工，继续履行合同期未满的劳动合同。

本所律师要求：

本报告系基于贵公司委托，由本所律师依据调查结果及现行有效的中国法律及××公司提供的相关文件和实际情况拟就并出具。

本报告谨供贵公司及授权相关单位/人士审阅。未经本所律师书面同意，不得将本报告外传及用于佐证、说明与题述事宜无关的其他事务及行为。

谨致

商祺！

承办律师：
××律师事务所
××××年××月××日

附件：

【相关文件】上海律师协会《律师参与法律审慎调查业务操作指引》

律师参与法律审慎调查业务操作指引

第一章　总　则

1.1　制定目的

为指导上海律师正确参与法律审慎调查的业务，切实帮助律师做好法律审慎性调查工作，上海市律师协会特制定本指引。

1.2　指引性质

本指引是上海市律师协会制定的业务操作指引，对于上海律师协会的团体会员（律师事务所）和个人会员（执业律师）仅起建议性、指导性作用。

1.3　法律审慎调查的定义

本指引所指的法律审慎调查，是指当一方（"调查方"）拟进行商业计划或交易，如合资、重组、并购、购买资产等情况（不包括上市）时，委托律师事务所（"调查方律师")对有关方("被调查方")的有关资料、文件、信息等从法律角度进行分析和判断，并作出审慎调查报告。在审慎调查过程中，被调查方委托的律师事务所("被调查方律师")应根据被调查方的要求和指示与调查方律师协调，共同促使调查方的商业计划或交易在此基础上得以完成。

1.4 法律审慎调查的作用

1) 法律审慎调查能够帮助调查方了解被调查方的情况，并判断该情况是否能使拟进行的商业计划或交易具备深入洽谈的可能性。

2) 法律审慎调查将帮助调查方决定是否调整该商业计划或交易的价格及确定调整价格的幅度。

3) 法律审慎调查将帮助调查方按照现实情况进一步合理、合法地调整商业计划或交易有关合同的条款、结构以及决定商业计划或交易完成的时间表。

4) 法律审慎调查将帮助调查方更加准确地确定该商业计划或交易完成的前提条件和完成后的义务。

5) 法律审慎调查的结果将帮助被调查方为促使商业计划或交易基本实现而尽早采取需要的补救措施或帮助调查方在有关协议中增加被调查方的陈述和保证条款。

1.5 律师在审慎调查中的责任

1) 在进行法律审慎调查时，律师应当具有审慎、尽职的态度，具备应有的职业道德，尽力根据客户要求完成审慎调查。

2) 调查方律师应结合审慎调查目标尽量为调查方考虑，全面细致地完成审慎调查。若因调查方律师在审慎调查中没有尽其应尽的谨慎而导致出具的审慎调查报告中存在重大失误，并影响了调查方商业计划或交易的正常进行或引起不必要的损害性后果，调查方律师应当承担相应的责任。

3) 调查方律师可以在审慎调查过程中采取一定的防范措施，如取得被调查方的书面答复函、进行独立调查、妥善保管文件以及在审慎调查报告中写入免责条款等。但是，调查方律师不应为了减少其责任而影响法律审慎性调查的正常进行。

4) 律师应当保守其在审慎调查过程中涉及的调查方和被调查方的商业计划或商业秘密。

1.6 法律审慎调查的基本阶段

法律审慎调查通常可以划分为以下几个阶段，但是，根据商业计划或交易的大小或难易程度的不同，并非所有法律审慎调查都需要完成以下各个阶段。

1) 初始审慎调查。一旦法律审慎调查对象确定，调查方律师可以根据被调查方的具体情况，发送审慎调查函，并要求被调查方进行答复。在收到被调查方提供的各种文件和信息后，调查方律师应对其进行审阅和进行相关的法律分析，并撰写初步审慎调查报告。

2) 进一步审慎调查。根据调查方的要求，调查方律师可以以初步审慎调查报告为基础，发送进一步调查函，并要求被调查方答复。在收到被调查方提供的进一步文件和信息后，调查方律师应对其进行审阅并撰写补充审慎调查报告。根据调查方的需要，调查方律师可以针对不同的具体调查事项进行多次进一步审慎调查，以使调查方能顺利达到全部调查目的。

3）撰写最终审慎调查报告。根据调查方的要求，调查方律师可以根据初始审慎调查和多次进一步审慎调查的结果，提出促使商业计划或交易完成的建议并撰写最终审慎调查报告。

1.7 法律审慎性调查的主要程序

根据具体的商业计划或交易，法律审慎调查的通常程序主要如下：

1）审慎调查目的、对象和范围的确定。
2）审慎调查函的起草和答复。
3）独立调查。
4）调查文件的审阅。
5）现场调查。
6）审慎调查报告的撰写。
7）审慎调查有关文件的存档。

第二章 审慎调查目的、对象和范围的确定

2.1 确定审慎调查的目的

1）因具体商业计划或交易不同，调查方在审慎调查中所期望达到的目的也会不同。例如，在收购项目中，由于资产收购和股权收购的审慎调查目的的不同，调查方律师在审慎调查中的侧重点也就不同。

2）调查方律师应根据具体商业计划或交易的重点，与调查方协商并充分听取其建议，理解其所欲达到的交易目的，并用书面形式确定与调查方所达成一致的审慎调查目的。

2.2 确定审慎调查的对象

根据调查方的要求并结合具体的商业计划或交易，调查方律师可以确定具体的审慎调查的对象，即被调查方。例如，在收购项目中，股权收购的审慎调查中的被调查方通常会涉及目标公司及其子公司、分支机构等，而资产收购的审慎调查中的被调查方通常只限于拟转让资产的出让方。

2.3 确定审慎调查的范围

根据调查方对于审慎调查的目的的不同，审慎调查的范围通常也不尽相同。并且，审慎调查的范围会因被调查方的公司类型的不同而不同，也会因商业计划或交易的类型不同而有差异。一般而言，法律审慎调查可包括以下范围：

1）公司概况；
2）公司经营；
3）动产；
4）不动产；
5）劳动；
6）知识产权；
7）诉讼、仲裁及行政复议及其他法律程序；
8）其他事项。

第三章 审慎调查函的起草和答复

3.1 调查方律师对审慎调查函的起草和发送

1) 调查方律师可以根据与调查方确定的审慎调查目的和范围,起草审慎调查函。审慎调查函的内容应与确定的调查范围相一致。

2) 调查方律师在起草审慎调查函时,应尽量要求被调查方按照审慎调查函所列的顺序,以书面形式答复其中的所有各项问题,并提供相关资料的完整、齐全的复印件。并且,调查方律师应要求被调查方对审慎调查函中不适用或无资料的问题分别加以注明,并请被调查方详细注明每份已提供的资料的名称、有关方名称和日期等信息。

3) 在审慎调查函的内容得到调查方的书面确认后,调查方律师可及时将审慎调查函发送给被调查方,并给被调查方一个合理的期间准备所有的相关资料。

3.2 被调查方律师对审慎调查函的质疑和答复

1) 在接到调查方律师的审慎调查函后,被调查方律师应首先判断审慎调查函的内容与拟进行的商业计划或交易是否有关联。对于审慎调查函上与拟进行的商业计划或交易无关联的项目,被调查方律师应及时与调查方律师沟通并提出质疑,也可以暂时拒绝作出答复。

2) 被调查方律师可以与被调查方进行协商,以确定:

a) 是否给予调查方书面答复函;

b) 是否向调查方提供有关文件的复印件;

c) 在向调查方提供有关文件复印件的情况下,该复印件在审慎调查完成后是否需要收回;

d) 是否只允许调查方律师在被调查方公司现场审阅有关文件。

3) 根据被调查的要求,被调查方律师应起草保密协议和/或赔偿协议,要求调查方签署。

4) 在被调查方同意向调查方提供有关文件复印件的情况下,被调查方律师应起草文件清单,并在调查方接受文件时要求其签署该文件清单。

3.3 调查方律师审阅答复函

1) 在接到被调查方的答复函后,调查方律师应判断答复函在答复形式上的确定性,即被调查方是否根据审慎调查函准备文件和罗列清单以及答复函上是否有被调查方的签字盖章。

2) 在被调查方仅提供了所需文件复印件而未提供相应的答复函的情况下,调查方律师应根据审慎调查函以及被调查方已经提供的文件复印件制作相应的答复函,要求被调查方在该函上注明不适用或无资料的问题,并在该答复函上签字盖章。

3) 调查方律师对于答复函的准确性判断,应在调查文件的审阅过程中进行。

3.4 调查方律师起草和发送进一步审慎调查函

调查方律师在调查文件的审阅过程中,如发现新的问题,可以向被调查方发送进一步审慎调查函,要求被调查方提供进一步的文件或作出答复。

第四章 独立调查

4.1 调查方律师的独立调查

若被调查方的答复函中出现应陈述而未陈述的事实、情况或文件以及需要对答复函中已陈述的事实、情况或文件的真实性进行确认时,调查方律师可以进行独立调查。

4.2 独立调查的部门

1) 根据调查方介绍的商业计划或交易的背景情况及被调查方在答复函中所提供的信息,调查方律师可以依据其对本次审慎调查的具体判断,与调查方共同协商确定拟进行独立调查的政府行政部门及其他单位。

2) 目前通常可供调查方律师公开调查有关资料的政府行政部门主要包括工商行政部门、房地产部门等。调查方律师可以根据这些行政部门的工作程序、工作时间及工作习惯,集中调查需独立调查的事项。

3) 调查方律师在需要对与被调查事项有关的其他单位进行调查时,通常应在被调查方事先征得该单位的同意后,并在被调查方有关人员的陪同下进行。

4.3 独立调查的可信度

调查方律师可以将独立调查中获取的文件、资料和信息对照相关的、已由被调查方提供的文件、资料和信息,并判断调查到的文件、资料和信息的可信度。

4.4 追踪调查

调查方律师可以对在审慎调查中出现的新问题继续追踪调查,以获得相对确定的结论。

第五章 调查文件的审阅

5.1 调查文件审阅的分工

1) 调查方律师可以根据审慎调查的范围、任务和各律师的不同业务专长,对审慎调查过程中收集到的文件按不同专业领域进行分工和审阅。

2) 若审慎调查涉及的被调查方众多,调查方律师也可以按不同的被调查方分工审阅有关文件。

5.2 调查文件审阅的准备

各调查方律师事先应充分了解、熟悉和掌握相关领域的法律法规、实践中的业务操作和行业惯例,明确界定的工作范围,把握对调查文件进行审阅时工作的角度和重点。

5.3 调查文件的审阅

各调查方律师在审阅相关的调查文件时应细致认真,对调查文件的完整性、真实性与合法性等问题进行谨慎的法律研究和咨询。

5.4 调查文件的鉴别

调查方律师在审阅调查文件时应最大限度地甄别、排除虚假事实,尽可能再现被隐瞒或被忽视的事实,其中特别应注意:

1) 调查文件复印件与原件的一致性;

2) 调查文件上的印鉴的前后一致及其变化的合理衔接;

3) 调查文件上的盖章、签字是否代表有关单位和个人的真实意思表示;

4) 对于调查文件中的间接证据，要调查有关单位和人员，核实有关事实的陈述和记载是否真实、准确；

5) 注意调查文件签发时间与相关事实发生时间的合理衔接，排除被调查方变造文件的可能性。

5.5 标记或记录

对于调查文件审阅过程中发现的问题，调查方律师可以随时做出标记或做出书面记录，应尽可能通过编制表格以突出被审阅项目的重点内容。同时，对于被调查方补充资料或做出解释的，调查方律师也可以做出书面记录。

5.6 调查方律师间的合作

各调查方律师在审阅文件的过程中，若发现有关文件涉及其他调查方律师的审阅范围，应及时与该律师联系，并根据该律师的需要，提供有关文件的复印件。

第六章 现场调查

6.1 被调查方有关人员的现场答复

1) 调查方律师在文件审阅过程中，应对发现的问题根据专业知识进行判断，若该问题可能影响审慎调查报告结论的，应及时与被调查方联系，说明问题的重要性或关联性，并要求其补充文件或在被调查方现场要求其有关人员做出答复。

2) 调查方律师应对被调查方有关人员在现场做出的答复的情况进行录音或记录，制作有关律师记录并要求被调查方签字盖章。

6.2 被调查方律师的现场答复

被调查方律师可以与被调查方协商，以确定是否需要被调查方律师对调查方律师提出的问题进行现场答复或者确定被调查方有关人员进行现场答复时应掌握的尺度。

6.3 调查方律师对不动产或重要动产的现场核查

根据调查方的要求，调查方律师可依据被调查方提供的不动产及重要动产的有关文件，对其进行现场的核查。

第七章 审慎调查报告的撰写

7.1 审慎调查报告的主要内容

1) 序言部分。在序言部分，通常可以包括如下方面：

a) 出具本报告的目的和范围；

b) 本报告所依据的文件及报告所反映情况的截止日期；

c) 假设；

d) 除外责任。

2) 正文部分的撰写：

a) 调查方律师撰写的报告正文的内容应与审慎调查函涉及的范围相一致，因此，通常包括公司概况、经营、动产、不动产、劳动、知识产权和诉讼等方面的内容。

b) 调查方律师在撰写报告正文各部分内容时，可以采用的基本结构是列举调查方律师在审慎调查过程中获得的事实或信息，引用适用的法律进行分析和论证，针对调查方拟从事的商业计划或交易，说明其中可能存在的法律风险及对拟进行的商业计划或交易的影响,并提出相应的解决方案或建议。

7.2 撰写审慎调查报告的格式和逻辑

1)调查方律师应按照审慎调查报告的格式和内容做出全面说明和分析,使审慎调查报告能真实、准确地反映被调查方的情况。

2)调查方律师撰写审慎调查报告的逻辑上应层层递进,段落清晰,行文简洁、突出重点,避免不必要的重复。

7.3 审慎调查报告中的引用

1)调查方律师在审慎调查报告中引用法律法规时应当注明文件名、文号、段落号、颁布机构及生效和失效时间,注意该法律法规是否适用该类情况,引用是否全面以及该法律法规的效力及溯及力。

2)调查方律师在审慎调查报告中引用相关文件时应说明文件来源,即该文件是由被调查方提供,还是通过独立调查获得。

7.4 审慎调查报告的签署和发送

审慎调查报告通常应由有资格的调查方律师签署并发送给调查方。

7.5 被调查方律师撰写工作备忘录

在审慎调查完成后,被调查方律师应向被调查方递交一份工作备忘录或类似文件,阐述被调查方律师根据被调查方的指示在审慎调查过程中文完成的具体工作内容,以起到一定的风险防范作用。

第八章 审慎调查有关文件的存档

8.1 审慎调查中通信类文件的存档

通信是指从调查方律师发出的和其从审慎调查的任何一方收到的任何通信性文件,包括信件、传真、电子邮件和通信性质的备忘录等。对所有通信性文件,调查方律师均应予以复印和存档。

8.2 审慎调查中原件和工作用文件的存档

在审慎调查报告完成之后,对于源于调查方或被调查方的文件,调查方律师应将其分为原件和工作用文件分类存档。

1)原件是指调查方、被调查方或其他方同意在调查方律师处存档的由调查方、被调查方提供的和独立调查中所取得的原始性文件(包括签字的原始文本、权属证书等)和其复印件。

a)对于重要或唯一的原始性文件,调查方律师应统一存档,有条件的,应将其放到保险设备中。

b)调查方律师将原件以收到或取得时的原状态和顺序标明(如"某年某月某日某方提供的文件")及存档。

c)调查方律师应将原件按照调查方提供的原件、被调查方提供的原件和独立调查取得的原件等分类保存。

2)工作用文件,即由原件复印过来的供调查方律师审阅、分类、评述、总结所用之文件,还包括与拟进行的商业计划或交易相关的由调查方律师或他人编写的文件。

a)调查方律师应将所有工作用文件进行存档,并在文件夹上标明"工作件—律师名—文件种类"。

b）调查方律师可依据处理需要将工作用文件分为多类，加以标明并分类存档。

8.3 审慎调查中法律研究类文件的存档

法律研究是指在审慎调查进行过程中调查方律师进行法律研究时所收集到的法律法规、规定和其他政府性文件，包括咨询记录和备忘录。对所有法律研究类文件，调查方律师可以予以复印和存档。

8.4 审慎调查中调查方律师记录类文件的存档

调查方律师记录主要是指调查方律师在审慎调查相关会议或现场调查中所作的记录，应视数量情况或商业计划或交易的复杂情况一起或分类存档。该类记录应写明时间、地点和有关人员。

五、法律意见书

就律师工作而言，法律意见书是指律师事务所接受当事人的委托，指派律师针对特定的法律事务，根据委托人提供的事实材料并经律师依法查验后，运用法律条款及立法精神，进行分析和阐述，提供给委托人的书面意见。法律意见书和律师函不同，前者是律师向当事人或者特定机关出具的专业法律意见或建议，而后者是律师代表当事人向特定或不特定对象发出的信函。在某些特定事务的处理程序中，律师出具法律意见书是法律法规明确要求的必备法律文书，缺乏该法律文书该程序无法完成；而律师函则是基于当事人自身的要求，法律并无强制性的要求。

作为律师执业必须具备的一项专业技能，法律意见书是律师处理非诉讼业务过程中经常用到的法律文书。一份形式严谨、分析准确、论证精当的法律意见书不仅是律师为客户提供专业化法律服务的工作成果，同时也是律师自身专业服务能力的充分展现。

【相关文件】福建省律师协会《律师事务所出具法律意见书业务操作指引（试行）》

律师事务所出具法律意见书业务操作指引（试行）

第一章 总 则

第一条 为了指导、规范福建省律师事务所出具法律意见书业务，根据《中华人民共和国律师法》，遵循国家司法行政机关和中华全国律师协会制定的律师执业规则，制定本指引。

第二条 律师事务所可以接受当事人的委托，指派律师就特定法律事务，根据已知的事实及证据，正确运用法律进行分析和判断，向委托人提供书面的法律意见。

第三条 律师事务所接受委托，指派律师承办出具法律意见书业务，应当按执业规范的规定办理委托手续。

第四条 律师事务所向委托人出具法律意见书，应当尊重事实、依照法律、审慎及时。

第五条 律师事务所向委托人出具法律意见书，应当严格保守在执业活动中知悉的国家秘密、当事人的商业秘密及个人隐私。

第二章 律师出具法律意见书

第一节 一般规定

第六条 律师事务所可以就以下事项，接受当事人委托，向委托人出具法律意见书（主要业务范围）：

（一）民商事法律事务。

1. 公司法律事务。

2. 证券法律事务。

3. 金融法律事务。

（二）行政法律事务。

（三）刑事法律事务。

（四）其他法律事务。

第七条 律师事务所接受委托，应当认真审查委托人的主体资格及其与所涉特定事务的关联性。

第八条 律师事务所对委托人提交的事实材料应进行必要的审查，对相关事实可以进行必要的尽职调查。

律师事务所对委托人提交的事实材料仅作形式审查的，在法律意见书中应当明确提示。

委托人仅作口头陈述而没有提供任何事实材料的，在法律意见书中应当明确提示。在法律意见书中如果列举委托人陈述的内容的，应当由当事人在经办律师面前制作笔录留存或以其他方式进行书面确认。

第九条 法律意见书中所列举的事实材料或陈述的内容，表述应当客观。

第十条 律师对作为其发表法律意见的事实依据或法律依据的法律文件、资料以及经调查的证据，应当在法律意见书中罗列，不得遗漏。

第十一条 法律意见书中如需对相关法律事实做出实质性审查的，应当符合律师出具见证意见书的相关职业规范的规定。

第十二条 律师在制作法律意见书的同时，应制作工作底稿。

前款所称工作底稿是指律师在为制作法律意见书过程中形成的工作记录及在工作中获取的所有文件、会议纪要、谈话记录等资料。

第十三条 律师应及时、准确、真实地制作工作底稿，工作底稿的质量是判断律师是否勤勉尽责的重要依据。

第十四条 工作底稿的内容应真实、完整、记录清晰，并标明索引编号及顺序号码。

第十五条 工作底稿应包括（但不限于）以下内容：

（一）律师承担项目的基本情况，包括委托人的名称、项目名称、制作项目的时间或期间、工作量统计；

（二）为制作法律意见书制订的工作计划及其操作程序的记录；

（三）重要文件和会议记录的摘要或副本；

（四）与相关人员相互沟通情况的记录，对当事人提供资料的检查、调查访问记录、往来函件、现场勘察记录、查阅文件清单等相关的资料及详细说明；

（五）相关人员的书面保证或声明书的复印件；

（六）对保留意见及疑难问题所作的说明；

（七）其他与出具法律意见书告相关的重要资料。

上述资料应注明来源。凡涉及律师向有关当事人调查所作的记录，应由当事人和律师本人签名。

第十六条　工作底稿由制作人所在的律师事务所保存。

第十七条　出具法律意见书应当明确、完整提示相关法律事务的法律风险。提示法律风险应当包括以下内容：

（一）法律、法规、规章及规范性文件的规定在具体适用上可能出现的法律风险；

（二）相关法律文件、资料因不完整、不全面、不及时、不正确等方面可能出现的风险；

（三）可能出现的诉讼风险；

（四）因承办律师对法律规定理解不全面而出现的风险，有关专家、学者专著所作的解释可能出现的风险；

（五）因相关税务、审计、会计、技术等方面不属于律师法律意见范围可能出现的风险；

（六）其他方面的风险。

第十八条　律师出具法律意见书所用的语词应简洁明晰，不得使用"基本符合条件"或"除【　】以外，基本符合条件"一类的措辞。对不符合有关法律、法规、规章、规范性文件规定的事项，或已勤勉尽责仍不能对其法律性质或其合法性作出准确判断的事项，律师应发表保留意见，并说明相应的理由。

第十九条　律师事务所出具法律意见书应当由经办律师签名，并加盖律师事务所公章、签署日期。提交中国证监会的法律意见书应经二名以上经办律师和其所在律师事务所的负责人签名，并经律师事务所加盖公章。

第二十条　律师事务所出具法律意见书后，相关资料应当依照档案管理相关规定归档。

第二十一条　法律意见书出具后，不得进行修改。如律师认为需补充或更正，应另行出具补充法律意见书。

第二十二条　出具公司法律事务、证券法律事务、金融法律事务、行政法律事务的法律意见书，应当符合相关政府行政管理部门颁发的相关规定的要求。

第二节　基本格式

第二十三条　法律意见书的基本格式：

（一）封面。

1. 标题：居中写明"关于【　　】的法律意见书"。
2. 律师事务所名称、标志及联系方式。

(二) 目录和索引。

(三) 首部。

1. 标题。
2. 案号。
3. 主送对象。
4. 引言。

(1) 表述律师事务所、承办律师、委托人及委托事项；
(2) 出具法律意见书在法律、法规及规章、规范性文件的依据。

5. 释义。

(四) 律师声明。

1. 列举委托人提交的事实材料或陈述的内容；
2. 经承办律师审查、调查的法律文件和资料；
3. 表述对委托人提交的事实材料或陈述的内容的真实性进行审查的提示及必要的免责陈述；
4. 表述法律意见书的目的、使用范围和法律效力。

(五) 正文。

1. 主体的概况；
2. 特定事务的基本事实；
3. 法律分析和判断；
4. 解决方案或建议；
5. 需要明确的有关事宜；
6. 结论意见。

(六) 尾部。

1. 律师事务所盖章，经办律师签字；
2. 出具日期。

第三章　附　则

第二十四条　本指引适用于除证券律师业务以外的律师出具法律意见书业务。

第二十五条　本指引由律师协会负责解释。

第二十六条　本指引经福建省律师协会第八届常务理事会审议通过，自发布之日起试行。

第二篇 模拟实验操作

【课程实施主体】

　　本课程为实务模拟类课程，旨在通过模拟企业法律服务场景，让学生以律师身份参与到各种模拟的法律服务场景中，感受法律实践，锻炼学生运用法学知识解决实际问题的能力，进一步培养学生法律思维和分析能力，提高学生在非诉讼法律实务中的创新与实践能力。为达成该课程目的，本课程教授方式为实验类课程教学。授课教师 1 人，学生 30 人，课程实施采取分组制，全班学生分为 8~10 个小组，每组 3~4 人，每位任课教师负责指导全部小组，同时考察该小组及其成员的课堂表现情况。

【课程内容设计】

　　本课程共 32 学时，分 8 次完成，以某律师事务所律师团队担任企业常年法律顾问为背景，课程设计模拟法律场景共 6 个，分别为法律顾问比选、法律尽职调查、劳动合同审查、商事合同审查、股权激励方案审查、法律风险审查等，课程内容涉及企业日常法律服务的各主要领域，同时课程之间具有连贯性和流程化特点，既照顾到教学规律的要求，也真实反映企业法律服务的原貌。此外，根据四川师范大学法学院《卓越法律人才培养方案设计及实施方案》的要求，本课程也将适时进行内容上的调整，以保证符合方案实施进度要求以及本课程的实践特色。

【课程考核要求】

　　本课程考评成绩包括平时成绩和期末成绩，平时成绩与期末成绩各占总成绩的比例为 80％和 20％。平时成绩以考勤情况、课堂表现、现场表现以及法律文书完成情况等为考评依据，指导教师在协调其他教师意见的基础上在《平时成绩考核记录表》中给出具体成绩，学期期末时整理统计。期末成绩为一次大型民事非诉讼实务的法律文书的现场制作，以该法律文书的成绩作为期末总成绩。

第三章 法律顾问比选

实验项目介绍

一、实验目标

通过本实验项目，学生能够掌握比选文件的制作方法以及参加比选所需要的基本技能。首先，要学会正确解读比选文件，了解顾问单位关注的要点以及具体要求；其次，要发挥团队力量根据招标文件准备各类材料，在准备的过程中学习制作比选文件的方法；最后，在比选现场，要能够流畅地进行表达，在规定时间内展示团队形象以及竞争优势。

二、实验内容

成都××银行近日将以公开比选的方式选聘一家优秀律师事务所为该行提供常年法律顾问服务。根据要求，需要提供比选资料，并现场对参选律师事务所及律师团队情况进行介绍。各律师事务所接到邀请函之后，拟组建律师团队，准备相关文件，并在指定时间、地点参加比选。

三、实验流程

（1）学生进行实验分组，组建律师团队（2~4人）。
（2）教师介绍本次实验的目标、内容、方式，并提供作为本次实验对象的基础法律资料；然后，介绍比选文件的制作方法、比选过程的注意事项等。
（3）学生以律师团队为单位提前进行准备，包括各类比选文件以及现场演示所需课件等。
（4）教师对各团队表现情况进行点评，提出优点和不足之处，同时其他团队也可以扮演评委的角色，提出自己的看法，增加现场的互动环节。

四、考核标准

每一个实验项目的考核成绩包括三个组成部分：①考勤；②现场表现，包括团队表现和个人表现，主要考查语言表述能力、要点归纳能力、法律分析能力、团队配合能力等；③法律文书制作形式、内容质量。

【实验素材】

成都××银行2022—2024年度法律顾问比选邀请函

我行因业务发展需要，拟于近期采用公开比选方式采购一家律师事务所为我行业务开展中涉及的相关事项提供法律服务，现特向贵所发送此邀请函，请认真准备相关材料并及时报送我行，具体要求如下：

一、法律顾问日常工作内容

1. 提供日常经营活动有关的法律咨询，必要时出具书面法律意见；
2. 审查、修改、起草合同、协议等法律文件，协助建立、完善合同签订和履行等方面管理机制及制度；
3. 协助建立健全各项规章制度；
4. 根据需要，不定期介绍、宣传国家和地方新颁布的有关法律法规，提供有关的最新法律资讯和法律动态；
5. 书面提示我行经营管理中的法律风险及防范措施；
6. 根据要求，参加我行重要谈判和会议，从法律角度提出意见和建议；
7. 根据需要，对我行员工进行法律辅导、培训；
8. 应我行要求提供定期、定点、定时法律服务；
9. 到我行解答法律咨询或指导法律工作；
10. 受我行委托代理我行的诉讼、仲裁事项；
11. 根据我行委托实施尽职调查；
12. 为我行日常经营业务以外的对外投资、收购、兼并、合资、合作、商标或专利申请等重要交易或者专项交易提供法律服务；
13. 根据我行要求，对外签发律师函、律师声明、律师公告等；
14. 就我行涉及的争议或者纠纷提供一般性法律咨询或建议，参与处理我行尚未形成诉讼的民事、经济、行政争议、劳务、新闻投诉等重大纠纷；
15. 其他需要律师服务的事项。

二、比选报名要求

报名参加比选的律师事务所应为入选我行2022年度合作律师事务所备选库名单的律师事务所，并应具备以下基本条件：

1. 律师事务所资质要求。

(1) 依法设立并连续正常执业3年（含）以上，年检合格，执业律师10人（含）

以上；

(2) 具有独立主体资格，在成都市有常驻机构，有可独立支配的财产；

(3) 有规范的管理制度，拥有较强的专业素质和工作能力；

(4) 近两年无重大业务纠纷、无不良从业记录。

2. 参选律师资质要求。

律师事务所应组成5人的律师团队，团队负责人至少应为律师事务所合伙人，与我行客户直接接触的主办律师应有5年以上的执业经验。

参选律师应无重大业务纠纷、无不良从业记录，具有较强的法律专业素养和工作能力，近2年应有从事过金融、借贷、投资、并购、上市等相关法律尽职调查工作经验和业绩，至少提供5例成功案例。

三、参选律师事务所需提供的资料

1. 需要提供的资料清单及相关表样详见附件一至附件四。

2. 上述材料一式六份，应于技术比选时密封提供给我行。

四、比选流程

1. 我行向律师事务所发出比选邀请函。

2. 律师事务所接受邀请，准备参选资料。

3. 技术比选，请律师事务所携带密封纸质标书，于以下时间、地点参加技术比选：

开标时间：2022年8月7日（具体时间另行通知）

开标地点：成都市××××××××

4. 通过技术评审的律师事务所，参加商务比选。

5. 综合技术比选成绩和商务比选成绩，确定中标律师事务所。

五、联系人及联系方式

联 系 人：×××

联系电话：×××－××××××××

联系邮箱：××××××××

成都××银行

2022年7月30日

1. 附件一　律师事务所比选附材料清单
2. 附件二　法律顾问、专案律师备案表
3. 附件三　顾问律师事务所比选申请表
4. 附件四　法律顾问报价单

附件一　律师事务所比选附材料清单

（一）律师事务所简介，含执业律师人数（需附律师执业证书）、社会信誉（需附荣誉证书或聘书）；

（二）律师服务团队情况、团队负责人情况（需附任职证明文件）；

（三）律师从业经验（不含团队负责人，符合多个项目的，择一填写），需附顾问合同及相关文件、执业证书及相关文件、代理协议及相关文件；

（四）近 2 年有成功代理过金融企业典型案例；

（五）为我行提供法律顾问服务的工作方案；

（六）《律师事务所比选申请表》《法律顾问/专案律师备案表》《法律顾问报价单》；

（七）其他自愿提交的材料。

附件二　法律顾问、专案律师备案表

姓名		性别		出生年月		民族		照片
专业		学历		毕业院校		原籍		
政治面貌		户籍		档案所在地		婚否		
身高		体重		健康状况		血型		
户口所在地址				身份证号码				
现家庭住址				本人联系电话				
外语种类及熟练程度			兴趣爱好		计算机水平			
本人主要工作经历								
起	止	工作单位		职位	证明人		联系方式	
教育及培训								
起	止	学校或教育机构名称		专业	证明人		联系方式	
主要工作业绩									
个人声明	注：所有栏目均需如实填写，如有隐瞒后果自负。						本人签字： ＿＿年＿月＿日		

附件三　顾问律师事务所比选申请表

<u>　成都××银行　</u>律师事务所比选申请表

律师事务所 （全称，加盖公章）					
擅长业务类型 （在相应的栏划√）	□经济金融法律类 □劳动法律关系类 □行政刑事法律类		擅长业务的 司法审级	□最高人民法院 □高级人民法院 □中级人民法院	
法定代表人			联系电话		
网址			电子邮箱		
地址			执业律师 人数		
执业时间		拟与我行合作团队负责人			
与我行建立 合作时间		团队成员姓名		服务我行机构	
近 2 年代理案件 数量		近 2 年胜诉案件 数量		近 2 年胜诉案件 占比（%）	
近 2 年代理标的 金额（合计）		近 2 年胜诉案件 金额（合计）		近 2 年胜诉金额 占比（%）	
近 2 年现金收回 金额（合计）		近 2 年现金收回 占比（%）		近 2 年预支代理费 金额	
近 2 年实物收回 金额（合计）		近 2 年实物收回 占比（%）		近 2 年预支代理费 占比（%）	
与其他金融机构合作情况					
典型案例					
是否曾作为案件对方 代理人（如为是，请 写明具体案件）					
机构获奖情况					

续表

行业主管部门或相关社会团体、组织的推荐说明	
收费优惠承诺	
合作构想	
填写内容属实承诺	律师事务所法定代表人签字：　　　　　　年　月　日
推荐机构（个人）意见	（盖章）　　　　　　年　月　日

附件四　法律顾问报价单

报价单

项目名称：成都××银行常年法律顾问采购项目

服务内容	总价
1. 提供日常经营活动有关的法律咨询，必要时出具书面法律意见； 2. 审查、修改、起草合同、协议等法律文件，协助建立、完善合同签订和履行等方面管理机制及制度； 3. 协助建立健全各项规章制度； 4. 根据需要，不定期介绍、宣传国家和地方新颁布的有关法律法规，提供有关的最新法律资讯和法律动态； 5. 书面提示我行经营管理中的法律风险及防范措施； 6. 根据要求，参加我行重要谈判和会议，从法律角度提出意见和建议； 7. 根据需要，对我行员工进行法律辅导、培训； 8. 应我行要求提供定期、定点、定时法律服务； 9. 到我行解答法律咨询或指导法律工作； 10. 受我行委托代理我行的诉讼、仲裁事项； 11. 根据我行委托实施尽职调查； 12. 为我行日常经营业务以外的对外投资、收购、兼并、合资、合作、商标或专利申请等重要交易或者专项交易提供法律服务； 13. 根据我行要求，对外签发律师函、律师声明、律师公告等； 14. 就我行涉及的争议或者纠纷提供一般性法律咨询或建议，参与处理我行尚未形成诉讼的民事、经济、行政争议、劳务、新闻投诉等重大纠纷； 15. 其他需要律师服务的事项； 16. 涉及上述第10、11、12、15项中的重大事务，可由双方另行协商，采取计时或其他方式收费，不含在本报价之中。	

说明：

项目及报价要求：

1. 服务期限：24个月；
2. 报价包括各种税金、利润等全部费用；
3. 报价表应加盖供应商企业公章，注明日期；
4. 供应商需按我行要求将货物配送至指定地点；
5. 合同签订后，收到有效正式发票后15个工作日内支付总价款的50%，服务期满1年后验收合格并收到有效正式发票后15个工作日内支付总价款的50%。

供应商名称（并加盖公章）：_____

日期：　　年　月　日

法律顾问比选基本知识

法律顾问比选是指采购人按照或者参照《中华人民共和国招标投标法》《中华人民共和国政府采购法》等法律法规的规定，采用公告或者邀标形式公开需求信息和具体条件，由多家律师事务所根据比选文件的要求编制并提交响应文件，参与采购人组织的现场比选活动，最终由采购人择优确定为法律顾问的一种评选机制。根据法律顾问的工作内容，可以细分为常年法律顾问比选和专项法律顾问比选两种。

【法律顾问比选涉及的主要法律文件】

说明：根据采购人的性质，法律顾问比选适用的法律文件有一定区别，一般而言，政府机构、事业单位或者国有企业作为采购人的，有较为严格的实体和程序要求，民营企业则相对较为宽松。实务中法律顾问比选涉及的法律文件仅仅是作为参考，通常受当地政策、所在行业或者招标单位内部规章制度的约束更多一些，从律师事务所的角度而言，更重要的是邀请函、招标公告等招标文件，需要在投标前做全面梳理并重点研究。

（1）法律：
《中华人民共和国招标投标法》（2017年12月28日修正并施行）
《中华人民共和国政府采购法》（2014年8月31日修正并施行）
（2）行政法规：
《招标投标法实施条例》（2019年3月2日修订并施行）
《政府采购法实施条例》（2015年3月1日施行）

【法律顾问比选注意要点】

一、比选的主要形式

根据《中华人民共和国政府采购法》第二十六条的规定，政府采购采用的方式包括公开招标、邀请招标、竞争性谈判、单一来源采购、询价、国务院政府采购监督管理部门认定的其他采购方式等六种。由于《中华人民共和国政府采购法》适用于各级国家机关、事业单位和团体组织，使用财政性资金采购货物、工程和服务的行为，在实务中适用面较广，一些民营企业也会参照前述规定组织比选活动。

其中，公开招标是指招标人以招标公告的方式邀请不特定的法人或者其他组织投标。也就是说，所有公开招标的项目都必须在公共平台发布招标信息，符合条件的供应商均可以参与投标。由于公开招标的方式投标人较多，竞争充分，不易出现串标、围标等暗箱操作的情形，是目前较常用的采购方式之一。

邀请招标是指采购人依法从符合相应资格条件的供应商中随机邀请三家以上供应商，并以投标邀请书的方式邀请其参加投标。与公开招标不同的是，这种招标形式不需要发招标公告，是非公开性质的。因为参与投标的单位都是邀请的，数量不会太多，所以招标的费用相对较少、周期也比较短、效率较高。

竞争性谈判是指采购人通过与符合相应资格条件不少于三家的供应商分别谈判，商定价格、条件和合同条款，并允许谈判对象二次报价，最后从中确定成交供应商的采购方式。

竞争性磋商是指采购方通过组建竞争性磋商小组与符合条件的供应商就采购货物、工程和服务事宜进行磋商，供应商按照磋商文件的要求提交响应文件和报价，采购人从磋商小组评审后提出的候选供应商名单中确定成交供应商的采购方式。与竞争性谈判相比，竞争性磋商需要根据指标体系进行综合评分来确定成交候选人，而竞争性谈判则主要看供应商的报价。

单一来源采购是一种没有竞争的采购方式，是指采购人直接与唯一的供应商进行谈判，签订合同的采购方式。采用单一来源采购往往是因为货物或服务使用不可替代的专利、专有技术，或者公共服务项目有特殊要求，导致只能从某一特定供应商处采购。

询价是指询价小组向符合资格条件的供应商发出采购货物询价通知书，要求供应商一次报出不得更改的价格，采购人从询价小组提出的成交候选人中确定成交供应商的采购方式。与竞争性谈判允许二次报价不同，采用询价方式，供应商一旦报出价格，是不可以二次更改的。

二、比选资料的准备

根据采购形式的不同，律师事务所获得比选信息的渠道也会有所区别。采用公开招标形式的采购人一般会委托专业的代理机构完成比选活动，如果本身具有编写招标文件和组织评标能力的，也可以自行办理招标事宜，但不管采取哪种方式，都应在指定的报刊、信息网络或者其他媒介公开发布招标公告，标明招标人或招标代理机构的基本信息、招标项目基本信息以及联系方式等，同时明确获得招标文件的方式方法。采用邀请招标、竞争性谈判、竞争性磋商等其他方式进行采购的，一般会向特定律师事务所发送邀请函，同样会明确项目基本情况、律师事务所应当具备的条件，招标文件（谈判文件、磋商文件）等获取的方式方法、时间地点等。

律师事务所在获知比选信息之后，如有意参与比选活动的，应严格按照前述公告、邀请函要求的时间和地点获取比选文件，以了解采购人对该项目更为具体的要求。需要注意的是，在获取比选文件时，采购人往往也会要求律师事务所提供相关资料或缴纳一定费用。比如，有些采购人会要求提供：①经办人介绍信或法定代表人授权委托书，收盖单位鲜章的原件；②经办人有效身份证，验原件、收盖单位鲜章的复印件；③投标单位营业执照，收盖单位鲜章的复印件，律师事务所按实际情况提供相关材料；④投标单位简介资料。如不能在现场提供相关资料，将无法获得比选文件，从而丧失参与比选活动的资格。

比选资料的准备是一件非常严肃而又有些琐细的工作，律师事务所获得比选文件之后，应认真研读比选文件的相关要求，除明确需要提交的响应文件以外，还需要特别关注响应文件的格式问题。比如很多比选文件明确规定，"供应商编写的响应文件应包括资格性响应文件和其他响应文件两部分，分册装订"，"资格性响应文件正本1份、副本4份，并在其封面上清楚地标明资格性响应文件、采购项目名称、供应商名称以及'正本'或'副本'字样"，"响应文件正本和副本应当采用胶装方式装订成册，不得散装或者合页装订"，"响应文件密封袋的最外层应清楚地标明采购项目名称、供应商名称"。类似这些形式要求在比选文件中比比皆是，如果在准备过程中不慎遗漏某项内容将可能影响最终成绩，甚至直接失去比选资格。比如在外层密封袋的封口处未加盖律师事务所公章，或者响应文件字迹潦草、表达不清或可能导致非唯一理解等，因此在比选资料的准备过程中务必做到认真且谨慎。

比选资料的准备也是一件对信息收集和整理能力有较高要求的工作。比选资料除要满足比选文件的基本要求以外，还应围绕采购人的项目需求进行精心准备：一是在律师团队的人员配备方面要有针对性，律师团队人员组成合理，分工明确，有相当的专业背景和律师事务所平台作为支撑；二是律师团队中的主办律师应具有充分的项目经验，在相同或近似领域有足以说明工作能力的业绩材料，获得过相关荣誉、奖项或者客户肯定等。比选资料的准备应首先具有针对性，能够满足该项目的需要，在此前提之下为了体现律师事务所及律师团队的能力以及专业水平，也可以适当在其他领域做简要介绍，但切忌本末倒置。

三、课件的制作技巧

根据比选文件的要求，在提交响应文件之后，各律师事务所应在指定时间和地点参与现场比选活动。现场比选可以是公开进行，也可以是闭门磋商，但一般会有各律师事务所自我介绍的环节，参与比选的律师团队需要对律师事务所基本情况、律师个人简历、以往工作业绩，以及法律服务方案、报价等进行简要介绍。为了提高效率同时也是为了展现律师团队的专业水平，在这一过程往往需要展示律师团队专门就该项目制作的课件，因此制作专门的课件往往也是参与比选活动前应当完成的工作之一。

课件制作严格来说没有绝对的标准，但却有一些需要注意的事项。从内容方面来看，一是需要注意时间。由于参与现场比选活动的律师事务所会有很多家，平均下来每个律师团队能够展示的时间都是有限的，很多情况下可能只有不到半个小时的交流时间甚至更短，因此，课件的内容就需要有针对性地进行设计，尽量在有限时间内充分展示团队实力，但切忌汇报时间过长，为了确保公平性，实务中很多比选活动会全程录像，如在规定时间未完成展示的，按照规定主持人必须打断展示过程，如遇此种情况，无疑会影响比选效果。二是需要注意项目。在设计课件时务必注意比选文件对项目的描述，了解客户的真实需求，所有律师事务所及律师团队的介绍，过往业绩的展示，法律服务方案的描述等都应围绕这一中心展开，实务中一些律师事务所在制作课件时往往会出现一些错误倾向，比如更愿意将一些主办律师参与过的标的较高但与本项目完全无关的案例作为重点进行介绍，又或者将非诉讼业务中较为复杂的业务，比如发行上市业务或者并购重组类业务等作为主办律师能力的佐证等。正如前文分析的那样，前述案例只能作为辅助材料使用，尽量避免作为律师团队综合实力的重要证据甚至是唯一证据来使用。

从形式方面来看，一是需要注意模板。一般大型律师事务所要求比较严谨，往往会对文书格式、课件形式等有较为严格的要求，比如字体、字号、段间距、Logo 的规范使用等，在课件制作时按照规定制作即可。中小型律师事务所相对比较灵活，可能只在团队层面有一定要求，也有可能根据项目情况灵活处理。在此种情况下可以选择一些课件模板作为设计基础，可以起到事半功倍的效果，但特别需要注意的是，比选活动是一种比较正式的商事活动，因此课件模板应偏向于商务性质，以凸显律师团队的严谨性和专业性。二是需要注意编排。课件内容如何编排也有很多的技巧和注意事项，比如文字的布局、图片的搭配、表格的设计、矢量的位置、颜色的选择等均有很多讲究，可以有针对性地收集一些学习资料进行集中讲解。整体来说，课件内容的编排应做到简洁明了、引人注目，尤其需要注意的是课件不是演讲稿，不能将所有内容全部都放在课件上进行展示。

四、现场的注意事项

根据比选文件的要求，各律师事务所应在指定的时间和地点参加现场的比选活动并办理签到手续，否则将会视为放弃比选资格。一般情况下，签到之后，主持人会介绍比选活动的流程与注意事项，各律师事务所抽签确定汇报的先后顺序，较大规模的项目比选有时也会邀请公证机关进场做全程公证。根据比选形式的不同，各律师事务所有可能在其他律师事务所的共同见证下进行汇报，也有可能是单独与采购人进行汇报交流。所有汇报结束之后，评标委员会或评审小组等会根据各项指标体系进行综合评判，最终确定中标的律师事务所。在这一过程中，也有一些需要注意的事项：第一，严格遵守比选活动的要求。比如各种时限、材料的要求等。比选是一件非常严肃的活动，需要在各律师事务所之间进行筛选，通常是淘汰绝大多数而只保留一家，因此相互之间有着较为激烈的竞争关系，在此种情况下就必须严格遵守比选活动的程序要求，以免丧失比选资格，或者即便中标后被认为存在违规情形等。第二，做好各种突发状况的预案。由于比选是在一个陌生环境下进行的活动，如果事先准备不足有可能出现很多意想不到的状况，比如精心准备的课件在现场提供的电脑上打不开，或者显示效果极差，又或者 U 盘无法识别，还有一些年轻的律师因为紧张词不达意，又或者出现评委对某方面比较感兴趣突然提问不知道如何应对等情况。对于此种可能出现的突发情况，均应提前做好充分准备，比如课件不要采取过于生僻的字体进行设计，准备多个 U 盘或者自带电脑等。年轻律师应提前对课件内容做充分了解，准备纸质演讲稿以备不时之需等均可以在一定程度上解决前述问题。

【常年法律顾问服务的方案范本】

××律师事务所关于担任成都××银行法律顾问的服务方案

一、法律顾问服务内容

1. 日常法律事务

1.1 贵行常见法律问题的咨询和建议。

1.2 参与起草、修订贵行合同管理制度，规范合同的管理与使用，预防合同纠纷的发生。

1.3 参与合同谈判，制定谈判策略与方案，起草和审定经济合同；参与贵行的重大经济项目谈判，并提供法律意见。

1.4 参与起草、修订贵行人事管理制度，起草、审查劳动用工合同，规范员工的招聘、培训、福利等劳动人事管理。

1.5 参与起草、修订贵行财务管理制度，杜绝财务管理漏洞。

1.6 参与起草、修订贵行资产管理制度，压缩运营成本，提高工作效率。

1.7 帮助贵行制定、修改、梳理内部的规章制度、条例或法律性文书，使经营活动符合法律要求、内部管理纳入法治轨道。

1.8 对贵行管理层进行法律辅导，增强管理人员的法律意识。

1.9 对贵行员工进行法律培训，提高员工的法治意识，保障贵行规章制度得到贯彻执行。

1.10 对新注册分支机构工商登记资料、章程等法律文件进行起草、审核；提前介入贵行各项投资活动，并提供有关的法律服务。

1.11 对贵行商标、专利、著作、商业秘密和专有经营权等法律文件进行审核，提供法律建议，协助贵行制定保密制度和保密协议。

1.12 对涉及贵行工商管理和税收法规等法律事务提供咨询。

1.13 列席贵行管理层会议等，对会议议题涉及的法律问题提供咨询。

1.14 对贵行的内部管理架构的设置及运行等提供合规性意见。

1.15 根据贵行需要，以法律顾问的名义对外签发律师函。

1.16 不定期向贵行介绍宣传国家和地方新颁布的法律法规。

2. 重大经营活动法律事务

2.1 参与合并与分立活动，对其法律可行性和操作性进行论证，起草、审订相关法律文件，参与整个活动的谈判和监督执行；

2.2 参与招标投标活动，参加项目谈判，对招标投标活动出具法律意见书以及制作相关法律文件；

2.3 参与股份制改造或资产重组，出具法律意见书，起草审核相关法律文件；

2.4 参与并购与反并购，配合进行法律论证分析，起草、审核相关法律文件并处理相关法律事务；

2.5 参与投资项目的选择、谈判，设计投资方案，协助寻找投资机会；

2.6 参与融资、资产转让等其他重要经济活动，处理相关法律事务。

3. 诉讼仲裁法律事务

3.1 接受贵行委托，代理贵行进行民事、经济纠纷的调解、和解；

3.2 接受贵行委托，代理贵行进行民事、刑事、经济和行政案件的诉讼；

3.3 接受贵行委托，代理贵行进行经济、劳动和涉外案件的仲裁。

二、法律顾问工作原则与程序

1. 日常法律咨询的解答

日常法律咨询事务是指简单的、不需要律师出具详细法律意见且急需要办理的法律事务，包括但不限于法律法规的有关规定，简单合同内容及签署的法律问题，简单的经营法律问题，简单的管理操作的法律问题等。具体工作程序如下：

1.1 倾听咨询内容，了解相关背景；

1.2 进行咨询解答、提供法律方案，在条件具备的情况下，尽可能地以书面方式解答；

1.3 适时跟进，及时提供后继法律支持。

2. 草拟法律文件

草拟的法律文件必须符合法律规定，同时在合法、公平、公正的前提下，应最大限度地保障我方当事人的利益；草拟的法律文件应当符合客观现实条件，所涉当事人能够有效地执行或履行。具体工作程序如下：

2.1 向当事人了解草拟法律文件的目的或意图；

2.2 向当事人了解在法律文件中有无特别规定的内容；

2.3 根据相关法律法规的规定拟定法律文件提纲；

2.4 拟定法律文件的条款；

2.5 律师对法律文件的条款经过反复审查、修改、补充后，将草拟的法律文件发给当事人征求意见；

2.6 当事人对草拟的法律文件提出意见后，律师作进一步的修改、补充和完善；

2.7 律师修改、补充法律文件直到当事人同意后，律师草拟法律文件的工作完成。

3. 审查法律文件

依据法律法规、司法解释以及政策性文件等对贵行提供的法律文件进行全面审核，包括但不限于对法律文件的结构及条理性进行形式上的审查、合法性审查，以及内容审查等。具体工作程序如下：

3.1 主体适格审查，即审查法律文件的签订或制定主体是否适格；

3.2 内容全面性审查，即审查法律文件的内容是否全面；

3.3 内容合法性审查，即审查法律文件的内容是否符合有关法律法规的规定；

3.4 条款合理性审查，即审查法律文件的条款前后是否有矛盾，能否切实可行；

3.5 对我方当事人的利益保护审查，即审查文件的执行或履行、争议的解决等是否有利于我方当事人。

4. 法律知识宣传与培训

根据贵行需求，我们可以提供多种形式的法律知识宣传与培训工作：

4.1 个别辅导。对贵行重要岗位、专业性较强的个别管理人员，需要律师有针对性地进行法律培训的,律师可以采取该种方式进行法律知识培训。

4.2 通过电话、传真、QQ对话、电子邮件等进行咨询解答,达到既增强法律意识、树立法律观念,又及时解决法律问题的目的。

4.3 举行会议集中培训。新颁布实施的、对贵行的经营管理具有重大影响的重要法律,需要律师对贵行管理人员进行法律知识培训的,贵行可以组织管理人员召开大会,由律师进行集中培训。

4.4 张贴法律全文或条文摘要的宣传方式。对贵行的日常经营管理具有指导意义的法律,可由律师整理该法律法规的全文或部分条文摘要后,贵行制作出来在指定的公告栏处张贴进行宣传。

4.5 发放法律常识手册。可由律师对常用的法律整理成册,贵行制作出来后下发给管理人员学习。

4.6 可采用的其他宣传与培训方式。

5. 重大决策事项的法律论证

重大决策事项是指对贵行生产、经营、管理有较大影响的涉法事项,包括但不限于贵行决策层、领导层会议审议的涉法事项,项目开发与投资、企业并购、组建、合并、分立、破产、改制、产权转让、招投标、担保等重大经济活动,与职工权益相关的涉法事项,与贵行相关的重大的行政许可、行政收费、行政处罚、群体信访、突发事件、法律诉讼等重大涉法事项等。具体工作程序如下:

5.1 贵行提出法律论证的事项。

5.2 确定参与法律论证的组成人员(组成法律论证组),一般情况下参与的人员应当有律师、贵行把关领导、贵行行政主管、与论证事项有关的贵行业务主管和主要业务人员等。

5.3 向法律论证组提供相关文件及背景材料。

5.4 召开论证会或通过网络、电话、书面形式,听取律师的意见和建议。

5.5 根据法律论证组成员的意见,形成最终意见、建议,并提交贵行。

5.6 贵行根据法律审查论证的意见和建议,修改有关制度、方案、合同文本、文件等材料。因实际情况确实无法采纳或认为不妥的,应及时与法律顾问沟通。

6. 专项法律服务

专项法律服务,是指需要律师参与谈判、耗费时间较长、所需草拟的法律文件较多的非诉讼法律服务,比如为对外投资、收购、兼并、重组、融资、上市、分拆、增发、合资、合作、破产、清算、商标或专利申请等重要交易或者专项交易提供法律服务。具体工作程序如下:

6.1 贵行向律师书面说明专项法律事务的目的及相关情况;

6.2 贵行根据律师的要求向律师提供专项法律事务的有关书面文件资料;

6.3 律师审查贵行提供的材料,提出法律可行性分析意见;

6.4 律师根据可行性意见制定和草拟专项法律事务的操作方案;

6.5 参与谈判,或者起草相关法律文书;

6.6 组织、监督相关人员对法律文书的签署;

6.7 督促当事人遵照法律文书的规定实施或履行义务；

6.8 依法应当在国家行政机关登记备案的，完善登记备案手续。

7. 诉讼案件代理工作

具体工作程序如下：

7.1 了解贵行的诉讼目的；

7.2 了解、调查诉讼对方当事人的相关情况；

7.3 收集、整理诉讼所需的书面材料及相关人员的口头陈述；

7.4 草拟起诉或答辩文书，包括起诉状、答辩状、证据清单、调取证据申请、证人出庭作证申请、诉讼保全申请等；

7.5 将相关法律文书提交法院立案；

7.6 出庭代理，包括参与法庭审理、调解等；

7.7 拟定代理词并交法院，与承办法官交换代理意见；

7.8 法院判决后，向当事人提出对判决的意见；

7.9 在诉讼过程中，代理当事人对诉讼文书进行提交和签收；

7.10 在诉讼过程中需律师进行的其他诉讼行为。

三、法律顾问联络与工作机制

1. 建立《工作日志》，记录主要法律服务内容；

2. 指定专人对接，提供 24 小时联系方式，及时解决各种法律问题。

3. 通过电话、传真、电邮、QQ、当面等方式提供法律服务，必要时进驻贵行实地解决法律问题；

4. 定期到贵行开展现场办公，集中处理琐碎法律事务；

5. 定期向贵行发送最新法律信息以及与贵行业务相关的指导性案例；

6. 定期发送《回访函》，征询对律师工作意见；

7. 出具《半年度工作汇报》与《年度工作汇报》，对工作进行阶段性总结，并征询意见。

【专项法律顾问服务的方案范本——以贷前尽职调查法律服务为例】

××律师事务所关于××文化产业中心招商工作的
法律服务方案

一、整体工作程序

1. 确定委托

贵公司通过竞争性谈判等形式确定与我所的委托关系之后，双方可以就目标公司尽职调查事宜签订书面委托合同及授权书等材料，委托合同可以包括尽职调查的目的及服务范围、工作成果的交付时间及要求、服务费用、双方的权利义务、保密协议等实质性内容。

2. 立项组队

在确定委托关系后，我所将严格按照响应文件要求组建项目团队，成立以事务所主任为项目负责人的项目小组,团队成员包括高校教授、专职技术律师及律师助理。我所在确定项目团队成员之前,将对拟参与人员先开展自查,确保拟参与人员及其近亲属与本项目不存在利益冲突、利害关系,并要求参与人员签订承诺书及保密协议。

3. 制订计划

在项目团队组建之后,将根据项目的背景、特定及要求,结合各项时间节点,制订工作计划,合理安排人员及每阶段的工作内容。项目负责人对尽职调查工作负全面责任,参与项目的成员应对尽职调查内容逐项分工,明确职责。如贵公司就工作内容及时间安排等有特殊要求的,项目团队应尽量配合修正。若项目发生其他重大变化的,则应当及时对工作计划进行修正,以尽量确保项目进程不会受到影响。

4. 前期调查

在正式进行尽职调查之前,我所将先对目标公司的基本信息进行前期调查。比如,调查工商信息:通过公开渠道查询企业信用信息,包括营业执照信息、股东及出资信息、存续和变更信息、分支机构信息、行政许可和处罚信息、失信信息、涉诉信息等。调查经营信息:通过目标公司的官方网站了解目标公司的生产经营状况、研发状况、主营业务和产品,通过媒体公开报道了解目标公司的竞争优势、企业及相关产品和服务的知名度等。

5. 资料搜集

完成前期调查后,我所将整合自行搜集的资料及贵公司提供的资料,梳理项目背景并再次明确尽职调查目标。基于该目标,结合目标公司的基本信息和经营模式,拟定需要目标公司提供的文件清单,要求其提供相应资料并进行核实。

6. 访谈走访

针对不同的调查项目,我所可以采取访谈走访的方式对目标公司及其人员进行直接接触,以对未公开或有冲突的信息进行了解或核实。我所将指派至少两名访谈人员对访谈对象进行单独访谈,并根据访谈内容制作访谈笔录,访谈人员和访谈对象对笔录确认无误后签字。访谈笔录应另附访谈对象的身份证明文件和劳动合同作为附件,访谈过程应拍照留存。

7. 信息核查

在通过前期调查、资料搜集、访谈走访等工作获取足够信息资料后,我所将进行资料的整理归纳和筛选,核查资料的真实性和关联性。对于目标公司在访谈中所陈述的相关信息,若不能确定其真实性,应要求其出具确保信息真实性及承担相应的责任的承诺函。为了确保资料准确可信,我所将采取就同一内容向不同访谈对象进行访谈,或通过多种方式方法互相印证并获取证明资料。

8. 与第三方机构沟通交流

考虑到本项目可能还会委托会计师、资产评估机构、审计机构等其他中介机构共同开展工作,我所将在尽职调查过程中积极与第三方机构保持沟通交流,确保信息的真实性和一致性。

我所与第三方机构共同开展尽职调查工作时,调查内容可能会出现交叉或重合的地方,由于调查的侧重点和目的不同,各方挖掘和分析问题的角度会有所差异,因此我所在尽职调查过程中将会定期总结调查过程中暴露的存在冲突或疑问的信息及相关风险，并定期与第三方机构召开会议，就各自发现的问题相互印证，各自发表意见并听取他人专业意见。

9. 报告撰写

在调查与分析工作完成后，我所将就调查工作的开展实施、调查涉及的资料分析情况、发现的问题及相应的处理意见等内容进行整合，并撰写成书面报告。

10. 反馈与修改

尽职调查报告初稿完成后，将及时提供给贵公司和参与尽职调查的其他第三方机构，根据反馈意见作出调整修改。

11. 报告完成

在对尽职调查工作进行全面系统整理和复查的基础上，结合相关的反馈和修改意见，我所最终完成尽职调查报告。

12. 归档备查

尽职调查涉及的内容及文献较多，有必要完整保存出具尽职调查项目报告过程中形成的工作记录，以及在工作中获取的所有文件、资料，以备查验并反映项目工作的问题与不足。

二、尽职调查流程图

……

第四章　法律尽职调查

实验项目介绍

一、实验目标

通过本实验项目，学生能够接触、了解尽职调查业务，特别是能够掌握股权转让业务中尽职调查的基本技能；在进行尽职调查过程中学会各种调查方法的综合运用，注意审阅相关材料并及时同委托人就关心问题进行沟通，了解委托人的真实需求；熟练查阅并综合运用与之相关的法律法规、规章、司法解释等法律文件；全面、深入进行法律论证，最终出具一份合格的尽职调查报告。

二、实验内容

成都××投资集团有限公司拟收购四川××科贸公司100％股权，两家公司签订了初步意向书。四川××科贸公司向成都××投资集团有限公司陆续提供了部分基础资料。假如成都××投资集团有限公司聘请律师事务所提供专项法律服务，请为此次股权收购出具尽职调查报告。

三、实验流程

（1）学生进行实验分组，组建律师团队（3人左右）。

（2）教师介绍本次实验的目标、内容、方式，并提供作为本次实验对象的基础法律资料；然后，介绍尽职调查的基本知识，重点是企业股权转让尽职调查的注意事项。

（3）学生以律师团队为单位进行讨论，采用多种方式撰写尽职调查报告。

（4）学生以尽职调查报告为基础，口头简要陈述报告意见，在此过程中，教师扮演委托人角色，可随时向学生提问。

四、考核标准

每一个实验项目的考核成绩包括三个组成部分：①考勤；②现场表现，包括团队表现和个人表现，主要考查语言表述能力、要点归纳能力、法律分析能力、团队配合能力等；③法律文书制作形式、内容质量。

【实验素材】

威远县市场监督管理局颁发予四川省××科技有限公司，日期为2020-11-23至长期的91511024MA6BUHJQ××号《企业法人营业执照》正副本；

成都市龙泉驿区市场监督管理局颁发予四川省××科技有限公司成都分公司，日期为2022-10-19至长期的91510112MAC17CBR××号《企业法人营业执照》正副本；

威远县市场监督管理局颁发予内江××新材料科技有限公司，日期为2021-08-10至长期的91511024MA69Y4TX××号《企业法人营业执照》正副本；

2020年11月23日，四川省××科技有限公司的章程；

2021年8月24日至2022年7月15日四川省××科技有限公司向威远县市场监督管理局申请进行过13次的变更登记；

内江市应急管理局颁发的编号为（川内）WH安许证字〔2021〕0012、有效期2021年5月28日至2024年5月27日的《安全生产许可证》，许可范围：五氧化二钒；

内江市应急管理局颁发的编号为AQBWⅢ川内危化（2021）002、有效期2021年12月至2024年12月的《安全生产标准化证书》，认证内容：安全生产标准化三级企业；

四川省危险化学品登记注册中心颁发的编号为5110100××、有效期2021年2月4日至2024年2月3日的《危险化学品登记证》，登记品种：五氧化二钒；

内江市生态环境局颁发的编号为91511024MA6BUHJQ1100××、有效期2022年5月10日至2027年5月9日的《排污许可证》；

北京中大华远认证中心有限公司认证的02021Q2632R××、有效期2021年9月27日至2024年9月26日的《质量管理体系认证证书》；

四川省××科技有限公司与四川××能源环保科技有限公司2021年签署的《资产收购协议书》。

法律尽职调查基本知识

一、法律尽职调查的概念

所谓法律尽职调查，是指律师根据客户的委托和所服务项目的需要，遵照职业道德规范和专业执业规范的要求，调查项目中有关联性的法律事实并进行法律分析和判断的活动。法律尽职调查的实施主体必须是律师，通过法律的分析，得出法律专业意见及解决方案；实施前提为当事人（客户）的委托，尽职调查属于典型的律师非诉业务，必须基于当事人授权且尽职调查结果归属于当事人；实施对象即尽职调查目标，必须是可尽职调查且具有法律属性的对象，包括自然人、企业或其他组织体、有形物（包括动产、不动产）、无形物、权益等。目前商事实务中的法律尽职调查多指由中介机构在企业的配合下，对企业的历史数据和文档、管理人员的背景、市场风险、管理风险、技术风险和资金风险做全面深入的审核，多发生在企业股票上市、股权并购、资产收购等业务中。

尽职调查的根本原因在于交易双方信息的不对等上。任何交易，基于主客观原因，交易相对方在信息的占有、使用上等都存在差异，一般来说，卖方往往处于有利方，而买方则处于被动方。投资人永远不会比目标公司本身更了解自己公司法律方面的真实情况。存在潜在法律问题的目标公司完全有可能也有能力利用此种信息不对称误导投资人向其投资。投资是一项精确的商业活动，客观上要求对法律风险进行严格的控制。投资风险的应有之义应指"商业风险"，而非可通过律师尽职调查予以减小乃至避免的"法律风险"。股权投资实践中，与实业投资人相比较，财务投资人对律师尽职调查之必要性的观念认识不足。为尽量化解交易中的风险，使交易双方达到同一水平位，对交易对象进行全面深入了解的尽职调查就显得格外必要。

二、法律尽职调查的价值

法律尽职调查是指在资产收购、公司并购、证券发行、私募股权投资等重大公司行为中，由律师进行的对目标公司或者发行人的主体合法性存续、企业资质、资产和负债、对外担保、重大合同、关联关系、纳税、环保、劳动关系等一系列法律问题的调查。律师利用其专业知识对目标公司的主体资格、经营管理合法性、资产、债权债务、诉讼等情况进行书面及实地调查，透过法律视角对相关材料、信息进行甄别、分析，向投资人提示投资可行性及风险。

法律尽职调查的目的大体来说有两个：一是从法律角度判断调查目标的真实信息，二是对其他专业尽职调查进行法律意义上的解读。

法律尽职调查的作用：改变信息不对称的不利状况；明确法律风险和法律问题，判断其性质和对投资的影响；甄别投资对象；就相关法律风险的承担、法律问题的解决进行谈判，事先明确权利义务，据此讨论投资对价，避免投资失败或陷入纠纷；律师能对目标公司现存和潜在的法律风险做出职业判断，为投资人最终的科学决策提供依据；律师尽职调查的结果对双方最终能否达成投资交易及投资品质起着非常关键的作用。

三、法律尽职调查的种类

根据不同的分类标准，法律尽职调查的可以分为不同的种类：

（1）依据目标对象的不同，可以分为对人（法人或自然人）的尽职调查、对物（资产）的尽职调查、对事（行为）的尽职调查等。

（2）依据尽职调查的目的不同，可以分为资产收购前的尽职调查、企业并购前的尽职调查、风险投资投之前的尽职调查、被投资企业对投资公司的尽职调查（反向尽职调查）、公司上市尽职调查、对冲基金对上市公司的尽职调查等。

对于企业并购尽职调查，若要细分，还可以根据标的公司类型的不同而分为知识密集型公司并购尽职调查、劳动密集型公司并购尽职调查、房地产公司并购尽职调查、医药公司并购尽职调查等，因为对于不同类型的目标公司而言，尽职调查对其调查侧重点各不相同：对知识密集型公司的并购，对知识产权的尽职调查要重点关注；对劳动密集型公司的并购，对劳动人事方面就要重点关注；对房地产企业的并购，对土地、建筑物等重大资产要重点关注；对医药公司的并购，对业务市场准入许可、药品生产许可证、药品经营许可证、药品产品许可、知识产权、名称权、环保等要重点关注。

四、法律尽职调查的当下困境

目前法律尽职调查得到了市场越来越多的认可，但是法律尽职调查也面临着诸多困境：

其一，科技发展对于业务内容的冲击。现代信息社会日新月异，大数据、人工智能等对于传统律师业务的开展进行了深层次的冲击并且还在持续深入地进行中。对于法律尽职调查业务，传统律师往往可以利用与客户信息不对等的优势，通过法律授予给自己的权力收集信息开展业务，但是网络的普遍兴起，数据资源的海量使用，传统律师的诸多优势已经荡然无存。对于目标公司的状况，客户可以在第一时间不需要律师的帮助，就在网络资源当中寻求，效果效率还优于律师，信息差的价值被无限缩小。

其二，客户双方对尽职调查配合度不高。一方面是卖方对涉及自身的敏感信息难以消除泄露的疑虑，获取困难；更有甚者，部分单位机构设置和控制权复杂，特别是一些集团类客户，具体业务办理人员层级较低，对单位控制权信息了解及获取能力不足，办理人员无法提供，导致非自然人股东等实际受益所有人、实际控制人资料获取难度大，使得客户尽职调查的准确性大打折扣，尽职调查结果也不尽如人意。另一方面，买方普遍存在"轻尽调、重对赌"的惯性思维，认为尽职调查就是走过场，让律师对着各自的清单逐条核对打钩就可以了。这种认知方面的差距不仅体现为对交易环节专业性的轻视，也表现为对投后整合方面缺乏整体的规划和充分的论证。

其三，外部公开信息获取不全面。基于种种原因，律师行业与公安局、市场监督管理部门、民政、税务局、移民管理等部门之间还没有建立资源共享协调机制，没有实行横线联网，没能真正实现客户尽职调查的资源平台信息互通，律师工作求助机制亟待完善。目前法律尽职调查的工具主要是借助"国家企业信用信息公示系统"等官方网站，辅以企查查、天眼查等的商业查询软件，其中国家企业信用信息公示系统仅显示企业法定代表人、主要人员姓名，而股权结构占比及出资情况可选择不公开；企查查及天眼查虽然能获取股权结构及实际控制人，但是对于一些外资企业则无法查询到具体信息。还有其他一些查询工具存在信息来源不确定、更新不及时、查询付费等问题。如客户不予配合,律师在进行客户尽职调查时就无法从权威、公开渠道获取完整、准确的信息。

其四,调查方法重复使客户产生排斥。在很多尽职调查中,买方的券商、律师、会计师和评估师各自为政,彼此之间交流较少。带来的直接麻烦就是同一个问题可能被反复问几遍,同一份材料可能被反复要几次,这无疑造成了卖方的精力浪费和整体工作的忙乱,客观上也造成客户对于法律尽职调查价值的排斥。

其五,调查目的和客户需求存在差距。法律尽职调查工作主要建立在"一个标准"和"一个假设"之上。"一个标准"是指目标公司至少需要"历史清白",具体包括没有违法违规、没有做假账、收入成本真实等具体的清白指标。"一个假设"是对所有目标公司进行"有罪推定"。相对而言,法规对于价值判断的要求不多,也很难对于尚未成为事实的预测内容进行细化的约束。加之客观条件的影响,信息的不断变化,律师对于风险持续性识别存在障碍。虽然大家都知道价值判断的重要性,但长期以来的审核思维让人们在倒推工作重点的时候自然地将主要精力放在了事实验证上。

五、法律尽职调查的未来出路

时代的发展葬送了守旧的意识和做法,必将创造出新的更符合社会需求的事物,律师业务同样如此,法律尽职调查业务不是该寿终正寝,而是该逆势发展,让旧的枝条焕发出新的生机,为此,可以从几个方面入手。

一是扩大法律尽职调查的业务范围。如前所述,法律尽职调查的种类繁多,应用极其广泛。除了传统的并收购、上市、债的发行等业务外,对于自然人的尽职调查,对于法律行为的尽职调查都是可以考虑的方向,不过现在更多的不是律师在完成。

二是加深法律尽职调查的业务深度。理解客户的根本需求,多站在客户的角度思考。多从法律专业的角度,让客户明白法律尽职调查独特的价值,以更好地配合律师工作。

三是更多资源的配合协调。在大型并购交易中,一个完整的买方尽职调查团队可能包括财务尽职调查团队、法律尽职调查团队、税务尽职调查团队、人事与组织尽职调查团队、运营尽职调查团队、战略尽职调查团队、技术尽职调查团队等。需要的专业人才更多,需要律师、会计师、证券专业人士、技术专家等,法律人可以消化的内容法律人自己做,做不了的要经常及时地和其他团队协调配合。比如要查清楚一个企业难度很大,要查清楚该企业历届公司股东、高管变化,还要查清楚该企业现有状况,有多少资产、多少负债、多少技术储备、多少科技人才、多少专利、销售渠道如何、生产能力如何、隐性债务多少、有多少诉讼案件。除此以外还要查与该公司合作的关键企业,比如公司股东情况、投资的公司怎么样,就是不仅查情况本公司,还要查它的母公司、它的子公司等。

四是更多调查方法的有效使用。除了借助"国家企业信用信息公示系统"等官方网站,辅以企查查、天眼查等的商业查询软件外,还要发挥律师的优势,通过书面审查、现场勘验、访谈、函证等多种方式,对尽调对象进行全方位了解与分析。当然,对于网上资源不要盲从，还要核实。

当然，优秀的尽职调查业务还少不了其他机构特别是权力部门的帮助，律师行业与公安局、市场监督管理部门、民政、税务局、移民管理等部门的工作求助机制有必要建立和完善。律师对于尽职调查目标的实时动态关注也是人工智能等不能胜任的原因。

股权收购尽职调查基本知识

股权收购（也称企业并购）尽职调查的目的是使买方尽可能地发现有关他们要购买的股份或资产的全部情况。从买方的角度来说，尽职调查也就是风险管理。对买方和他们的融资者来说，并购本身存在着各种各样的风险，诸如，目标公司过去财务账册的准确性，购并以后目标公司的主要员工、供应商和顾客是否会继续留下来，是否存在任何可能导致目标公司运营或财务运作分崩离析的任何风险。因而，买方有必要通过实施尽职调查来补救买卖双方在信息获知上的不平衡。一旦通过尽职调查明确了存在哪些风险和法律问题，买卖双方便可以就相关风险和义务应由哪方承担进行谈判，同时买方可以决定在何种条件下继续进行收购活动。

一、股权收购的基本程序

前期接触确定双方意向—对被并购公司进行尽职调查—做可研分析—合作谈判与资产清查—签订合同确认股权转让或入股—后续办理工商等手续。

（1）买卖双方前期接触并签订初步意向协议。由卖方指定一家投资银行或中介机构（也可以自行成立专门小组）负责整个收购过程的协调和谈判工作。注意：初步意向协议并非正式合同，但是对交易双方也具有约束力，违约方也应承担违约责任，通常只是对交易对象、交易方式、交易条件、撤销交易等做原则性约定，不宜做具体约定。

（2）由买方指定一个由专家组成的尽职调查小组（通常包括律师、会计师和财务分析师）。注意：由于目标企业主要涉及法务、财务问题，上述专家小组成员不可或缺。当然，买方也可以分别就法务、财务问题聘请专门机构出具相关的尽职调查报告。

（3）由买方和其聘请的专家顾问与卖方签署《保密协议》。注意：由于市场不确定因素影响，股权在完成并购前存在诸多变数可能导致交易失败，也存在卖方担忧交易不成功导致企业信息、秘密被泄露，所以保密性在并购过程中尤为重要，同时《保密协议》也是因泄密而追责的基础依据。

（4）由卖方或由目标公司在卖方的指导下把所有相关资料收集在一起并准备资料索引。注意：股权收购为交易双方需紧密配合的业务，卖方有义务将自己所能提供的资料甚至买方所要求的资料尽可能真实、全面、有条理地提供给买方，尽可能促成交易的顺利完成。

（5）由买方准备一份尽职调查清单。注意：买方也可以根据自己的需要列出清单对卖方提供的资料作出补充，但是需要说明合理的理由。

（6）指定一间用来放置相关资料的房间（又称为"数据室"或"尽职调查室"）。注意：尽职调查所涉及的资料多为企业原件，卖方不会在正式合同约定的义务前移交该资料（可以披露之文件的复印件除外，向目标企业收取文件资料，核对复印件和原件，做好资料清单，双方代表签字确认），但这又是买方关心的基础问题。为解决这一矛盾，由卖方指定地点再由买方委托信任的专业机构进行查阅就非常必要了。

（7）对目标企业依尽职调查内容进行全方位的实地考察，并作详细的笔录，尽可能取得笔录对象及目标企业负责人员的书面确认。对所收材料及所作笔录进行研究、调查、向第三方验证，并向投资人作初步汇报。注意：除对卖方提供的书面资料进行审查外，还需要对其他资料进行收集，需要采取各种调查方法来配合。

（8）建立合理机制，让买方能够有机会提出有关目标企业的其他问题并能获得卖方的及时回馈。注意：高效畅通的信息交换渠道对交易成功也具有举足轻重的影响。对不能完全获悉的情况，要求目标公司作出声明和保证。

（9）由买方聘请的顾问（包括律师、会计师、财务分析师）作出报告，简要介绍对决定目标企业价值有重要意义的事项。注意：尽职调查报告应反映尽职调查中发现的实质性的法律事项，通常包括根据调查中获得的信息对交易框架提出建议及对影响购买价格的诸项因素进行的分析。对调查所知的全部情况、文件资料进行整理和分析、研究，并向投资人出具尽职调查报告，对发现的法律风险进行分析，提出应对方案。

（10）由买方提供并购合同的草稿以供谈判和修改。

二、企业并购尽职调查的原则

（一）全面原则

（1）调查内容全面：目标公司的主体资格、股权结构、治理结构、关联关系，业务，资产，债权债务，重大合同，诉讼及争议，管理层和员工，税收，外汇，环保等。
（2）材料全面：调查所有可调查的材料——"调查内容全面"的程序性要求。

（二）透彻原则

全面原则要求"广"，透彻原则要求"深"。
书面调查与实地调查相结合。
就取得的第一手调查材料向第三方核实信息的真实性和准确性。

（三）区别对待原则

（1）目标公司发展阶段不同，律师尽职调查侧重不同。
种子期、创业期企业——核心竞争力（创业团队、知识产权）。
成长期、成熟期企业——尽职调查要求更全面。

(2) 目标公司行业不同，律师尽职调查侧重不同。
高科技企业——知识产权。
化工企业——环境污染问题。
(3) 目标公司背景不同，律师尽职调查侧重不同。
根据《中华人民共和国公司法》设立的公司——公司治理。
改制企业——改制合规性、相关利益主体的利益问题解决。

(四) 独立原则

投资人独立。
尽职调查律师独立。

三、股权收购尽职调查的方法

(1) 审阅目标企业根据尽职调查文件清单提供的文件资料。这是尽职调查的基础，前文已述。

(2) 与目标企业管理层进行面谈，了解情况。通知目标企业，要求其相关员工进行面谈。现场会谈时，应当约见尽可能多的、不同层次的成员，包括人力资源管理部门、行政部门、财务部门等的主管。会谈主要了解企业涉及的内部管理及控制、劳动关系、税务等情况，通过会谈获取对企业高管的感性认识。

(3) 至相关政府部门进行独立调查，向有关行政管理机关查询、验证资料。通过行业协会、政府职能管理部门获取或调取企业的相关资料，如工商管理机关、税务机关、金融管理机关、外汇管理部门、环保管理部门、卫生管理部门、质量监督管理部门、供电部门、供水部门、土地及城建管理部门、行业主管部门等。

(4) 对目标企业资产进行现场调查。现场调查可以对调查对象有比较直观的了解，并可以得到据以调查的相关线索。因此，现场调查是尽职调查最常用的方法。实地考察应侧重调查企业资产状况，包括动产和不动产的法律状况，生产设备运转情况、生产组织情况、实际生产能力，产品结构情况、订单、产应收账款和存货周转情况，固定资产维护情况、周围环境状况、用水、用电、排污情况、员工的工作态度及纪律等。

(5) 利用媒体、网络等检索信息，查阅有关单位网站中公布的资料。主要通过各种媒介物搜寻有价值的资料，这些媒介物包括报纸、杂志、新闻媒体、论坛、峰会、书籍、行业研究报告、互联网资料、官方记录等。搜寻调查应注意信息渠道的权威性、可靠性和全面性。

(6) 秘密调查，也是市场调查的一部分，是指在被调查人不知道的情况下进行的调查。主要通过接触客户的关联企业、竞争对手、商业伙伴或个人获取有价值的信息。

四、股权收购尽职调查报告的主要内容及审查重点

考虑到交易成本，尽职调查的内容的繁简应根据股权收购的具体情况而定。如果交

易额相对较小、目标企业比较单纯干净的相对较短；对于交易数额大、目标企业比较复杂的，对其进行全面、审慎、独立和有针对性的尽职调查很有必要。特别是股权结构复杂、转让频繁、业务庞杂、人员众多的企业，尽职调查的内容是非常巨大的。尽职调查因涉及交易双方商业秘密，应考虑双方的接受程度和实际需要及可行性，确定尽职调查的内容。

一般来说，股权收购尽职调查的主要内容包括以下方面。

（一）企业的基本情况

企业的基本情况包括企业的历史沿革、关联方情况（对外投资情况）、股东任职情况及相互关系、股东投资情况。核查主要材料：现行营业执照、工商档案、国家企业信用信息公示报告、最新一期公司年报。审查重点：公司是否具备民事主体资格，是否处于有效存续状态；公司股权是否存在质押等权利负担情形。在股权并购项目中，目标公司的股权一系列法律事项，应当是律师予以关注的关键内容。

（二）企业所处的行业情况及宏观政策

行业主管部门制定的发展规划、行业管理方面的法律法规及规范性文件；行业监管体制和政策趋势；行业的市场总体情况和未来变动情况；所处行业的技术水平及技术特点，公司所属行业特有的经营模式。

（三）企业自身状况

企业自身状况包括目前产品销售现状（部门情况、销售模式、客户情况），产品市场，主要竞争对手，市场前景预测。技术和研发：技术及产品，工艺，产品注册及认证；产品国内外研究现状，企业技术和研发优势及进展情况。生产、供应和环保：硬件设施，近三年生产能力，主要原料及采购情况，环保设施及达标情况。核查主要材料：营业执照、证书等，公司提供的有关业务情况的书面说明、主要供应商和客户的名单等。审查重点：实际经营业务是否符合营业执照范围，主营业务是否取得相关许可、资质证书是否真实有效，主营业务存在何种优势，企业存在何种竞争优势，所持有证书有效期等。

（四）企业人力资源与公司治理

企业人力资源与公司治理包括员工年龄、学历、职称、工作年限、劳动合同情况、薪酬考核情况、社保情况、高管情况。核查主要材料：现行公司章程、管理人员名单及简历、职工花名册、劳动合同及劳务协议、工资发放凭证、社保和公积金缴纳凭证等；组织机构，内部控制情况（股东、股东会、董事会、监事会），相关会议纪要；股东、高管，股东任职情况，经济合同情况。审查重点：公司治理架构是否符合章程规定；公司董监高是否具备任职资格；劳动合同是否符合法律规定；是否按时足额支付工资，并缴纳社保和住房公积金；是否存在潜在的劳动用工风险等。

（五）企业财务状况

企业财务状况包括资产、负债、所有者权益、收入、损益、利润、利润率等，毛利率、净资产、无形资产（注册认证、批件、专利等），主要会计政策，子公司。核查主要材料：资产清单、资产权属证书、建设项目备案审批手续及主要建设合同等。其中，国有土地使用权核查材料主要指成交确认书、出让合同、使用权证、土地出让金支付凭证或缴付收据；房屋核查材料主要指不动产权证书，如自建房产未取得证书的，核查工程规划手续，包括不限于备案手续材料、四书一证、竣工验收报告等；其他固定资产核查采购合同、发票，车辆还应核查行驶证；知识产权核查材料有商标专利等证书。审查重点：资产权属是否合法，是否存在权属争议和瑕疵；资产是否存在抵押、查封等权利负担情况；工程建设手续是否齐全等。

（六）企业的重大合同、债权、债务

企业的重大合同可分为业务合同、借款合同、担保合同等几类。债权债务一般包括合同类债权债务及其他类债权债务。一般情况下，重大合同与债权债务会放在一个主题中。核查主要材料：业务合同复印件、履行情况说明及凭证，借款合同及打款凭证，租赁合同，担保、质押、抵押合同及相关登记文件。审查重点：合同的合法有效性，是否存在潜在的合同纠纷；借款是否存在逾期情形；对外担保、质押、抵押是否合法有效，是否办理相应的登记手续；公司是否存在重大债权债务风险等。

（七）关联交易与同业竞争

关联交易主要包含对目标公司关联方、关联方之间的业务及资金往来情况的调查。同业竞争是指公司的业务与控股股东/实际控制人所投资、任职、控制的其他企业经营业务相同，双方构成直接或间接的业务竞争关系。核查主要材料：企业控股股东情况、董监高人员情况；本人及其近亲属对外投资、任职、控制的企业名单；关联企业的主要经营业务情况；关联方之间的资金拆借涉及合同、业务合同等，公司的关联交易制度文件。审查重点：公司的实际控制人与控股股东是否一致，关联交易的必要性、合理性，关联交易是否影响目标公司的业务独立性，是否存在同业竞争情形。判断同业竞争，除了从经营范围方面考虑，同时也需要结合公司实际经营业务、主要客户对象、业务地域范围等多重因素综合判断。

（八）企业的税务

企业税务主要围绕目标公司适用的税种、税率情况，以及近三年的纳税情况、税收优惠政策、税务处罚等事项展开调查。核查主要材料：税务申报材料、完税证明、纳税凭证、税收优惠政策依据文件、实际享受税收优惠情况说明、税务稽查文件等。审查重点：目标公司执行的税种、税率是否符合法律规定；近三年是否正常纳税，有无偷税、漏税、欠税等情况；税收优惠是否有合法依据等；是否存在税务相关行政处罚。

（九）企业的环保与安全

企业的环保主要包含：环保相关许可、资质证书，建设项目的环保审批及验收，环保执行措施等。安全主要包含：生产过程的安全管理、项目建设的安全评估及审批等。核查主要材料：排污许可证、建设项目环境影响登记表、环境影响报告表/书、批复及验收文件、环境检测报告；安全评估报告、验收报告。审查重点：企业是否取得业务经营相关必需的环保、安全类许可；建设项目是否办理了环境影响评价手续，是否取得环保和安全验收报告；是否存在重大行政处罚等。

（十）诉讼、仲裁、行政处罚

该部分包括目标公司未完结或近三年已完结的诉讼、仲裁、行政处罚案件。核查材料包括诉讼、仲裁、行政相关的所有法律文书，可利用裁判文书网、中国执行信息公开网、Alpha 数据库、企查查等查询。审查重点：目标公司是否存在影响诉讼、仲裁、行政处罚情况，是否足以影响正常经营，或影响本次并购交易；是否存在被列为失信人员名单情形；从已完结的诉讼、仲裁、行政处罚侧面判断，目标公司经营行为是否存在不规范违规之处等。

（十一）实际控制人和控股股东

实际控制人，是指虽然不是公司的股东，但通过投资关系、协议或者其他安排，能够实际支配公司行为的人。控股股东是持股 50% 以上的股东。一般企业并购时，也会将实际控制人或控股股东列为尽调对象范围。如实际控制人或控股股东为企业法人，一般尽职调查范围和目标公司一致，侧重审查与目标公司的关联交易、借款等。核查材料同目标公司的全部材料范围。如实际控制人/控股股东为自然人，则重点调查其对外投资的同类型企业情况、个人信用、有无列为失信被执行人名单、和目标公司是否存在资金拆借等情况。核查主要材料：个人简历、婚姻状况及近亲属名单、个人及近亲属从事与目标公司同类型的企业名单、个人征信报告等。

五、股权收购尽职调查的文件清单

股权收购尽职调查的文件清单见表 4-1。

表 4-1　股权收购尽职调查的文件清单

序号	核对事项	提供情况
一、贵司及其下属公司的历史沿革		
1	贵司及其下属公司最新的企业法人营业执照复印件。	是否提供：是□ 否□ 未提供或提供不全的原因：_____。

续表

序号	核对事项	提供情况
2	请提供由贵司及其下属公司注册地主管工商行政管理局出具的、盖有"工商档案查询专用章"的贵司及其下属公司《公司注册登记资料查询单》（原件）。该查询单应包括以下内容：企业名称，注册号，注册地址，法定代表人，董事成员，注册资本，企业类型，经营范围，成立日期，经营期限，年检情况，现有股东名称、出资额及出资比例。	是否提供：是□ 否□ 未提供或提供不全的原因：_____。
3	请提供于贵司及其下属公司注册地工商行政管理局调取的贵司及其下属公司自设立以来的全部工商登记注册档案（包括但不限于开业登记、变更登记、年检登记），打印并骑缝加盖"工商档案查询专用章"。本项资料请提供加盖"工商档案查询专用章"的原件。	是否提供：是□ 否□ 未提供或提供不全的原因：_____。
4	贵司及其下属公司设立及历次变更的批准文件（含批准证书）以及与成立、组建、改组有关的任何其他政府批文（包括任何对该等文件进行修改的修改文件）。	是否提供：是□ 否□ 未提供或提供不全的原因：_____。
5	股东就贵司及其下属公司的设立及变更签署的出资协议、合资合同等文件；与贵司及其下属公司股东权利或贵司及其下属公司的股权/股份有关的任何协议，比如优先购买权协议、表决权协议、购买出售协议等；所有由贵司及其下属公司与任何过去或现在的股东之间所签订的且与贵司及其下属公司成立或认购、转让股权/股份有关的协议及其任何修订和补充；名义股东与实际股东就投资和持股事宜签署的委托书或其他类似协议（如有）；如存在前述事项而无相关协议，请书面说明相关安排。	是否提供：是□ 否□ 未提供或提供不全的原因：_____。
6	贵司及其下属公司所有股东会/股东大会决议、董事会决议以及其他内部决策文件。	是否提供：是□ 否□ 未提供或提供不全的原因：_____。
7	贵司及其下属公司完整的组织结构图，包括各股东及下属公司、不具备法人资格的下属企业或部门（包括分公司、营业部、代表处、营运中心等，下同）。结构图应标明控股或参股关系、持股份额、其他持股人名称及持股数量、最终实际拥有人的拥有权。	是否提供：是□ 否□ 未提供或提供不全的原因：_____。
8	请提供贵司及其下属公司在政府部门进行登记的登记证书（例如：组织机构代码证、贷款卡、海关登记、外汇登记证等）。	是否提供是□ 否□ 未提供或提供不全的原因：_____。
二、股东及股权结构		
1	请提供贵司及其下属公司最新的股权结构图（包括股东名称、出资额、持股比例），以及不同类型的股东分析表，如按股东性质（国家股、国有法人股、境内法人股、境外法人股、境内自然人股东、境外自然人股东等）分类的表、股东情况表。	是否提供：是□ 否□ 未提供或提供不全的原因：_____。

续表

序号	核对事项	提供情况
2	请提供贵司及其下属公司最新股东名册，包括股东名称、地址、持股量、取得股权/股份的日期及实际出资日期。同时，如股东为法人（包括境外法人）或事业单位，请提供法人资格证明（包括但不限于现行有效的营业执照、公司登记文件等）及组织章程；如股东为自然人，请提供身份证复印件。	是否提供：是□ 否□ 未提供或提供不全的原因：_____。
3	贵司及其下属公司如有股东为信托持股、委托持股，请提供相关各方当事人签署的书面文件以及当事人（非自然人）权力机构批准该信托持股、委托持有的决议或国有资产监督管理部门的批复（如有）。	是否提供：是□ 否□ 未提供或提供不全的原因：_____。
4	如贵司及其下属公司在历史沿革中曾涉及股权转让的，请提供： （1）股权转让方和受让方权力机构［股东（大）会/董事会］同意股权转让的相关决议或者决定。 （2）权力机构［股东（大）会/董事会］同意该等股权转让的决议或其他股东的同意并放弃优先购买权的承诺。 （3）相关股权转让协议。 （4）涉及国有资产转让的，应提供国有资产监督管理部门的批准文件、资产评估报告、评估结果备案/核准文件、产权交易合同及产权交易所的鉴证证书等相关文件。 （5）如股权转让需经有关政府监管部门批准的，还应提供相应批准文件。 （6）因股权转让而进行的工商变更登记文件。	是否提供：是□ 否□ 未提供或提供不全的原因：_____。
5	如贵司及其下属公司涉及增资/减资，请提供： （1）新增资本的投资方权力机构［股东（大）会/董事会］同意增资的决议或者决定。 （2）权力机构［股东（大）会/董事会］同意增资/减资的决议。 （3）增资/减资协议（如有）。 （4）增资/减资后修订的公司章程、章程修订案。 （5）验资报告。 （6）如为非货币出资的，还应提供资产评估报告。 （7）如增资/减资需经有关政府监管部门批准的，还应提供相应批准文件。 （8）因增资/减资而进行的工商变更登记文件。 （9）增资/减资后换发的《企业法人营业执照》。	是否提供：是□ 否□ 未提供或提供不全的原因：_____。
6	贵司及其下属公司股权是否存在质押（包括名义投资人与实际投资人之间协议委托持股）、被有关司法及行政机关扣押、冻结或其他负担第三方权利的情况；如是，请提供相关的协议或文件。	是否提供：是□ 否□ 未提供或提供不全的原因：_____。

续表

序号	核对事项	提供情况
7	对于贵司及其下属公司涉及自然人直接或通过工会、职工持股基金会等方式间接持股的，请提供以下资料： （1）如存在自然人直接持股的情况（即自然人作为公司股东在工商管理机关登记），则请提供如下资料： ①填写表格。 ②提供自然人股东缴纳出资的相关凭证及验资报告。 ③自然人持有的股权发生过变更的，请提供历次变更的股权转让协议及出资或付款凭证。 （2）如存在自然人间接持股的情况（即工商管理机关的登记中并未显示该等自然人，但实际持有公司股权），则请提供如下资料： ①填写表格。 ②书面说明自然人股东通过何种方式实现间接持股，并根据不同的间接持股方式提供相关资料： A. 如为通过工会、职工持股基金会持股，需提供有效的《工会法人证书》或职工持股会的《社团法人登记证》；工会、职工持股基金会的章程或其他类似的规定或协议；工会、职工持股基金会中员工持有股权的变动情况说明及相关协议；工会、职工持股基金会持有的被持股公司的股权变动说明及相关协议。 B. 如为委托其他自然人或法人持股，则请提供委托协议。 C. 如通过设立某家公司间接持股，请提供：该家公司现行有效的营业执照、公司章程、股东投资协议及该公司历次股权变更或增资扩股情况说明并提供相关证明文件（如相关协议及工商变更登记）。 D. 如通过上述方式之外的其他方式间接持股，则请提供书面说明（包括但不限于持股方式、自然人身份、出资来源、权利义务安排），并根据具体情况提供相关的凭证和协议等证明资料。 （3）上述实际出资的自然人缴纳出资的相关凭证及验资报告。	是否提供：是□ 否□ 未提供或提供不全的原因：_____。
8	请提供贵司及其下属公司自然人股权交易、清理及回购情况（如有）。	是否提供：是□ 否□ 未提供或提供不全的原因：_____。
9	如贵司及其下属公司作出过股权激励计划或类似安排，请提供：股东（大）会、董事会或其他权力机构关于股权激励计划的决议、股权激励计划具体内容、股权激励对象名单、股权激励计划实施情况说明以及其他相关法律文件。	是否提供：是□ 否□ 未提供或提供不全的原因：_____。
三、业务性文件		
1	请提供贵司及其下属公司最近三年主营业务基本情况、变更情况等事项的说明。	是否提供：是□ 否□ 未提供或提供不全的原因：_____。
2	请提供贵司及其下属公司各业务流程制度，包括研发、采购、生产、仓储、销售、运输、售后服务等方面的业务管理流程制度，并提供相关应遵循的行业、部门和国家标准以及管理制度。	是否提供：是□ 否□ 未提供或提供不全的原因：_____。

续表

序号	核对事项	提供情况
3	请提供与贵司及其下属公司业务相关的所有资质证明文件，请按以下要求提供：为从事现有经营业务所拥有的所有有效的批文、许可证和资质证书等证明文件，前述相关批文、许可证和资质证书等证明文件的申请、批准、验收和变更登记/申请、批准、验收文件，以及政府主管部门核发的其他文件等〔如为从事现有生产经营业务所拥有的所有有效的批文、许可证和资质证书等资质证明文件，包括但不限于《安全生产许可证》《排污许可证》等（如有），以及前述相关批文、许可证和资质证书等资质文件的申请、批准、验收和变更登记/申请、批准、验收文件，以及质量技术监督管理局核发的其他文件等〕。请填写业务资质清单。	是否提供：是□ 否□ 未提供或提供不全的原因：＿＿＿＿。
4	请提供贵司及其下属公司生产、销售全部产品所需的除上述第3项以外的其他相关申请、审批、备案、许可等文件（如安全生产许可证、质量管理体系认证文件等）。	是否提供：是□ 否□ 未提供或提供不全的原因：＿＿＿＿。
5	请提供贵司及其下属公司生产或销售的产品清单（请填写产品清单）以及生产、仓储、销售、运输、使用、管理产品或者提供的服务应遵循的行业、部门和国家标准以及内部管理文件。	是否提供：是□ 否□ 未提供或提供不全的原因：＿＿＿＿。
6	请说明贵司及其下属公司产品的销售模式，提供代理/经销商清单，说明代理/经销范围以及公司产品的直接销售/代理/经销价格的定价依据，并说明公司确保自身以及代理/经销商在销售中不发生商业贿赂或贵司及其下属公司确保不存在相关法律责任和风险的有效措施。	是否提供：是□ 否□ 未提供或提供不全的原因：＿＿＿＿。
7	请说明贵司及其下属公司生产或销售的产品是否曾因为说明书、包装或标签不符合法律法规和部门规章规定而被监管机关查处。如有，请说明时间、原因、影响范围、处理结果以及解决措施。	是否提供：是□ 否□ 未提供或提供不全的原因：＿＿＿＿。
8	请说明贵司及其下属公司原材料采购的管理模式，提供：①主要原材料供应商清单，并说明相关供应商作为公司主要供应商的依据、相关供应商的业务许可和资质文件；②其他原材料的采购途径、对象、范围、检验标准，并说明对原材料采购的质量控制保障方式。	是否提供：是□ 否□ 未提供或提供不全的原因：＿＿＿＿。
9	请说明贵司及其下属公司质量控制情况，提供质量控制标准及质量控制措施，包括但不限于原料、包材、半成品及产品质量控制、生产环境控制措施及委托加工质量控制措施。	是否提供：是□ 否□ 未提供或提供不全的原因：＿＿＿＿。
10	请说明贵司及其下属公司生产或销售的产品或提供服务是否曾因为产品质量、技术标准、说明书、包装、标签或服务标准不符合法律法规和部门规章规定而被监管机关查处。如有，请说明时间、原因、影响范围、处理结果以及解决措施。	是否提供：是□ 否□ 未提供或提供不全的原因：＿＿＿＿。
11	请说明贵司及其下属公司业务相关的保密机制（如有），提供已建立的保密措施、签订的保密协议及防止泄密的其他方法或制度。	是否提供：是□ 否□ 未提供或提供不全的原因：＿＿＿＿。

续表

序号	核对事项	提供情况
12	请提供贵司及其下属公司内部职能部门的列表,以及各职能部门的主要职责、职能部门之间的协调方式的书面说明。	是否提供:是□ 否□ 未提供或提供不全的原因:_____。
13	政府对贵司及其下属公司所在行业及贵司及其下属公司有关业务发展之支持计划、政策。	是否提供:是□ 否□ 未提供或提供不全的原因:_____。
14	贵司及其下属公司或其主要负责人是否被各级政府或部门授予荣誉称号或认定为具有特殊资格(如"先进企业""重点扶持企业"等)。如是,请提供该荣誉称号、特殊资格的名称及贵司及其下属公司因此而获得的任何政策优惠的内容及文件依据。	是否提供:是□ 否□ 未提供或提供不全的原因:_____。
15	请介绍说明任何会对贵司及其下属公司的现有业务有影响的风险及其他特别因素(如经济、环境、政治及其他特别情况)。	是否提供:是□ 否□ 未提供或提供不全的原因:_____。
16	贵司及其下属公司从事的其他非主营业务的说明和从事上述业务的政府批文及许可证。	是否提供:是□ 否□ 未提供或提供不全的原因:_____。
四、关联交易及同业竞争		
1	请提供贵司关联方的名单及关联关系说明。	是否提供:是□ 否□ 未提供或提供不全的原因:_____。
2	贵司及其下属公司制定的关联交易管理制度及审批程序说明、相关制度文件。	是否提供:是□ 否□ 未提供或提供不全的原因:_____。
3	请说明贵司及其下属公司的重大关联交易情况,包括重大关联交易的定价原则、决策依据并提供相关协议或合同;根据公司章程和关联交易管理规定,对需提交董事会批准的关联交易,请提供相关决议。同时,提供在表决上述关联交易时,关联方回避表决的情况说明。	是否提供:是□ 否□ 未提供或提供不全的原因:_____。
4	贵司及其下属公司的董事会向股东就关联交易管理制度的执行情况以及关联交易情况做出的专项报告。	是否提供:是□ 否□ 未提供或提供不全的原因:_____。
5	请提供任何持有超过5%股权/股份(含)的股东在有可能与贵司及其下属公司的业务构成竞争的任何其他业务中拥有的利益的说明。	是否提供:是□ 否□ 未提供或提供不全的原因:_____。
6	对任何董事或高级管理人员购买、处分或租予贵司及其下属公司的资产中直接或间接拥有的任何权益的详细说明。	是否提供:是□ 否□ 未提供或提供不全的原因:_____。

续表

序号	核对事项	提供情况
7	请提供贵司及其下属公司与关联方之间从事竞争性业务的情况说明,包括是否存在同业竞争、同业竞争对主营业务的影响程度及解决同业竞争采取的措施等。	是否提供:是□ 否□ 未提供或提供不全的原因:_____。
8	请提供贵司及其下属公司与关联方、董事、监事、高管人员及核心业务和技术人员签订的不竞争合同及类似文件,包括但不限于关联方、董事、监事、高管人员及核心业务和技术人员出具的不竞争承诺等。	是否提供:是□ 否□ 未提供或提供不全的原因:_____。
9	请说明贵司及其下属公司与其他实体在组成战略性联盟和合作方面的任何安排和协议,请提供有关文件。	是否提供:是□ 否□ 未提供或提供不全的原因:_____。
10	请提供贵司及其下属公司从事任何活动或业务的自由受其限制的合同(例如不竞争协议或业务外包安排的协议)。	是否提供:是□ 否□ 未提供或提供不全的原因:_____。
11	请提供贵司及其下属公司拟进行任何形式融资活动时需要获得合同第三方同意才能进行的合同。	是否提供:是□ 否□ 未提供或提供不全的原因:_____。
五、土地/房产/其他主要固定资产/在建工程		
1	土地情况(包括贵司及其下属公司) (1)自有土地,请提供: ①土地使用权权属证明文件(包括但不限于国有土地使用权证、土地出让合同、土地使用权转让合同、土地出让金或转让金缴付凭证;若贵司及其下属公司拥有的土地使用权为集体土地,还需提供贵司及其下属公司签署的征用集体土地的协议以及土地管理部门出具的征地批准文件、征地补偿费用缴纳证明)。 ②向其他方出租土地的明细单、租赁合同、政府批文及登记备案文件。 ③填写自有土地使用权清单。 (2)租赁土地,请提供: ①土地使用权租赁合同。 ②出租方的土地使用权权属证明文件(包括但不限于国有土地使用权证、土地出让合同、土地使用权转让合同、土地出让金或转让金缴付凭证;若贵司及其下属公司租赁的土地使用权为集体土地,还需提供出租方签署的征用集体土地的协议以及土地管理部门出具的征地批准文件、征地补偿费用缴纳证明)。 ③填写租赁土地使用权清单。 (3)如土地上设定了抵押权,请提供: ①抵押合同。 ②抵押登记文件。	是否提供:是□ 否□ 未提供或提供不全的原因:_____。

续表

序号	核对事项	提供情况
2	房屋情况（包括贵司及其下属公司） （1）自有房屋，请提供： ①房屋产权证。 ②向其他方出租房屋的明细单、租赁合同及登记备案文件。 ③按照附表六的格式填写自有房产清单。 （2）租赁房屋，请提供： ①房屋租赁合同。 ②租赁登记文件。 ③出租方房屋产权证。 ④按照附表七的格式填写租赁房产清单。 （3）如属在建工程项目，请提供： ①计划部门的立项批复。 ②建设用地规划许可证。 ③建设工程规划许可证。 ④建设工程开工许可证。 ⑤工程竣工验收证明。 ⑥工程承包合同及重大建筑设备采购及安装合同。 （4）如房屋上设定了抵押，请提供： ①抵押合同。 ②抵押登记文件。	是否提供：是□ 否□ 未提供或提供不全的原因：_____。
3	其他主要固定资产（包括贵司及其下属公司） 对于自有及租赁的价值人民币20万元（含）（注：初步暂定金额，可能根据贵司实际情况调整）以上的固定资产（包括但不限于机器设备等），请提供该等固定资产的权属证明文件（包括但不限于购置发票、购买合同等），被设定抵押、质押的相关合同及登记文件（若有），并请填写主要固定资产清单或者提供贵司及其下属公司自有格式版本的固定资产清单。	是否提供：是□ 否□ 未提供或提供不全的原因：_____。
六、知识产权		
1	提供贵司、下属公司及其关联方的知识产权情况，如贵、下属公司及其关联方拥有和被许可使用的所有专利、专利申请、商标（含服务商标）、著作权（含计算机软件）及注册域名清单，并提供有关注册证书和/或申请文件以及能够证明相关权利持续有效的法律文件。请说明公司所拥有知识产权的剩余保护年限以及该等知识产权的重要程度（如与该等知识产权相关的产量、销售额等）。	是否提供：是□ 否□ 未提供或提供不全的原因：_____。
2	与上述知识产权相关的质押合同及质押登记文件。	是否提供：是□ 否□ 未提供或提供不全的原因：_____。

续表

序号	核对事项	提供情况
3	贵司、下属公司及其关联方为当事人的知识产权转让或许可协议以及涉及主要知识产权的其他协议或安排,包括但不限于贵司、下属公司及其关联方与第三方订立的有关专利(包括专利申请权)、商标、专有技术、域名的转让、许可协议(贵司、下属公司作为转让方或受让方、许可方或被许可方)、技术转让合同、技术许可合同、技术合作开发合同、委托开发合同、技术进出口合同以及注册、许可批准及登记证明(若属于涉外转让)及有关登记注册证明。贵司、下属公司及其关联方被授权合法使用知识产权的,还请提供知识产权所有人有关注册证书。	是否提供:是□ 否□ 未提供或提供不全的原因:_____。
4	除上述协议和安排外,请说明贵司、下属公司及其关联方是否有实际使用其他方享有的知识产权或认证证书的情况,并请详细具体说明使用的情况、原因及与对方的关系。	是否提供:是□ 否□ 未提供或提供不全的原因:_____。
5	除上述协议外,请说明贵司、下属公司及其关联方是否有为保护其知识产权而订立的内部控制政策和措施,如有,请提供详细资料。	是否提供:是□ 否□ 未提供或提供不全的原因:_____。
6	请提供贵司及其下属公司研发体制、研发机构设置、激励制度、研发人员资历等资料,贵司及其下属公司的研发模式和研发系统的设置和运行情况。	是否提供:是□ 否□ 未提供或提供不全的原因:_____。
7	请提供贵司及其下属公司通过自主研发、合作研发与委托研发等各种研发模式所形成的主要研发成果、在研项目、研发目标、研发期间及相关研发人员等资料;如有合作研发或委托研发的,请提供与合作方/受托方/委托方所签订的与研发安排及技术合作相关的所有协议,并介绍合作方/受托方/委托方的基本情况;贵司及其下属公司历年研发费用占主营业务收入的比重、自主知识产权的数量与质量、技术储备等情况。	是否提供:是□ 否□ 未提供或提供不全的原因:_____。
8	说明贵司及其下属公司核心技术的取得方式及使用情况,贵司及其下属公司核心技术的技术水平、技术成熟程度、同行业技术发展水平及技术进步情况以及贵司及其下属公司主要产品生产技术所处的阶段(如基础研究、中试、小批量生产或大批量生产阶段)。	是否提供:是□ 否□ 未提供或提供不全的原因:_____。
9	现存或潜在的有关贵司、下属公司及其关联方所有或第三方所有的专利、商标、商誉、专有技术、域名或其他知识产权的争议或纠纷。	是否提供:是□ 否□ 未提供或提供不全的原因:_____。
10	列表说明贵司、下属公司及其关联方拥有的其他专有技术(非专利技术)(如有)。请在上述表格"备注"栏中填写该等专有技术的重要程度(如与该等专有技术相关的产量、销售额等)。如有关专有技术系受让取得,则请提供技术转让法律文件。对于上述非专利技术,贵司、下属公司及其关联方是否曾与其他第三方(包括但不限于贵司及其下属公司员工)签订过使用或处分该等非专利技术的协议、合同或其他安排,如有,请提供。	是否提供:是□ 否□ 未提供或提供不全的原因:_____。
11	对于非专利技术,贵司、下属公司及其关联方是否有内部控制政策和措施,如有,请提供。	是否提供:是□ 否□ 未提供或提供不全的原因:_____。

续表

序号	核对事项	提供情况
12	除上述已披露的知识产权及专有技术外，贵司、下属公司及其关联方是否存在其他拟申请注册为知识产权的情况，包括但不限于店名、标识等。如有，请说明该等店名、标识等目前使用的情况以及采取的保护措施等。	是否提供：是□ 否□ 未提供或提供不全的原因：＿＿＿＿。
13	请说明贵司、下属公司及其关联方是否曾与员工就工作过程中开发的知识产权归属、保密等问题签订相关协议，如有，请提供。	是否提供：是□ 否□ 未提供或提供不全的原因：＿＿＿＿。
14	请说明贵司、下属公司及其关联方正在研发的项目情况，包括项目研发的时间、人员、进展及未来对业务的影响等。	是否提供：是□ 否□ 未提供或提供不全的原因：＿＿＿＿。

七、重要协议和合同

除非下述另有特别要求，下述"重要协议和合同"是指贵司及其下属公司正在履行或将要履行的合同或协议。		
1	请提供贵司及其下属公司涉及单项超过人民币100万元（含）（注：初步暂定金额，可能实际情况调整）所有合同清单以及相关合同文本，包括但不限于原材料采购合同、代理合同、经销合同、销售合同、技术合同、设备等租赁合同、加工合同、长期供应合同、售后服务委托合同、委托代理或分代理合同等，并填写表格。	是否提供：是□ 否□ 未提供或提供不全的原因：＿＿＿＿。
2	除前述合同/协议外，请提供合同金额虽未达到人民币100万元（含），但对贵司及其下属公司经营和财务有重大影响或存在苛刻条款的各类合同。	是否提供：是□ 否□ 未提供或提供不全的原因：＿＿＿＿。
3	贵司及其下属公司目前采用的各类格式合同样本。	是否提供：是□ 否□ 未提供或提供不全的原因：＿＿＿＿。
4	列表说明贵司及其下属公司所投的保险情况（包括就财产、职工工伤事故、第三方责任、盗窃、环保等的保险），写明保险公司的名字、保险范围及保险额并提供该等保险的保险合同。	是否提供：是□ 否□ 未提供或提供不全的原因：＿＿＿＿。
5	请提供贵司及其下属公司任何正在或计划进行的重大资产、业务或实体收购或出售的详细资料。对于正在或计划进行的收购，请提供已采用或计划采用的融资方式的详细资料；对于正在或计划进行的出售，请说明出售收益将用于什么用途。请提供与这些收购或出售有关的所有文件的副本。	是否提供：是□ 否□ 未提供或提供不全的原因：＿＿＿＿。
6	任何以贵司及其下属公司为当事人的合资、合营、合作及合伙协议或意向书。	是否提供：是□ 否□ 未提供或提供不全的原因：＿＿＿＿。
7	任何限制贵司及其下属公司转让其股权/股份的股东协议或合营、合作协议，以及任何与贵司及其下属公司进行增发/减少注册资本有关的协议。	是否提供：是□ 否□ 未提供或提供不全的原因：＿＿＿＿。

续表

序号	核对事项	提供情况
8	请提供已完成的或已立项的或正在拟议中的贵司及其下属公司重大资本投资项目的文件（包括立项批准、可行性研究报告、与第三方签订的技术转让、设备采购合同、意向书等）。	是否提供：是☐ 否☐ 未提供或提供不全的原因：＿＿＿＿＿＿＿。
9	请提供任何可能因贵司及其下属公司重组而予以终止或更改或导致其项下资产权益受影响的合约或安排的情况。	是否提供：是☐ 否☐ 未提供或提供不全的原因：＿＿＿＿＿＿＿。
10	请提供任何贵司及其下属公司作为当事人签订的与股份/股权有关的合同或协议（包括股权认购计划、职工入股计划，以及购买股份和私募配售股份的协议）。	是否提供：是☐ 否☐ 未提供或提供不全的原因：＿＿＿＿＿＿＿。
11	请提供所有贵司及其下属公司与政府机构、团体或组织履行期超过一年（含一年）的合同。	是否提供：是☐ 否☐ 未提供或提供不全的原因：＿＿＿＿＿＿＿。
12	请提供任何以贵司及其下属公司为当事人所签订的关于限制竞争或专属/独家的协议。	是否提供：是☐ 否☐ 未提供或提供不全的原因：＿＿＿＿＿＿＿。
13	请提供任何以贵司及其下属公司为当事人所签订的技术合同及顾问服务合同。	是否提供：是☐ 否☐ 未提供或提供不全的原因：＿＿＿＿＿＿＿。
14	请提供任何贵司及其下属公司在其正常业务范围之外与政府或政府机构签署的重要合同（若有）。	是否提供：是☐ 否☐ 未提供或提供不全的原因：＿＿＿＿＿＿＿。
15	请提供关于贵司及其下属公司与任何董事、监事、高级管理人员或拥有贵司或其下属公司5%以上股权/股份的股东进行任何交易的所有文件（若有）。	是否提供：是☐ 否☐ 未提供或提供不全的原因：＿＿＿＿＿＿＿。
16	请提供贵司及其下属公司须向董事、监事、高级管理人员或拥有贵司或其下属公司5%以上股权/股份的股东收取或支付任何款项的所有交易文件（若有）。	是否提供：是☐ 否☐ 未提供或提供不全的原因：＿＿＿＿＿＿＿。
17	请提供所有以贵司及其下属公司为当事人的其他重要协议或有约束力的文件，包括重要的保密协议。	是否提供：是☐ 否☐ 未提供或提供不全的原因：＿＿＿＿＿＿＿。
18	请提供任何界定或限制贵司及其下属公司股东权利的协议或文件。	是否提供：是☐ 否☐ 未提供或提供不全的原因：＿＿＿＿＿＿＿。
19	关于贵司及其下属公司购买或出售证券的协议（包括股票、债券和政府国债）。	是否提供：是☐ 否☐ 未提供或提供不全的原因：＿＿＿＿＿＿＿。

续表

序号	核对事项	提供情况
20	请提供任何有关贵司及其下属公司资产/股权重组而需要第三方同意的协议，第三方包括但不限于： (1) 银行或其他债权人或债务人。 (2) 合资各方。 (3) 股东（如果现有任何股东合同禁止公司重组的任何条文）。 (4) 政府或其他相关机构。	是否提供：是□ 否□ 未提供或提供不全的原因：_____。
八、融资文件		
1	贵司及其下属公司所有与外债相关的合同（无论金额大小）（如有）及相关批文（如有）及该等债务的清偿情况及证明。	是否提供：是□ 否□ 未提供或提供不全的原因：_____。
2	贵司及其下属公司所有在国家和地方外汇管理局进行的外债登记，以及和外汇贷款有关的其他政府批文（如有）。	是否提供：是□ 否□ 未提供或提供不全的原因：_____。
3	贵司及其下属公司人民币或外汇贷款协议（含授信协议和承兑协议）、该等贷款协议的担保协议，并填写表格。	是否提供：是□ 否□ 未提供或提供不全的原因：_____。
4	贵司及其下属公司其他融资文件，包括分期付款、销售与回租及融资租赁文件（非外债性质）、期票或本票、信用证、履约保证或其他保证及类似文件。	是否提供：是□ 否□ 未提供或提供不全的原因：_____。
5	贵司及其下属公司与其他公司或个人之间相关债务的文件。	是否提供：是□ 否□ 未提供或提供不全的原因：_____。
6	列表说明在贵司及其下属公司的动产或不动产上设定的担保物权及相关的债权，并提供所有重要的抵押、质押或授予其他担保物权及相关债权的文件及其登记文件和影响公司资产或财产的所有担保和抵押、质押协议及抵押、质押登记文件。	是否提供：是□ 否□ 未提供或提供不全的原因：_____。
7	贵司及其下属公司为第三者的债务或第三者为贵司及其下属公司的债务提供担保和保证的协议或履约保证及登记文件（如有）。在正常业务以外所产生的债务及其他义务的文件，包括贵司及其下属公司为第三者的债务所提供的担保和保证协议（请填列附表十五）。	是否提供：是□ 否□ 未提供或提供不全的原因：_____。
8	国家或地方政府发给贵司及其下属公司的任何补助和/或补贴的协议，批准或其他安排，政府机构及非政府机构对其提供的融资及该融资条款的文件，包括法律法规、政策或该融资所适用惯例的限制。	是否提供：是□ 否□ 未提供或提供不全的原因：_____。
9	任何债转股协议或意向书及相关批准文件。	是否提供：是□ 否□ 未提供或提供不全的原因：_____。
10	贵司及其下属公司股票、债券发行情况（如有）。	是否提供：是□ 否□ 未提供或提供不全的原因：_____。

续表

序号	核对事项	提供情况
11	贵司及其下属公司发行任何债券、股票的批准文件和资金到位情况证明及募集资金使用情况（如有）。	是否提供：是□ 否□ 未提供或提供不全的原因：_____。
九、管理团队及公司治理		
1	请提供贵司及其下属公司董事会、监事会（如有）及下设专业委员会的职能、议事规则、人员设置等；如已设独立董事，请说明独立董事制度。	是否提供：是□ 否□ 未提供或提供不全的原因：_____。
2	请提供贵司及其下属公司高级管理人员及核心业务和技术人员的名单，并请按照格式填写表格。	是否提供：是□ 否□ 未提供或提供不全的原因：_____。
3	请提供目前贵司及其下属公司董事（包括独立董事，如有）、监事（包括外部监事）、高级管理人员及核心业务和技术人员的简历，包括：姓名、国籍及境外居留权，性别，年龄，学历，职称，主要业务经历，曾经担任的重要职务及任期；现任职务及任期等。请按格式填写表格。	是否提供：是□ 否□ 未提供或提供不全的原因：_____。
4	请说明贵司及其下属公司董事、监事、高级管理人员是否符合法律法规规定的任职资格。	是否提供：是□ 否□ 未提供或提供不全的原因：_____。
5	请提供贵司及其下属公司董事、监事、高管人员及核心业务和技术人员的主要技术成果及获得的奖项（如有），包括但不限于发明专利等。如果该等成果正在被贵司及其下属公司使用，请说明使用情况以及是否签订相关协议或安排。	是否提供：是□ 否□ 未提供或提供不全的原因：_____。
6	请按表格格式填写贵司及其下属公司董事、监事、高级管理人员及核心业务和技术人员的关联关系、对外投资、兼职情况。	是否提供：是□ 否□ 未提供或提供不全的原因：_____。
7	贵司及其下属公司董事、监事、高级管理人员及核心业务和技术人员相互之间是否存在的亲属关系，如有请予以说明。	是否提供：是□ 否□ 未提供或提供不全的原因：_____。
8	请提供贵司及其下属公司董事、监事、高级管理人员及核心业务和技术人员最近一年从公司的关联公司领取收入的情况，以及所享受的其他待遇等。	是否提供：是□ 否□ 未提供或提供不全的原因：_____。
9	请说明贵司及其下属公司财务人员是否在控股股东、实际控制人及其控制的其他公司中兼职，贵司及其下属公司高管人员是否在贵司及其下属公司领取薪酬，是否在控股股东、实际控制人及其控制的其他公司领取薪酬。	是否提供：是□ 否□ 未提供或提供不全的原因：_____。
10	请提供贵司及其下属公司与董事、监事、高级管理人员及核心业务和技术人员签订的所有协议（包括但不限于劳动合同、保密协议及不竞争协议等）。	是否提供：是□ 否□ 未提供或提供不全的原因：_____。
11	请按年度分别提供贵司及其下属公司近三年董事、监事和高级管理人员的名单，并说明董事、监事、高级管理人员近三年的变动情况及变动原因。	是否提供：是□ 否□ 未提供或提供不全的原因：_____。

续表

序号	核对事项	提供情况
12	请提供董事、监事、高级管理人员及其近亲属以任何方式直接或间接持有贵司及其下属公司股权的情况，并应列出持有人姓名、近三年所持股权的增减变动以及所持股份的质押或冻结情况（如有）。	是否提供：是□ 否□ 未提供或提供不全的原因：_____。
13	请说明贵司及其下属公司董事、监事、高级管理人员的其他对外投资情况，有关对外投资与贵司及其下属公司存在利益冲突的，应予特别说明，并提供其投资金额、持股比例以及有关承诺和协议；如无该种情形，则应予以声明。对于存在利益冲突情形的，请说明解决情况。	是否提供：是□ 否□ 未提供或提供不全的原因：_____。
14	请说明贵司及其下属公司董事、监事、高级管理人员的兼职情况及所兼职单位与贵司及其下属公司的关联关系。没有兼职的，应予以声明。	是否提供：是□ 否□ 未提供或提供不全的原因：_____。
十、财务及税务		
1	请提供贵司及其下属公司近三年度的财务审计报告和最近一期财务报表。	是否提供：是□ 否□ 未提供或提供不全的原因：_____。
2	贵司及其下属公司现行有效的国、地税的《税务登记证》。	是否提供：是□ 否□ 未提供或提供不全的原因：_____。
3	列出贵司及其下属公司所缴的税费的种类、税率和税额及计税依据清单。	是否提供：是□ 否□ 未提供或提供不全的原因：_____。
4	请说明适用于贵司及其下属公司的税收优惠和财政补贴待遇。请提供与该等税收优惠、财政补贴有关的税务机关的批复及法律依据。若贵司及其下属公司享有高新技术企业所得税优惠，则请提供高新技术企业认定证书以及最近三年向高新技术企业认定机构提供的年度备案文件。	是否提供：是□ 否□ 未提供或提供不全的原因：_____。
5	请提供贵司及下属公司最近三年的纳税申报表、税收缴款书。	是否提供：是□ 否□ 未提供或提供不全的原因：_____。
6	政府部门向贵司及其下属公司作出任何税务会计审查的报告，税务部门（国税、地税）下发的税务处罚文件，及贵司及其下属公司补缴税款及罚款的凭证。	是否提供：是□ 否□ 未提供或提供不全的原因：_____。
7	请提供贵司及其下属公司主管税务机关（包括国税和地税）出具的近三年来执行的税种税率是否合法合规、是否依法纳税、是否欠税、是否受到过税务机关行政处罚的证明。	是否提供：是□ 否□ 未提供或提供不全的原因：_____。
8	有关欠缴税款的文件通知及贵司及其下属公司采取的解决方法，以及贵司及其下属公司所发生或被任何税务部门或海关征收的一切罚款或利息或正在进行的调查等的详细说明。	是否提供：是□ 否□ 未提供或提供不全的原因：_____。

续表

序号	核对事项	提供情况
9	请简述近期税务制度/政策变动（如有）对贵司及其下属公司业务的影响。	是否提供：是□ 否□ 未提供或提供不全的原因：_____。
10	关于贵司及其下属公司与任何税务部门之间的实际争议、未决争议、讨论中的争议的详细说明。	是否提供：是□ 否□ 未提供或提供不全的原因：_____。
11	贵司及其下属公司设备进口关税豁免批文（如有）。	是否提供：是□ 否□ 未提供或提供不全的原因：_____。
十一、员工事宜		
1	说明在册员工劳动合同签订情况，如有未签订劳动合同的，请说明未签订的原因。	是否提供：是□ 否□ 未提供或提供不全的原因：_____。
2	请简要说明贵司及其下属公司在职员工构成情况，包括员工专业构成情况、员工年龄构成情况、员工学历构成情况等并提供清单。	是否提供：是□ 否□ 未提供或提供不全的原因：_____。
3	请提供贵司及其下属公司近三个月在职员工工资表。	是否提供：是□ 否□ 未提供或提供不全的原因：_____。
4	目前使用的员工劳动合同标准文本及集体劳动合同标准文本（如有）、员工名册、劳务合同。	是否提供：是□ 否□ 未提供或提供不全的原因：_____。
5	请提供贵司及其下属公司最近三年关于劳动纠纷的文件资料。	是否提供：是□ 否□ 未提供或提供不全的原因：_____。
6	如曾受雇于其他单位的贵司及其下属公司的主要人员，曾作为当事人与以前的工作单位签订过保密或不竞争协议，请提供有关资料。	是否提供：是□ 否□ 未提供或提供不全的原因：_____。
7	贵司及其下属公司关于员工聘用、薪酬、福利、劳动制度、劳动保护（如有）的政策性文件和内部制度。	是否提供：是□ 否□ 未提供或提供不全的原因：_____。
8	对因工伤而造成职工残废以及因事故造成职工伤亡时，贵司及其下属公司应对职工及其家属的赔偿、赡养费及其他安置计划。	是否提供：是□ 否□ 未提供或提供不全的原因：_____。
9	请说明贵司及其下属公司所在区域内社保机关已开征的社会保险险种、缴纳标准情况、员工参加社会保险的情况（包括但不限于养老保险、失业保险、医疗保险、工伤保险、生育保险、住房公积金）、贵司及其下属公司对员工的社会保险缴费情况以及缴纳凭证、是否存在欠缴保费问题、是否受到过社保主管机关处罚等。	是否提供：是□ 否□ 未提供或提供不全的原因：_____。

续表

序号	核对事项	提供情况
10	请说明贵司及其下属公司在社会保险之外向员工提供的商业保险（包括医疗、财产等保险）、退休福利计划、退休安排和其他雇员福利计划的情况，包括相关的政策、内部规则、合同、计划。	是否提供：是□ 否□ 未提供或提供不全的原因：_____。
11	请提供贵司及其下属公司与现有主要管理人员、员工所签署的补偿协议（如有），并请说明在已同意向前高级职员、前董事或前员工（或其受益人）支付的任何补偿金中是否有部分尚未支付。	是否提供：是□ 否□ 未提供或提供不全的原因：_____。
12	贵司及其下属公司已经作出的任何重大的惩处、裁员、安置或内部退养的决定。请提供贵司及其下属公司意外事故和职工伤亡事故清单并说明原因。	是否提供：是□ 否□ 未提供或提供不全的原因：_____。
十二、规范经营和环境保护事宜		
1	请提供与贵司及其下属公司业务相关的环保监管和安全监管的法律法规、政策、条例和行政规定、国家标准、部门标准、行业标准以及企业标准。	是否提供：是□ 否□ 未提供或提供不全的原因：_____。
2	请说明贵司及其下属公司所采取的保障安全生产（如有）及规范经营的相关措施，贵司及其下属公司是否曾因违反有关安全生产或规范经营的规定而受到处罚或被提起诉讼；如有，请详细说明。	是否提供：是□ 否□ 未提供或提供不全的原因：_____。
3	请说明贵司及其下属公司生产或销售的产品是否发生过对消费者造成人身、财产损害的事件。如有，请详细说明事件的时间、影响范围、处理措施等。	是否提供：是□ 否□ 未提供或提供不全的原因：_____。
4	请说明公司业务是否需拥有环境许可；如需要，请提供贵司及其下属公司已获得的全部环境许可、排污许可、排污达标证、其他许可执照等文件以及对已取得的该等许可和执照或申请文件，并请提供贵司及其下属公司特种作业人员的特种作业操作资格证书。	是否提供：是□ 否□ 未提供或提供不全的原因：_____。
5	请提供贵司及其下属公司建设项目环境影响评价报告书及其备案/批准文件、环保部门的验收监测报告以及环保部门就贵司及其下属公司的业务项目出具的环境保护设施验收报告（如有）。	是否提供：是□ 否□ 未提供或提供不全的原因：_____。
6	请提供贵司及其下属公司关于废水、废物和污染物处理方法的说明（如有）。	是否提供：是□ 否□ 未提供或提供不全的原因：_____。
7	请提供环保部门、安全部门和其他管理机构给予贵司及其下属公司的命令、罚款、限期整顿、停产整顿、调查等处罚文件，贵司及其下属公司的书面答复和意见（如有）。	是否提供：是□ 否□ 未提供或提供不全的原因：_____。
8	请提供环保部门出具的关于贵司及其下属公司废物或危险物质外溢或释放的报告和通知以及贵司及其下属公司因环保而支出的治理费用、罚款和其他费用的有关文件（如有）。	是否提供：是□ 否□ 未提供或提供不全的原因：_____。
9	贵司及其下属公司发生过的与环境污染和安全生产有关的重大事故情况及其后果、影响的详细介绍以及贵司及其下属公司关于环境和安全生产方面的报告（如有）。	是否提供：是□ 否□ 未提供或提供不全的原因：_____。

续表

序号	核对事项	提供情况
十三、重要诉讼和其他程序		
1	（1）列表说明（依照附表十八填写）所有对公司造成影响的未决（尚未审理完毕或已审理完毕但尚未执行的）重要诉讼、仲裁、索赔、行政处罚或政府机构的调查或质询，并提供所有与上述事宜有关的文件、函件，包括但不限于起诉状、答辩状、判决书、裁定书、执行令、处罚决定书等。 （2）潜在或有证据表明将要发生的重要诉讼、仲裁、索赔、行政处罚或政府机构的调查或质询，并提供所有与上述事宜有关的文件、函件，包括但不限于起诉状、答辩状、判决书、执行令、处罚决定书、裁决书。	是否提供：是□ 否□ 未提供或提供不全的原因：_____。
2	说明是否存在贵司及其下属公司以及该等公司的董事、监事、高级管理人员和核心技术人员作为一方当事人的重大诉讼或仲裁事项，如有，请提供有关证明文件。	是否提供：是□ 否□ 未提供或提供不全的原因：_____。
3	是否存在涉及贵司及其下属公司的董事、监事、高级管理人员之破产、犯罪、欺诈、不当发行证券或不当商业行为的诉讼、行政程序，如有，请提供有关证明文件。	是否提供：是□ 否□ 未提供或提供不全的原因：_____。
4	贵司及其下属公司现在有否与知识产权有关之诉讼、仲裁或行政处罚，如有，请提供有关证明文件。	是否提供：是□ 否□ 未提供或提供不全的原因：_____。
5	所有以贵司及其下属公司为当事人的（或对其具约束力的）裁决、判决、命令、和解协议及其他协议。该类裁决、判决、命令或协议将要求贵司及其下属公司从事或停止从事某些活动，或者会限制或以其他方式影响贵司及其下属公司经营或资产。	是否提供：是□ 否□ 未提供或提供不全的原因：_____。
6	贵司及其下属公司违反或被指控违反环保、卫生、防火、建筑、规划、安全生产、生产销售监督管理、产品质量、技术标准、技术监督等方面的诉讼、仲裁、行政调查或罚款。如有，请提供有关文件（如行政处罚通知书、判决书、裁决书）。	是否提供：是□ 否□ 未提供或提供不全的原因：_____。

【法律文书范本】

××律师事务所
关于四川省××科技有限公司之尽职调查报告书
二○二三年十一月

导言

致：成都市××路桥××股份有限公司

惠承信任，××律师事务所接受贵公司委托，指派本所律师组成律师工作组，按照法律要求和律师行业标准，就贵公司拟投资四川省××科技有限公司（以下简称"目标公司"或"××"）事宜，提供对目标公司进行法律尽职调查等专项法律服务。为协助贵公司了解目标公司基本情况，在本调查报告出具前，律师工作组至目标公司所在现场进行档案收集调查工作。

律师工作组认真阅读目标公司提供的文件，进行书面审阅，向目标公司及公司管理人员征询，走进目标公司现场，力求调查结果真实可靠。

鉴于以上的法律尽职调查范围和尽职调查手段，在提供本尽职调查报告的同时，律师工作组假定：

1. 目标公司提交给律师工作组的文件上的所有签名、印鉴和公章都是真实的；目标公司提交给律师工作组的所有文件的原件都是被认可的和完整的，并且所有的复印件与原件是一致的。

2. 律师工作组审查的文件中所有的事实介绍都是真实、正确、全面的。

3. 律师工作组审查的政府机构的审批、备案材料等无论原件、复印件都是准确、真实、完整的。

4. 向律师工作组作出介绍的所有目标公司管理人员、委派人员、工作人员等的介绍内容没有任何虚假，是客观、真实、完整的。

5. 目标公司除已提供的对外抵押、质押、保证等担保信息外，无应披露而未披露的对外抵押、质押、保证等担保行为。

6. 目标公司除已提供的资产负债表中的债务、已经披露的涉诉债务以及律师工作组从官方网站上查询到的涉诉债务外，无其他应披露而未披露的债务。

7. 目标公司除已提供的、涉及的合同外，无应披露而未披露的合同。

8. 受专业所限，本次尽职调查律师未能对目标公司财务和税务情况进行详细的审计和评估，故本调查报告并不深入地涉及对被调查公司财务、税务状况的描述和评估，也不能视为对被调查公司经济状况或履约能力的预测。

本所律师在本报告中对于有关财务审计、资产评估文件涉及的数据和结论的引用，并不意味着本所律师对这些数据和结论的真实性做出任何明示或默示的保证，对于这些内容本所律师无核查和做出判断的合法资格与义务。

9. 本报告仅依据出具日之前生效的中华人民共和国（为本报告之目的，不包括香港特别行政区、澳门特别行政区及台湾地区，以下简称"中国"）法律法规，并基于出具日之前发生的事实或签订的文件做出。

特别说明：本报告仅就以现有材料以及政府部门公开信息出具，其内容不可能穷尽目标公司所有问题和风险，存在对或有风险的错误描述、偏差或遗漏之可能，特予以说明，请贵公司予以充分注意。

本律师工作组在本报告中描述或进行法律评价时，所依据的事实、信息、文件资料和数据除有明确的时间说明外，均截至 2023 年 10 月 27 日。本律师工作组不排除后续可能依据实际变化情况对本报告进行相应修订。

××律师事务所

二〇二三年十一月二十六日

摘要

××律师事务所接受贵公司委托，就贵公司拟投资四川省××科技有限公司事宜，对目标公司进行专项法律尽职调查。针对目标公司存在的主要法律风险有：

1. 目标公司主要产品钒电解液生产资质。

目标公司生产的钒电解液系含有金属钒粒子的硫酸溶液，根据《危险化学品目录》载明的类别，钒电解液未收录于其中，但作为其溶液的硫酸确系序号为 1302 号的危险化学品，故钒电解液是否系危险化学品应就其详细成分向相关部门核实，如是则应当办理危险化学品登记证书后方可生产。

2. 目标公司现有专利权普遍存在欠缴年费之情况。

目标公司目前共有 34 项实用新型专利年费欠缴，如未在规定时限内补缴年费并同时缴纳滞纳金，则专利权将面临失效的风险。建议督促其及时缴纳相关费用。

3. 外购的专利权未办理过户登记，且其中一项专利权转让合同存在权属瑕疵。

目标公司向四川××能源环保科技有限公司购买的 7 项专利权均未办理过户登记，在目标公司尚未完成权属转让登记前并未完全拥有该专利权，同时专利权也有被四川××能源环保科技有限公司"一权多卖"的风险。此外，其中一项专利权的专利权人为四川××能源环保科技有限公司和四川省××集团有限公司，而签署《资产收购协议书》时转让方仅为四川××能源环保科技有限公司，四川省××集团有限公司并非合同相对方之一，该专利可能存在权属争议。

4. 目标公司过度依赖其关联方。

目标公司原材料完全依托于其关联方成渝钒钛，且其租赁成渝钒钛的厂房生产的产能占其全部产能的过半，如发生成渝钒钛违约之情况则会造成目标公司巨大的生产困境，建议除考虑提高目标公司与关联方相关合同违约责任比例，或可考虑在本次投资合作协议中将相关关联方列入作为目标公司履约的保证方，如出现此类型可能导致目标公司严重经营困境的违约事由，则由相关关联方回购贵司投资股权。

5. 不排除目标公司关联方存在同业竞争的风险。

虽目标公司出具的说明自述不存在同业竞争，但并为就其与关联方在经营范围、专利技术等方面差别和目标公司在前述范围内的独特性做出说明，且本律师工作组认为该技术的不可替代性界限较为模糊，不排除其关联方发生同业竞争的可能性。

6. 目标公司现欠缴税费和社保。

目标公司现共计欠缴税费 48425324.27 元，欠缴员工社保 6891645.48 元。建议督促其及时缴纳，避免持续产生高额滞纳金。

正文

第一章　公司基本情况

一、设立资格、出资方式等

根据目标公司提供的资料及律师工作组在国家企业信用信息公示系统、启信宝等公开渠道查询的结果，目标公司的设立资格、出资方式等情况如下：

……

【法律评价】

目标公司的设立资格、出资方式等符合当时有效的法律法规规定。

二、公司分支机构

根据目标公司提供的资料及律师工作组在国家企业信用信息公示系统、启信宝等公开渠道查询的结果，目标公司的分支机构共1家：

……

【法律评价】

目标公司分公司的设立符合《中华人民共和国公司法》等法律法规的相关规定。

三、公司对外股权投资

根据目标公司提供的资料及律师工作组在国家企业信用信息公示系统、启信宝等公开渠道查询的结果，目标公司对外投资（直接持股企业）共1家：

……

根据目标公司工作人员反馈，该公司未投入实际运营，目标公司对该公司未实际缴纳出资。

【法律评价】

目标公司的对外投资符合《中华人民共和国公司法》等法律法规的相关规定。

四、公司治理结构

（一）内部组织结构

目标公司提供的最新章程、组织架构以及目标公司官方网站公布的信息显示：目标公司的治理结构包括股东、董事会、监事会和总经理，公司经营管理上设副总经理、各科室及各车间负责人。

（二）现任董事、监事和高级管理人员

根据目标公司提供的资料以及在国家企业信用信息公示系统登记信息显示，公司现任董事、监事和高级管理人员情况：

……

【法律评价】

国家企业信用信息公示系统登记的副总经理为蔡××，而根据目标公司的组织架构，公司副总经理应有两位，公司提供的管理团队履历中载明公司副总经理为蔡××、贾××，不排除公司实际高管与国家企业信用信息公示系统登记不一致的情形。

五、公司历史沿革

根据目标公司现提供的该部分资料，配合律师工作组前往工商行政部门调取的工商档案，以及律师经公开渠道查询到的企业信息显示：

（一）公司的设立

2020年11月23日，××县市场监督管理局出具关于公司设立登记的《受理通知书》【（内工商威）登记内设受字〔2020〕第31××号】，并于同日做出《准予设立/开业登记通知书》【（内工商威）登记内设核字〔2020〕第31××号】，至此，目标公司设立。

【法律评价】

目标公司的设立资格、条件、出资方式等符合当时有效的法律法规规定。

（二）历次变更

在公司成立之后的存续期间内，共进行过13次变更登记。

……

【法律评价】

经查询国家企业信用信息公示网等公开网站，公司于2023年5月4日进行了联络人备案，该次变更在工商档案中未体现；另该次变更与上表第5次变更之间存在无法衔接的情况，可能存在中间再次发生变更未备案或第5次变更信息未上传相关系统等情形，目标公司的工商详档可能存在缺失。若前述情况系因未及时备案导致，建议目标公司及时进行备案。

六、公司股东

目标公司现有一位法人股东，即内江市××企业管理有限公司（持股100%），具体情况如下：

……

七、相关证明

……

【法律评价】

据本律师工作组了解，目标公司生产的钒电解液系含有金属钒粒子的硫酸溶液，根据《危险化学品目录》载明的类别，钒电解液未收录于其中，但作为其溶液的硫酸确系序号为1302号的危险化学品，故钒电解液是否系危险化学品应就其详细成分向相关部门核查，如是则应当办理危险化学品登记证书后方可生产。

八、企业征信

……

第二章　公司的业务和资产

一、公司的业务

根据本律师工作组于2023年10月24日前往××县市场监督管理局查询到的目标公司工商详档以及公开渠道查询结果显示，公司经营范围为：新材料技术推广服务，有色金属压延加工，钒钛产品生产销售，钒渣的收购、加工、销售（依法必须经批准的项目，经相关部门批准后方可开展经营活动）。

二、资产

根据目标公司提供其自行制作的未经审计的2023年9月《科目余额表》，截至2023年9月30日，科目余额表载明的情况如下：

……

（一）在建工程

在建工程项目基本情况：

……

（三）不动产

……

（四）车辆

……

（五）固定资产

……

（六）无形资产

1. 商标

……

2. 专利

根据合同约定，四川××能源环保科技有限公司应于 2022 年 12 月 31 日前办理上述七项专利产权过户到目标公司登记的相关手续。但根据本律师工作组在中国知识产权局官网的查询及对目标公司工作人员的访谈，上述外购专利目前均未进行专利权属转移登记。

3. 域名

根据我们在工业和信息化部政务服务平台 ICP/IP 地址/域名信息备案管理系统的查询，目标公司在国内顶级域名数据库中共拥有 1 个域名，具体如下：

……

【法律评价】

1. 关于目标公司的知识产权保护

……

2. 关于专利年费欠缴

《中华人民共和国专利法实施细则》第九十八条规定，授予专利权当年以后的年费应当在上一年度期满前缴纳。专利权人未缴纳或者未缴足的，国务院专利行政部门应当通知专利权人自应当缴纳年费期满之日起 6 个月内补缴，同时缴纳滞纳金；滞纳金的金额按照每超过规定的缴费时间 1 个月，加收当年全额年费的 5% 计算；期满未缴纳的，专利权自应当缴纳年费期满之日起终止。目标公司目前共有 34 项实用新型专利年费欠缴，如未在规定时限内补缴年费并同时缴纳滞纳金，则前述专利权将面临失效的风险。

3. 关于外购专利

（1）外购专利未转让登记备案。

《中华人民共和国专利法》第十条规定，转让专利申请权或者专利权的，当事人应当订立书面合同，并向国务院专利行政部门登记，由国务院专利行政部门予以公告。专利申请权或者专利权的转让自登记之日起生效。目标公司与四川××能源环保科技有限公司签署了《资产收购协议书》，但截至本次报告出具之日，合同双方尚未向国务院专利行政部门登记，即外购 7 项专利仍在四川××能源环保科技有限公司名下。

法律风险提示：我国专利权的转让实行登记生效制，即目标公司经国务院专利行政部门登记才能实际获得相关专利。因此，在目标公司尚未完成该 7 项专利的权属转让登记前并未完全拥有该专利权，同时专利权也有被四川××能源环保科技有限公司"一权多卖"的风险。

（2）一项外购专利可能存在权属问题。

目标公司向四川××能源环保科技有限公司收购的7项专利中第5项专利，即"一种钒电解液反应装置及钒电解液生产系统"，专利权人为四川××能源环保科技有限公司和四川省××集团有限公司，签署《资产收购协议书》时转让方仅为四川××能源环保科技有限公司，四川省××集团有限公司并非合同相对方之一，该专利可能存在权属争议。

第三章　关联交易与关联企业

一、关联企业

（1）根据目标公司提供的现有资料，目标公司可能的关联方如下：

……

（2）目标公司出具《关于董监高及核心技术人员在关联方任职情况的说明》载明："我公司董事、监事、高级管理人员以及核心技术人员，皆无在关联方任职并领取报酬的情况。"

二、关联交易

……

三、同业竞争

目标公司出具《关于关联公司同业竞争的说明》载明："2020年12月，成渝××科技有限公司及其下属公司已将相关土地、房屋、生产线设备、人员、营销渠道及资质尽数转移给四川省××科技有限公司。相关资产转让（租赁）后，关联方企业短时间内不再具备生产五氧化二钒的能力；而在建五氧化二钒相关生产线投入金额大、建设时间长，如此进入壁垒一定程度上也可以消除同业竞争。"

【法律评价】

1. 目标公司在生产原料方面缺少独立性

目标公司向其关联公司成渝××科技有限公司采购了包括钒渣、蒸汽、电、转炉煤气、高炉煤气、压缩空气、天然气、水和其他在内的大部分生产原料及辅料，尤其是目标公司的生产原料均采购自成渝××科技有限公司，目标公司在生产原料方面缺少独立性。目标公司与成渝××科技有限公司签订的《购销合同》虽载明"甲方向乙方采购的产品为钒渣，品位不低于10%（品位为10%的钒渣称为标准钒渣），采购合同有效期为5年，其中每年乙方应向甲方提供不少于10万吨的标准钒渣产品"，但鉴于目标公司对成渝××科技有限公司原料采购依赖程度过高，合同约定的违约责任仅为合同总价款的10%，并不足以完全对冲目标公司经营风险。请贵司审慎考虑相关投资风险。

2. 目标公司在生产空间方面缺少独立性

目标公司向其关联公司成渝××科技有限公司租赁了包括厂房、机器设备在内的生产空间，目标公司在生产空间方面亦缺少独立性。根据目标公司与成渝××科技有限公司签订的《房屋租赁合同》《设备租赁合同》，厂房、机器设备的租赁期限将于××××年12月31日届满。此外，根据目标公司出具的情况说明："××共有两条片钒生产线、两条钒电解液生产线。其中钒一车间的土地厂房为××自有，钒二车间及短流程钒电解液生产线所涉及土地厂房租赁自成渝××科技有限公司，长流程钒电解液生产线所涉及土地厂房租赁自四川××新钢构工程有限公司。"对片钒产品而言，租赁产能占全部产能的55.56%，对钒电解液产品而言，租赁产能占全部产品的57.14%。目标公司于租赁物上的生产已占到其全部产能过半数。故若成渝××科技有限公司停止向目标公司履行租赁合同或租赁期限届满双方未就厂房、机器设备租赁事宜达成新的合意，目标公司将面临巨大的经营危机。

建议督促目标公司将租赁的生产空间资产部分进行收购，避免因合同的不确定性导致生产经营风险。如目标公司暂不能完成对于该部分生产空间资产的收购，则建议完善或重新签订租赁合同，通过核算相关风险，约定与之相当的违约责任以对冲因此产生的投资风险。

3. 针对同业竞争之问题

虽目标公司出具的说明自述不存在同业竞争，但并未就其与关联方在经营范围、专利技术等方面差别和目标公司在前述范围内的独特性作出说明，且本律师工作组认为该技术的不可替代性界限较为模糊，不排除其关联方发生同业竞争的可能性。

综合以上关联方风险，建议提高目标公司与关联方相关合同违约责任比例，或可考虑在本次投资合作协议中将相关关联方列入作为目标公司履约的保证方，如出现此类型可能导致目标公司严重经营困境的违约事由，则由相关关联方回购贵司投资股权。

第四章　公司财务及税务

一、主要财务数据

……

【法律评价】

目标公司财务状况存在波动较大的情况。截至2023年9月，目标公司处于负债状态，但因目标公司尚有大量应收账款，不排除目标公司后期资金回笼的可能性。鉴于本次交易为投资项目，建议贵司结合会计师事务所出具的《审计报告》考察目标公司的财务状况。

二、税务

根据目标公司提供的资料，目标公司目前涉及的税种有增值税（13%）、企业所得税（15%）、城市维护建设税（5%）、教育费附加（3%）、地方教育费附加（2%）、房产税（1.2%）、城镇土地使用税、印花税、环境保护税等。本次尽职调查过程中，目标公司未向本律师工作组提供《中华人民共和国税收完税证明》，仅向律师工作组提供了目标公司自行制作的2021年度、2022年度以及2023年度1—9月《纳税申报表》。

根据目标公司提供的国家税务总局四川省电子税务局查询信息，目标公司在2021年1月1日至2021年12月31日企业所得税应纳税额为48425324.27元，即目标公司存在欠缴税款48425324.27元，且可能存在已产生滞纳金。

目标公司向本律师工作组出具的《关于是否因税收问题而受到税收征管部门处罚的说明》载明："自2020年11月成立至今（2023年9月），××尚未因税务问题而受到征管部门处罚。"

根据目标公司提供的相关资料，目标公司目前享受如下税收优惠政策：

……

【法律评价】

目标公司纳税具体信息尚无法确定，但根据目标公司提供的说明及本律师工作组在国家税务总局四川省税务局行政执法信息公示平台未查询到目标公司存在行政处罚。

鉴于目标公司在 2021 年存在欠缴企业所得税的情况，律师工作组认为截至本报告出具之日以及上述时间之外无法确认是否存在其他欠缴税费，不排除存在其他未缴、少缴的可能性。根据《中华人民共和国税收征收管理法》第六十四条"纳税人不进行纳税申报，不缴或者少缴应纳税款的，由税务机关追缴其不缴或者少缴的税款、滞纳金，并处不缴或者少缴的税款百分之五十以上五倍以下的罚款"的规定，若目标公司确实存在应缴未缴情形的，则存在上述风险。

第五章　公司的重大合同

根据目标公司提供的合同资料，目标公司对外签订的重大合同共计 12 份合同。

根据目标公司提供的合同资料，目标公司分公司（四川省××科技有限公司成都分公司）对外签订的重大合同共计 4 份合同。

【法律评价】

1. 就目标公司提供的前述合同，目标公司向其分公司销售钒电解液的单价均高于其分公司对外销售钒电解液的单价，即目标公司内部存在不合商业逻辑的贸易逆差，对此目标公司出具说明表示：目标公司于分公司成立前有钒电解液一批（××长流程钒电解液），待分公司成立后，目标公司统一长流程钒电解液销售政策（全部由分公司销售），因此该批钒电解液由目标公司按成本价销售给分公司，后分公司对外销售。该批钒电解液生产成本高于市场售价。

2. 目标公司租赁其关联方成渝××科技有限公司的房屋和设备用于生产经营活动，《房屋租赁合同》中明确"租赁物仅作为乙方（标的公司）从事五氧化二钒相关加工经营使用"，目标公司现有生产产品中除了五氧化二钒还有钒电解液，对此，标的公司出具说明表示：钒电解液和五氧化二钒皆系钒渣加工产品，前端工艺完全一致，属于五氧化二钒相关产品。

3. 针对目标公司与四川××能源环保科技有限公司的《资产收购协议书》涉及的其中一项专利，其现有的专利权人为四川××能源环保科技有限公司、四川省××集团有限公司。建议就该项专利的转让，另行补充签订转让协议。

第六章　劳动人事

根据目标公司提供的员工花名册，目标公司现有员工 512 名，其中管理团队（含董事、总/副总经理、监事、财务负责人）共计 7 名。

......

【法律评价】

1. 因目标公司社会保险参保证明载明存在欠费情况，故无法核实目标公司现有员工数量准确性。不排除《职工花名册》外员工的存在或是已构成事实劳动关系但未签订劳动合同的员工存在以及未给部分员工购买社保等情形。若存在假设情况，一旦发生劳动纠纷，目标公司可能面临签订劳动合同、支付双倍工资、支付经济补偿金等法律风险。

2. 根据目标公司提供的《四川省社会保险单位参保证明》，目标公司未足额为员工缴纳社会保险，从初次参保时间 2020 年 12 月截至 2023 年 10 月，养老保险（本金）欠费 6188587.2 元，失业保险（本金）欠费 255803.14 元，工伤保险（本金）欠费 447255.14 元，共计 6891645.48 元。根据《中华人民共和国社会保险法》第八十六条，用人单位未按时足额缴纳社会保险费的，由社会保险费征收机构责令限期缴纳或者补足，并自欠缴之日起，按日加收万分之五的滞纳金；逾期仍不缴纳的，由有关行政部门处欠缴数额一倍以上三倍以下的罚款。鉴于目标公司存在社保欠缴情况，不排除其在未来受到行政处罚的可能。

第七章 重大诉讼、仲裁或行政处罚

一、未决诉讼、仲裁

目标公司未提供相关材料，根据律师工作组通过公开渠道查询，目标公司未存在公司董事、监事、高级管理人员作为一方当事人的重大诉讼和仲裁事项，也未存在董事、监事、高级管理人员受到刑事诉讼的情况。

二、涉及被行政处罚

目标公司并未提供相关材料，根据律师工作组通过公开渠道查询，目标公司暂无涉及的行政处罚。

第八章 总述

本次尽职调查工作，仅以目标公司提供的基础资料为主要依据。在信息披露、风险评估等方面仅依据目标公司提供的相关资料以及本所律师通过公开渠道查询资料所作出，或存在无法穷尽之客观事实，目标公司存在对关联方依赖程度过高、关联交易公允性无法确定、部分交易资产尚存在权属瑕疵等风险，鉴于贵司本次系出于产业布局进行的投资，请贵司结合产业发展前景、行业规划等因素，审慎审查本次交易商业风险。

（以下无正文，为《××律师事务所关于四川省××科技有限公司之尽职调查报告书》签署页）

××律师事务所

年 月 日

【股权收购尽职调查内容范本】

针对更加复杂的股权收购尽职调查项目，应该更加全面、深入地分析其法律风险和解决对策，以期为当事人发现风险、合理预期、规避风险、减少损失，实务中有接近半数的收购项目在完成尽职调查后当事人选择放弃，这也真正体现了律师尽职调查的重大意义。下面所列，为一般股权收购项目尽职调查所应涵盖的目录，根据每次交易具体情况的不同，可以有所差异。

1. 基本情况（包括公司及公司的全资、控股、参股子公司和联营、合作企业）

1.1 公司历史沿革的说明。

1.2 请填写法律尽职调查附表，并按照填写的内容提供相应的文件。

1.3 公司的企业法人营业执照（包括但不限于公司设立时领取的营业执照、历次变

更的营业执照及经过最新年检的营业执照）。

1.4 公司设立时的出资协议、股东协议（包括但不限于公司设立时的出资协议、股东协议，现行有效的出资协议、股东协议，以及历次出资协议、股东协议的修改和补充文件）。

1.5 公司股东签署的公司章程（包括但不限于公司设立时的章程、现行有效的章程，以及历次章程的修改和补充文件）。

1.6 除公司出资协议和章程外，请提供公司股东之间签订的与公司或公司的经营有关的其他合同、协议、意向书、备忘录。

1.7 公司的验资报告（包括但不限于设立时的验资报告、历次资本变更的验资报告）。

1.8 如果公司曾接受过国有资产占有单位的非现金出资，请提供该等非现金出资的资产评估报告、国有资产管理部门的立项批复、国有资产管理部门对评估结果的核准文件或备案文件（或确认文件）。

1.9 公司的国有资产产权登记证（如适用）。

1.10 公司历次工商变更登记的书面情况说明，以及所有工商登记申请文件，包括公司设立时的工商设立登记申请书（表），其后历次工商变更登记的申请书（表）以及工商局核发的审核意见书（表）。

1.11 所有与公司增资扩股、减资、股权转让、合并、分立、收购兼并、资产置换、资产剥离、对外投资等重大事件相关的协议/合同、与上述重大法律事件相关的政府批准文件或法庭判决。

1.12 如果上述第1.11项所述重大法律事件的标的涉及国有资产，请提供相应的资产评估报告、国有资产管理部门的立项批复，或国有资产管理部门对评估结果的核准文件或备案文件（或确认批复）；以及有关工商登记备案文件。

1.13 与公司股权质押相关的合同和/或批准文件、工商登记备案文件。

1.14 若公司曾购入任何其本身的股份，请提供董事会授权购入股份的决议及有关该等购入的所有协议的副本。

1.15 公司与股东签订的任何其可据以放弃或同意放弃日后股息的安排或协议。

1.16 公司现任董事会、监事会人员名单及选举/聘任决议。

1.17 公司总经理、副总经理（如有）及其他高级管理人员名单以及选举决议/委派书。

1.18 公司股东会历次决议、股东会会议记录和会议通知。

1.19 公司董事会历次决议、董事会会议记录和会议通知。

1.20 公司监事会历次决议、监事会会议记录和会议通知。

1.21 公司完整的组织结构图，包括公司各股东及公司的全资、控股、参股、联营、合作企业等和不具备法人资格的下属企业或部门（包括但不限于分公司、营业部、中心等，下同），结构图应标明控股或参股关系、持股份额、其他持股人名称及持股数量。

1.22 政府部门对公司设立的任何分公司、办事处或其他经营实体的批准文件及对上述分公司、办事处或其他经营实体变更的批准文件（如有）。

1.23 政府主管部门向公司及其全资、控股、参股子公司和联营合作企业及下属部门核发的全部涉及公司及其下属企业、下属部门生产经营的许可性文件，或特许权、特许经营等许可性文件，以及政府有关主管部门向公司及其下属企业、下属部门核发的涉及公司及其下属企业、下属部门生产经营活动的全部通知、决定、批复、复函、许可证、登记备案等文件（如有）。

1.24 请提供公司及其全资、控股、参股子公司和联营合作企业及部门的所有资质证明文件、高科技企业、国家重点扶持企业证书/批复、其他政府认定、资助或扶持项目的证书/批复或其他与公司及其下属企业、下属部门业务相关的证书及奖项（如有）。

2. 股东文件

2.1 公司各股东的现行有效并经过年检的企业法人营业执照、公司章程、最近一年度的审计报告或财务报告及最近月份的资产负债表，其从事的业务情况介绍，其现在董事会成员及高级管理人员名单。

2.2 请说明公司各股东之间是否存在关联关系（包括但不限于是否相互持有股份、一方的高级管理人员是否存在关联双方双重任职情形、是否相互存在重大债权债务关系或管理关系）。

2.3 请确认股东所持有的公司股份是否设置质押，如设置，请提供有关主合同、质押合同和质押登记文件。

2.4 请确认股东所持有的公司股份是否存在被司法冻结、权属争议等其他限制其转让的情形；如存在，请提供该等情形的详细书面说明和相关材料。

2.5 请确认公司股东所持公司股份是否存在委托持股或代持股等相关情况，如存在，请提供该等情形的详细书面说明和相关材料。

2.6 请确认公司股东是否与他人签订转让、回购或质押所持公司股份的协议，如存在，请提供该等协议。

2.7 除上述提及的协议外，请提供公司与公司各股东签订的其他任何协议。

3. 重大资产（包括公司及其全资、控股子公司的情况）

3.1 土地。

3.1.1 请填写法律尽职调查附表，该表应包括公司及附属公司所占用的全部土地的清单。

3.1.2 土地使用权证、他项权利证、租赁登记证明、抵押登记证明等。

3.1.3 有关政府机关关于土地处置方案的批复。

3.1.4 与土地使用权有关的协议和批准文件（如土地使用权出让合同、转让合同、租赁协议、抵押协议等）。

3.1.5 如为划拨地，请提供国土资源部门出具的关于国有土地使用权划拨的批文、征地费用的支付凭证（包括但不限于土地补偿费、安置补助费、青苗补偿费）。

3.1.6 土地使用权出让、租赁、转让所涉及的出让金、租金、转让费和土地使用费的支付凭证；对于出租的土地，请提供出租方有权出租的证明。

3.1.7 请说明是否存在占用集体土地的情况，如有，请提供相关的协议文件。

3.1.8 请提供与土地使用权有关的合作开发合同、联营或合作协议。

3.1.9 请书面确认所提供的土地使用证的内容与土地使用现状是否相符，如有变更土地实际用途而土地使用权证中对变更没有记录，请以列表的方式说明各宗土地的变更情况。

3.1.10 请确认上述土地上是否设定了任何抵押、担保，如有，请提供抵押协议、担保协议、抵押登记文件、主债务合同。

3.2 房屋。

3.2.1 请填写法律尽职调查清单附表，该表应包括公司拥有的全部自有房屋（不包含租赁房屋）；并请相应提供该表中所填房屋的房屋所有权证、房屋购买协议。

3.2.2 请说明上述自有房屋上是否存在抵押，如是，请提供房屋抵押协议和抵押登记证明文件。

3.2.3 请填写法律尽职调查清单附表，该表应包括公司拥有的全部租赁房屋，并提供该等租赁房屋的租赁协议、租赁登记文件等相应文件。

3.2.4 拥有或租赁的房屋的使用、出售、租赁或转让的限制、合约及承诺的详细清单及协议文本。

3.2.5 请确认提供的房屋所有权证上所列的内容与房屋现状是否相符。如有变更而未在房屋所有权证上做记录的（如房屋已拆除，或出售），请以列表的方式说明变更情况，包括房屋所有权证号、发证日期、幢号、面积、原用途、现用途、变更原因、变更时间。

3.2.6 请确认上述房屋上是否设定了任何抵押、担保，如有，请提供抵押协议、担保协议、抵押登记文件、主债务合同。

3.3 主要固定资产。

3.3.1 请提供详细的固定资产清单；

3.3.2 与在建工程的建设相关的协议，包括但不限于工程承包合同、建设合同；

3.3.3 拥有车辆的车辆登记证；

3.3.4 请确认上述固定资产上是否设定了任何抵押、担保，如有，请提供抵押协议、担保协议、抵押登记文件、主债务合同。

3.4 无形资产。

3.4.1 请填写法律尽职调查清单附表，列举并说明所拥有的、被许可使用的或正在申请的所有知识产权，包括但不限于专利、商标、服务标识、商号、品牌、著作权、专有技术、域名、商业秘密和技术工艺等，并提供全部专利权证书、商标注册证、其他知识产权证明及有关申请文件；

3.4.2 就所持有或主张的前述知识产权，请确认是否已缴纳相应的费用（如专利年费）并请提供缴费凭证；

3.4.3 所有现行有效的公司作为一方的知识产权许可使用合同、转让合同以及技术开发合同等，包括但不限于商标、服务标记、著作权、专利和/或专有技术的许可/转让/开发合同及相关登记/备案文件；

3.4.4 目前拥有的特许经营权（如有）的相关证明文件；

3.4.5 请确认上述知识产权上是否设定了任何质押、担保，如有，请提供质押协议、担保协议、质押登记文件、主债务合同；

3.4.6 有关上述知识产权的资产评估报告。

4. 生产经营和项目建设（包括公司及其全资、控股子公司的情况）

4.1 有关公司业务流程、业务管理的情况说明；

4.2 公司生产或经营的产品和服务清单；

4.3 请以书面方式详细描述公司各项产品和服务的业务流程、各项产品和服务的生产经营所对应依赖的资产，包括但不限于房屋、设备/生产线/主要检测仪器、运输、仓储、技术、商标等；

4.4 公司的业务是否变更过，如变更过，是否办理了相关经营项目的批准、变更营业执照和章程、设立新的分支机构并办理营业执照，并应书面说明具体情况；

4.5 政府主管部门向公司核发的全部生产经营许可性文件，或特许权、特许经营等许可性文件，以及政府有关主管部门向公司核发的涉及公司生产经营活动的全部通知、决定、批复、复函、许可证、登记备案等文件；

4.6 请说明公司产品需遵守的国家或行业的定价政策；

4.7 生产许可证；

4.8 公司获得的有关矿产开采的各种许可证件，包括但不限于勘查许可证和采矿许可证（如有）；

4.9 就公司持有的矿权证，请提供公司成立以来和矿权相关的所有缴费证明，包括但不限于探矿权使用费缴纳证明、采矿权使用费缴纳证明、矿产资源补偿费缴纳证明（如有）；

4.10 请确认公司及公司股东是否在境外经营，如存在，请提供以下文件：

4.10.1 在境外经营的批准文件，包括境外投资批文、外汇管理部门的批文等；

4.10.2 在境外设立的机构的登记注册文件、章程；

4.10.3 境外经营业务的详细书面情况介绍；

4.11 请根据公司已完工、在建或拟建的生产建设项目，填写附表，并相应提供政府有关主管部门对项目立项申请、可行性研究报告、环境影响评估报告的批复、建设用地规划许可证、建设工程规划许可证、土地使用权证、施工许可证、竣工验收报告、环保验收及其他须报政府机关批准或备案的文件的批复和备案证明文件。

5. 财务状况及重大债权债务（包括公司及其全资、控股子公司的情况）

5.1 最近三年资产负债表；

5.2 最近三年的年度审计报告及财务报表（包括资产负债表、损益表、利润分配和亏损弥补方案等）；

5.3 独立会计师关于公司财务管理制度、会计制度、外汇支出及其他有关重大财务问题的信函，以及公司相应的回复（如有）；

5.4 请填写法律尽职调查附表，该表中应包含公司目前正在履行的全部借款合同（包括与银行/金融机构之间的借款以及与其他各机构或个人之间的借款）以及对应的担保合同，并请提供该等借款和担保合同/协议的文本；

5.5 涉及上述第 5.4 项所列借款的借款协议、转贷协议、信用额度协议或相关非正式协议；

5.6 涉及上述第5.4项所列借款的涉及的政府批准文件，如有借用外债的情况，请提供相应的外债登记文件；

5.7 任何其他重大融资安排（包括但不限于项目融资、分期购买、融资租赁）；

5.8 请就公司以公司信誉和/或资产提供担保（包括但不限于保证担保、抵押担保和质押担保等）情况填写法律尽职调查清单附表，并提供相应的担保合同、主债务合同、担保登记文件；

5.9 对外担保审批文件、《对外担保登记书》《对外担保反馈表》及《外汇（转）贷款登记证》（如有）；

5.10 任何有关国家、省级或地方政府向公司提供的补助和/或补贴的协议、批准或其他安排的相关批复和文件。

6. 重大合同（包括公司及其全资、控股子公司）

6.1 请提供公司近三年排行前十名的业务交易对象单位清单及交易情况说明。

6.2 请提供业务合同样本、范本或标准文本。

6.3 请在法律尽职调查清单附表中列明下述尚未履行完毕或虽已履行完毕但存在争议的、所涉金额单项或同一客户数项交易累积达人民币×××万元以上合同/协议的相关情况，并提供该等合同/协议。

6.3.1 原材料供应协议；

6.3.2 产品生产协议；

6.3.3 产品销售合同、采购合同、产品分销和/或经销合同，以及限制交易的协议；

6.3.4 运输合同；

6.3.5 现行有效的与水、电、气、热等公共设施管理部门签订的公共设施服务协议（如有）；

6.3.6 重大建设/建筑合同（如有）；

6.3.7 现行有效的保险合同、保单、付款凭证和一切保险索赔清单以及有关保险撤销或拒延的信函往来；

6.3.8 收购、合并或出售公司权益、业务或资产的合同或协议（如有）；

6.3.9 战略合作协议（投资协议、收购协议、合作协议或联营协议）；

6.3.10 承包、管理、顾问协议（如有）；

6.3.11 有关进出口业务的文件，进口代理商的名称及与该等代理商签订的有关合同（如有）；

6.3.12 保密协议；

6.3.13 保险合同、保单、付款凭证；

6.3.14 技术转让、技术合作、技术研究和开发、技术服务等合同或协议（如有）；

6.3.15 现行有效的技术许可或技术进出口合同及登记/备案文件（如有）；

6.3.16 知识产权（如著作权、商标、专利、域名、非专利专有技术）实施、许可、使用、转让或其他相关协议（如有）；

6.3.17 其他对公司有重大影响的合同、协议或其他书面文件及公司认为应向本所提供的其他文件；

6.3.18 除上述协议之外的其他公司认为会对公司产生重大影响的协议。

7. 劳动人事（包括公司及其全资子公司、控股公司的情况）

7.1 最近一次统计的员工总数，并请按照下列分类列明：(1) 正式工；(2) 临时工（简要说明临时工的分类标准）；(3) 其他员工（请具体描述该类员工情况）。

7.2 工会或职工代表与公司签订的集体合同及劳动行政部门出具的审查意见（如有）。

7.3 现行有效的劳动合同（如有多种版本的，各版本提供一份已签字有效的合同格式样本）。

7.4 职工福利、奖励及其他内部管理规章制度及员工手册。

7.5 社会保险登记证。

7.6 请填写法律尽职调查清单附表，说明公司依法为全体员工投保养老保险、医疗保险、失业保险、工伤险、住房公积金的情况，并请说明是否存在欠缴保费情况。

7.7 请说明是否为员工办理其他保险，如有，请说明保险种类，提供保单和保险费支付凭证。

7.8 公司作为被告的劳动仲裁（劳动诉讼）的情况说明，并提供相关仲裁裁决（法院判决），如尚未判决的，请提供有关的仲裁申请书（起诉状）和答辩状等相关文件。

7.9 公司适用于现有员工的保密协议和竞业禁止协议（或称非竞争协议，即规定签订该协议的员工在任职期间以及离职后的一定年限内，均不得在与企业业务形成竞争的其他单位任职）、个人服务协议和顾问协议（如有）。

7.10 公司现有全体董事、总经理、副总经理、财务负责人、董事会秘书、总工程师及对公司的业务有重大影响的管理人员或顾问等的人员名单及其简历，包括：国籍、年龄、教育程度、职务、何时加入公司、任期、行业经验、兼职情况，公司与该等人员签署的聘用合同，董事/监事的报酬及各类补贴数额以及高级管理人员的工资、薪金、补贴数额、精神或物质奖励和/或股票期权激励计划，近三年刑事或行政纪律处罚情况（如有）的说明或记录及证明文件。

7.11 一切以公司的任何董事、监事、高级管理人员为受益人的贷款协议、担保协议和其他协议（不包括聘用协议）。

7.12 记录公司的董事、监事、高级管理人员与公司之间存在的任何应收或应付账款的一切文件。

7.13 公司过去已经发生、正在进行或有明显迹象表明将可能发生的罢工、停工、集体抗议或其他形式的集体劳动纠纷的书面说明。

7.14 公司工会情况的书面说明（如有），并请提供工会的社团法人登记证、工会章程或其他能够说明工会职能和权限的文件。

7.15 请确认是否存在欠缴工会经费的情况，如有，请说明欠缴金额和原因。

8. 税务（包括公司及其附属公司的情况）

8.1 国税登记证和地税登记证；

8.2 目前公司适用/执行的主要税种和税率；

8.3 请说明公司是否享有税收优惠，如有，请提供批准文件及优惠依据（包括相关法规、政策等）；

8.4 最近三年的纳税申报表及完税凭证的复印件；

8.5 公司所在地税收征管部门（税务局）出具的公司自成立以来依法纳税（所得税、增值税、流转税等税种）的证明文件；

8.6 请说明公司自设立以来是否受到过税务（包括关税）处罚，如有，请提供有关文件（如行政处罚决定书、补缴税款及罚金凭证）；

8.7 请确认是否存在逾期未缴的税款，如有，请说明欠缴原因、税种、数额及处理方式。

9. 环境保护（包括公司及其附属公司的情况）

9.1 请提供公司持有的下列所有文件（如有）：

9.1.1 排污许可证；

9.1.2 取水许可证；

9.1.3 环境保护设施合格证；

9.1.4 排污标准合格证；

9.1.5 环境监测报告；

9.1.6 排污费缴纳凭证；

9.1.7 大气污染、噪声污染、工业固体废体申报登记文件；

9.1.8 由环保部门出具的关于废物或危险物质外溢或释放的报告和通知。

9.2 适用的环保地方规章，以及具体须执行的环保标准。

9.3 自行处理污染物，包括但不限于收集、贮存、运输、处理的全部政府授权、执照、批准许可。

9.4 所有项目的防治污染设施、设备的竣工验收合格证明及其设计和被批准使用年限的文件。

9.5 历年来接受环保部门或其他环保监督管理部门监督检查的所有环保证明和相关文件。

9.6 历年来缴纳排污及其他一切与环境保护相关的费用的证明或者凭证。

9.7 对外签署的涉及环保的所有合同、意向书、承诺书与文件，包括但不限于受让、转让、出租或出借排污设施之合同及意向书，与他人签订的环保谅解协议、备忘录。

9.8 请确认最近三年是否有因违反环保法律法规或涉及环保问题而已经发生、正在发生或有明显迹象表明将可能发生诉讼、仲裁、行政调查或罚款，如有，请提供有关文件（如行政处罚通知书、判决书、裁决书）。

10. 安全生产（包括公司及其附属公司的情况）

10.1 请说明公司自设立起是否发生过任何工业事故、意外，如有，请详细描述该事故、意外的发生过程、伤亡人数、赔偿金额及有关诉讼或行政程序。

10.2 请说明公司自设立起因安全生产问题所受到的政府主管部门的处罚情况。

10.3 请描述公司工业生产安全的保障措施、标准和监管守则。

10.4 与公司业务相关的安全生产有关的法律法规、政策、条例和行政规定。

10.5 请列出公司参加的所有保单或自身保险安排，包括但不限于财产、设备、事故责任、自然灾害、第三者责任、业务中断保险、高级职员和董事责任保险、关键人员人身保险的责任，请说明投保险种、保险期限、保险范围等，并请提供相应保险合同和保险清单；如有理赔，请说明并提供相关理赔文件。

11. 产品质量（包括公司及其附属公司的情况）

11.1 公司所获得的产品/服务质量认证证明及证书（如有）；

11.2 请说明公司生产经营所遵循的强制性或自愿性的产品/服务质量标准或其他与公司生产经营有关的标准（包括国际、国内和行业标准等），并列出该等标准的清单；

11.3 请确认公司最近三年公司是否因违反产品质量和技术监督标准受过技术监督部门的行政处罚，如有，请提供有关文件。

12. 诉讼、仲裁和行政处罚程序（包括公司及其全资、控股子公司的情况）

12.1 请填写法律尽职调查清单附表，列出并说明公司成立以来所有与公司或其产品和服务以及公司经营有关的，标的在×××万元人民币以上、正在进行的、已经结案的或潜在的诉讼、仲裁和其他司法程序，及其他未结争议，以及有关公司董事、监事或高级管理人员涉及之任何诉讼（含民事和刑事）、仲裁、纠纷、调查及行政处置（包括任何与政府机构有关的诉讼、仲裁、纠纷、调查及行政处分）；

12.2 请提供公司作为一方当事人的法院和仲裁机关的判决、裁决、裁定、调解协议及其他类似协议，以及对公司判处的罚款（如有）；

12.3 持有公司5%以上（含5%）的主要股东（追溯至实际控制人）是否存在尚未了结的或可预见的重大诉讼、仲裁及行政处罚案件，如有，也请分别列入上述附表，并请提供其相关文件；

12.4 请说明由任何政府或当地机关展开的，并影响任何公司或其代理人、高级管理人员或雇员的调查或争议；

12.5 请提供有关公司涉及的未决诉讼、仲裁和其他程序的进展情况的说明；

12.6 公司违反或被控违反卫生、防火、建筑、规划、环保、安全等方面的法律法规的通知或诉讼；

12.7 公司是否受到劳动、环保、税务、工商、质量、海关等部门的行政处罚，如有，请填写法律尽职调查附表，并相应提供处罚通知书、罚款单及缴纳罚金证明或纠正违法违规行为的说明等相关文件；

12.8 公司自成立以来发生的对公司财务状况产生重大影响的诉讼或行政处罚文件；

12.9 相关律师就现行或可能的诉讼、仲裁、行政纠纷或调查提供的法律意见和备忘录。

第五章　劳动合同审查

实验项目介绍

一、实验目标

通过本实验项目，学生能够掌握审查劳动合同的基本技能。在劳动合同的审查过程中，注意审阅相关材料并及时同委托人就相关问题进行沟通，了解委托人的真实需求；熟练查阅并综合运用与劳动合同相关的法律法规、规章、司法解释等法律文件；借鉴相关劳动合同示范文本并结合具体工作任务，最终出具一份合格的法律意见书。

二、实验内容

成都市××科技有限公司拟招收一名研发工程师，吸引了众多求职者前来应聘。经数轮考核，最终聘用王×。现公司准备同王某签订劳动合同。假如你是该公司聘请的顾问律师，请你为下面的合同出具法律审查意见书。

请同时思考：假如你的身份是劳动者王×私人聘请的法律顾问，你又将如何对该份劳动合同文本进行法律审查？

三、实验流程

（1）学生进行实验分组，组建律师团队（3人左右）。

（2）教师介绍本次实验的目标、内容、方式，并提供作为本次实验审查对象的劳动合同书文本。

（3）教师对劳动合同审查基本知识进行介绍，重点是劳动合同审查的注意事项。可展示一些真实的法律意见书作为讲解范例。

（4）学生以律师团队为单位进行讨论，指出该劳动合同存在的问题，同时撰写一个劳动合同审查法律意见书。

（5）学生以法律意见书为基础，口头简要陈述审查意见，在此过程中，教师扮演委托人角色，可随时向学生提问。

四、考核标准

每一个实验项目的考核成绩包括三个组成部分：①考勤；②现场表现，包括团队表现和个人表现，主要考查语言表述能力、要点归纳能力、法律分析能力、团队配合能力等；③法律文书制作质量。

【实验素材】

成都市××科技有限公司
劳动合同书

甲方（用人单位）名称：
法定代表人（主要负责人）： 办公电话：
单位地址：

乙方（劳动者）姓名：王× 手机：
住址：

根据《中华人民共和国劳动法》《中华人民共和国劳动合同法》和现行劳动法律法规及政策规定，为明确双方当事人权利和义务，经甲乙双方平等自愿，协商一致，订立本劳动合同，共同遵守执行。

一、劳动合同期限

甲乙双方选择以下第__1__种形式确定劳动合同期限：

1. 有固定期限的劳动合同：自 2020 年 4 月 1 日起，2025 年 3 月 31 日止。
2. 无固定期限的劳动合同：自____年__月__日起。
3. 已完成一定工作任务为期限的劳动合同：自____年__月__日起，完成_____工作任务止。

其中，试用期为 6 个 月（日）。自 2020 年 4 月 1 日起，2020 年 9 月 30 日止。

二、工作内容及工作地点

1. 甲乙双方协商一致约定乙方从事__研发工程师__工种（岗位）工作。经甲乙双方协商同意，可以变更工作岗位，双方签署的变更协议或者通知书作为本合同的附件。

本工种（岗位）在工作过程中可能产生的职业病危害及其后果_____。

2. 乙方在生产（工作）中要按照工种（岗位）规定的数量和质量指标完成生产（工作）任务。

3. 工作地点：__四川省成都市__。乙方同意，如甲方因工作需要，可对乙方工作地点进行调整。

三、工作时间和休息休假

乙方实行__定时__（标准工时、综合计算、不定时）工作制。

实行定时工作制的，乙方每日工作时间不超过八小时，平均每周不超过四十小时。甲方保证乙方每周至少休息一日，甲方由于工作需要，经与工会和乙方协商后可以延长工作时间，一般每日不得超过一小时，因特殊原因需要延长工作时间的，在保障乙方身体健康的条件下延长工作时间每日不得超过三小时，每月不得超过三十六小时。

实行综合计算工时工作制的，应为经劳动保障行政部门批准的工种（或岗位），综合计算的周期为_____，平均日和平均周工作时间不超过法定标准工作时间。甲方应合理安排职工的工作和休息、休假时间，确保乙方的休息休假权利。

四、劳动报酬

甲方要按照有关规定建立工资集体协商制度，与甲方工会或者职工代表，就甲方工资分配制度、工资分配形式、工资收入水平等事项进行平等协商，在协商一致的基础上，经甲方职工代表大会或者职工大会审议通过后，签订工资集体协议。

（一）甲乙双方经平等协商，确定乙方正常工作时间工资执行以下第 1 种方式：

1. 甲乙双方实行__月__工资制。乙方月工资为__20000__元（人民币）。试用期的工资为__8000__元/月。

2. 甲乙双方实行计件工资制，计件单价为_____元。

3. 甲乙双方约定工资按下列方式执行_____。

甲方提供食宿条件或者等同于提供食宿条件的，不得折算为乙方工资。

劳动合同中约定的工资标准可以根据乙方所在岗位的变化进行调整和变更，但不得低于工资集体协议中确定的工资标准。

（二）劳动报酬支付时间及要求

1. 甲方要及时足额向乙方支付劳动报酬。实行月工资制的，甲方必须于每月____日前以货币形式足额支付乙方的工资报酬，不得克扣或者无故拖欠乙方的工资。实行日小时工资制的双方约定工资支付时间为_____。工资支付日期遇到法定节假日或者休息日的，甲方应当在节假日或者休息日结束后第一个工作日支付。

2. 甲方要严格执行劳动定额标准，不得强迫或者变相强迫乙方加班。甲方安排加班的，应当按照国家有关规定向乙方支付加班工资。

3. 乙方在享受法定年休假、探亲假、婚假、丧假等休假和产假、哺乳假等假期期间及依法参加社会活动期间，其工资支付按照国家和省有关规定执行。

（三）甲方有权根据企业的经营状况和依法制定的工资分配办法调整乙方工资，乙方在三十日内未提出异议的视为同意。

五、社会保险

1. 甲方按照规定及时足额为乙方缴纳各项社会保险费，乙方应承担的个人缴费部分由甲方从乙方工资中代为扣缴。

2. 乙方享受的各项社会保险待遇按现行有关规定执行。

六、劳动保护、劳动条件、职业危害防护

1. 甲方必须建立、健全劳动安全卫生制度，严格执行国家劳动安全卫生规程和标准，对乙方进行劳动安全卫生教育，防止劳动过程中的事故，减少职业危害。

2. 甲方必须为乙方提供符合国家规定的劳动安全卫生条件和必要的劳动防护用品，

如乙方从事有职业危害的作业，甲方应负责定期对其进行健康检查，并为其采取相应的职业病防护措施以及提供的待遇为_____。

3. 甲方安排乙方从事特种作业的，必须对乙方进行专业培训，并在取得特种作业资格证书后上岗。

4. 乙方系女职工或未成年工的，甲方应按国家规定对其进行特殊劳动保护。

5. 乙方在劳动过程中必须严格遵守安全操作规程。在生产过程中对甲方管理人员违章指挥，强令冒险作业或者危及乙方人身安全的，乙方有权拒绝执行。

七、保守商业秘密

1. 乙方必须保守甲方的商业秘密。

2. 因乙方属于本用人单位的高级管理人员，解除或终止劳动合同后，在竞业限制期间甲方按月给予乙方经济补偿金__3000__元，乙方__三__年内不得在__四川省__到生产同类产品或经营同类业务且有竞争关系的其他用人单位任职，也不得自己生产与原单位有竞争关系的同类产品或经营同类业务。乙方如有违反，则必须向甲方支付违约金人民币__50__万元。

3. 乙方如违反约定披露、使用或允许他人使用甲方的商业秘密并造成甲方损失的，应当按照《中华人民共和国反不正当竞争法》的规定承担损害赔偿责任。情节严重的，应依法追究刑事责任。

八、培训服务期

甲方为乙方提供专项培训费用（不包括以师带徒），对其进行专业技术培训，可以与乙方订立协议，双方权利义务可通过签订培训服务合同另行确定。

九、劳动合同的变更、解除和终止

1. 经甲乙双方协商一致，劳动合同的内容可以变更，变更劳动合同应当以书面形式。

2. 劳动合同的解除。

（1）经劳动合同双方协商一致，劳动合同可以解除。

（2）甲方按照《中华人民共和国劳动合同法》第三十九条、第四十条、第四十一条规定与劳动者解除劳动合同。

（3）乙方有下列情形之一的，甲方不得依据《中华人民共和国劳动合同法》第四十条、第四十一条的规定解除合同。

①乙方为从事接触职业病危害作业且未进行离岗前职业健康检查，或者疑似职业病病人在诊断或者医学观察期间的；

②在本单位患职业病或者因工负伤并被确认丧失或者部分丧失劳动能力的；

③患病或者非因工负伤，在规定的医疗期内的；

④女职工在孕期、产期、哺乳期的；

⑤在本单位连续工作满十五年，且距法定退休年龄不足五年的；

⑥法律、行政法规规定的其他情形。

（4）乙方提前三十日以书面形式通知甲方，可以解除劳动合同。乙方在试用期内提前三日通知甲方，可以解除劳动合同。

（5）乙方可以按照《中华人民共和国劳动合同法》第三十八条的规定解除劳动合同。

3. 劳动合同的终止。

若有《中华人民共和国劳动合同法》第四十四条规定情形之一的，劳动合同终止。

4. 其他。

（1）甲方应当在解除或者终止劳动合同时出具解除或者终止劳动合同的证明，并在十五日内为乙方办理档案和社会保险关系转移手续。

（2）甲乙双方应当办理工作交接。甲方依照《中华人民共和国劳动合同法》有关规定应当向乙方支付经济补偿的，在办结工作交接时支付。

十、经济补偿

甲方违反和解除劳动合同的，应按照《中华人民共和国劳动合同法》及有关法律法规规定向乙方支付经济补偿金。

十一、劳动争议处理

因履行本合同发生争议，可先协商解决；协商不成的，当事人应当自争议发生之日起六个月内向有管辖权的劳动争议仲裁委员会申请仲裁。对仲裁裁决不服的，可以自收到仲裁裁决书之日起15日内向人民法院提起诉讼。

十二、其他事宜

1. 本合同未尽事宜或与现行国家劳动法律法规和有关政策相抵触的，按现行国家劳动法律法规和有关政策规定执行。

2. 本合同一式两份，甲乙双方各执一份，应交乙方的一份不得由甲方代为保管。

3. 本合同自双方签署之日起生效。

十三、甲乙双方依法约定的其他内容

甲方同意为乙方在成都市三环路以内提供一套不低于80平方米的商品房无偿使用，如乙方在甲方服务期限满五年，该商品房归乙方所有；如乙方服务期限不满五年，乙方除应按照同期租金标准向甲方返还商品房使用费外，还应向甲方支付违约金人民币伍万元。

甲方：（公章）   乙方：

法定代表人：

或授权代表：

签订日期：   年   月   日   签订日期：   年   月   日

劳动合同审查基本知识

劳动合同，是指劳动者与用人单位确立劳动关系、明确双方权利义务关系的协议。劳动合同本质上属于民事合同的一种，对其进行审查自然要遵循审查普通民事合同的一般规则，但是由于我国在劳动和社会保障领域出台了许多专门性的立法，因此，劳动合同审查要特别注意这些专门立法。

【劳动合同审查涉及的主要法律文件】

说明：在劳动合同审查过程中可能用到的法律文件很多，除此处已经列明的部分外，还有大量的法律文件。这里仅列举常规劳动合同审查中最常用到的部分。在法律实践中，需要针对具体的劳动合同，结合本地劳动合同的相关立法和规定进行劳动合同审查。

(1) 法律：
《中华人民共和国民法典》（2021年1月1日起施行）
《中华人民共和国未成年人保护法》（2024年4月26日修改）
《中华人民共和国劳动法》（2018年12月29日第二次修正）
《中华人民共和国社会保险法》（2018年12月29日修改）
《中华人民共和国劳动合同法》（2012年12月28日修改）
《中华人民共和国劳动争议调解仲裁法》（2008年5月1日起施行）
《中华人民共和国就业促进法》（2008年1月1日起施行）
《中华人民共和国工会法》（2021年12月24日第三次修改）

(2) 行政法规：
《保障农民工工资支付条例》（2020年5月1日起施行）
《劳动合同法实施条例》（2008年9月18日起施行）
《工伤保险条例》（2010年12月20日修改）
《职工带薪年休假条例》（2008年1月1日起施行）
《禁止使用童工规定》（2002年12月1日起施行）
《失业保险条例》（1999年1月22日起施行）

(3) 部门规章：
《香港澳门台湾居民在内地（大陆）参加社会保险暂行办法》（2020年1月1日起施行）
《外国人在中国就业管理规定》（2017年3月13日第二次修订）
《劳务派遣暂行规定》（2014年3月1日起施行）
《在中国境内就业的外国人参加社会保险暂行办法》（2011年10月15日起施行）
《实施〈中华人民共和国社会保险法〉若干规定》（2011年7月1日起施行）

《企业职工带薪年休假实施办法》（2008年9月18日公布并施行）

《未成年工特殊保护规定》（1995年1月1日起施行）

（4）司法解释：

《最高人民法院关于审理劳动争议案件适用法律问题的解释（一）》（2021年1月1日起施行）

【劳动合同审查要点】

关于审查劳动合同时应当遵循哪些基本原则，目前并无统一规定。在此，可借鉴广州市律师协会劳动与社会保障法律专业委员会的经验，根据该委员会2023年9月发布的劳动合同审查法律服务操作指引，律师为委托人审查劳动合同时建议遵循以下基本原则：①合法性原则。律师需审查劳动合同主体、内容和形式的合法性，即劳动合同的当事人必须具备与订立合同相应的民事权利能力和民事行为能力，劳动合同约定的内容不违反法律法规的强制性规定，劳动合同订立的形式符合法律法规的要求等。②完备性原则。律师需按照劳动合同的性质，核实劳动合同的必备条款有无遗漏，以及合同条款内容是否具体、明确等，避免因遗漏了必备条款或合同条款过于简单给后续履行带来困难。③规范性原则。律师需审查劳动合同的字词句是否存在上下文表述不一致、前后意思矛盾，以及是否使用了产生歧义的字词句。④公平原则。律师需审查劳动合同当事人是否遵循公平原则、平衡双方的权利义务，避免出现显失公平等情形[①]。

一、审查劳动合同的主体资格

主体资格的不合法，不仅可能导致劳动合同无效，相关主体还可能承担相应的法律责任。

（一）关于劳动者的主体资格

1. 劳动者年龄

根据《中华人民共和国劳动法》第十五条的规定："禁止用人单位招用未满十六周岁的未成年人。文艺、体育和特种工艺单位招用未满十六周岁的未成年人，必须依照国家有关规定，履行审批手续，并保障其接受义务教育的权利。"此外，《中华人民共和国未成年人保护法》第六十一条第一款和《禁止使用童工规定》第二条均有类似的规定。

需要特别注意的是，《中华人民共和国未成年人保护法》第六十一条第二款规定："营业性娱乐场所、酒吧、互联网上网服务营业场所等不适宜未成年人活动的场所不得招用已满十六周岁的未成年人。"

在审查时要注意以下内容：

[①] 广州市律师协会劳动与社会保障法律专业委员会：《广州市律师协会律师办理劳动合同审查法律服务操作指引》，第七条。

劳动者是否年满十六周岁？对于《中华人民共和国劳动法》允许的文艺、体育和特种工艺单位招用未满十六周岁的未成年人的情形（例如专业文艺工作者、运动员、艺徒），则应注意审查：①是否经未成年人的父母或者其他监护人同意；②是否依法报人力资源和社会保障部门审批。

2. 关于台湾、香港、澳门居民在内地就业

劳动和社会保障部2005年曾颁布《台湾香港澳门居民在内地就业管理规定》（劳动和社会保障部令第26号），对台湾居民、香港和澳门居民中的中国公民（简称台、港、澳人员）在内地就业实行就业许可制度。

2018年8月23日，根据《国务院关于取消一批行政许可等事项的决定》（国发〔2018〕28号）中取消台港澳人员在内地就业许可的精神，为进一步便利香港、澳门、台湾居民在内地（大陆）工作生活，促进交往交流，人力资源和社会保障部发布《人力资源社会保障部关于废止〈台湾香港澳门居民在内地就业管理规定〉的决定》（人力资源和社会保障部令第37号），对《台湾香港澳门居民在内地就业管理规定》（劳动和社会保障部令第26号）予以废止。

3. 外国人在中国就业

根据2017年3月13日修订的《外国人在中国就业管理规定》，用人单位聘用外国人须为该外国人申请就业许可，经获准并取得《中华人民共和国外国人就业许可证书》（以下简称许可证书）后方可聘用。

特别提醒：《中华人民共和国出境入境管理法》第四十三条规定，外国人有下列行为之一的，属于非法就业：①未按照规定取得工作许可和工作类居留证件在中国境内工作的；②超出工作许可限定范围在中国境内工作的；③外国留学生违反勤工助学管理规定，超出规定的岗位范围或者时限在中国境内工作的。非法聘用外国人的用人企业，可能面临的最高罚款额由人民币五万元提高至人民币十万元。并且，该法第八十条还针对外国人非法就业、介绍外国人非法就业、非法聘用外国人等行为规定了严格的法律责任。

《外国人在中国就业管理规定》第六条规定，用人单位聘用外国人从事的岗位应是有特殊需要，国内暂缺适当人选，且不违反国家有关规定的岗位。用人单位不得聘用外国人从事营业性文艺演出，但符合该规定第九条第三项规定的人员除外。

《外国人在中国就业管理规定》第七条规定，外国人在中国就业须具备下列条件：①年满18周岁，身体健康；②具有从事其工作所必需的专业技能和相应的工作经历；③无犯罪记录；④有确定的聘用单位；⑤持有有效护照或能代替护照的其他国际旅行证件（以下简称代替护照的证件）。

《外国人在中国就业管理规定》第八条规定，在中国就业的外国人应持Z字签证入境（有互免签证协议的，按协议办理），入境后取得《外国人就业证》（以下简称就业证）和外国人居留证件，方可在中国境内就业。

未取得居留证件的外国人（即持F、L、C、G字签证者），在中国留学、实习的外国人及持Z字签证外国人的随行家属不得在中国就业。特殊情况，应由用人单位按该

规定规定的审批程序申领许可证书，被聘用的外国人凭许可证书到公安机关改变身份，办理就业证、居留证后方可就业。

外国驻中国使、领馆和联合国系统，其他国际组织驻中国代表机构人员的配偶在中国就业，应按《中华人民共和国外交部关于外国驻中国使领馆和联合国系统组织驻中国代表机构人员的配偶在中国任职的规定》执行，并按第八条第二款规定的审批程序办理有关手续。

《外国人在中国就业管理规定》第九条规定，凡符合下列条件之一的外国人可免办就业许可和就业证：①由我国政府直接出资聘请的外籍专业技术和管理人员，或由国家机关和事业单位出资聘请，具有本国或国际权威技术管理部门或行业协会确认的高级技术职称或特殊技能资格证书的外籍专业技术和管理人员，并持有外国专家局签发的《外国专家证》的外国人；②持有《外国人在中华人民共和国从事海上石油作业工作准证》从事海上石油作业、不需登陆、有特殊技能的外籍劳务人员；③经文化部批准持《临时营业演出许可证》进行营业性文艺演出的外国人。

《外国人在中国就业管理规定》第十条规定，凡符合下列条件之一的外国人可免办许可证书，入境后凭Z字签证及有关证明直接办理就业证：①按照我国与外国政府间、国际组织间协议、协定，执行中外合作交流项目受聘来中国工作的外国人；②外国企业常驻中国代表机构中的首席代表、代表。

《外国人在中国就业管理规定》第二十三条第二款和第三款规定，外国人在发证机关规定的区域内变更用人单位但仍从事原职业的，须经原发证机关批准，并办理就业证变更手续。外国人离开发证机关规定的区域就业或在原规定的区域内变更用人单位且从事不同职业的，须重新办理就业许可手续。此外，禁止个体经济组织和公民个人聘用外国人。

4. 女职工

若劳动者是女职工，应当核实劳动合同中是否具备女职工特殊保护条款，并不得规定限制女职工结婚、生育等内容。

此外，全日制在校学生、已经依法享受养老保险待遇或领取退休金的人员、在农村专业从事农业的人员等原则上不能作为劳动合同的适格主体。

（二）关于用人单位的主体资格

根据《中华人民共和国劳动合同法》第二条和《中华人民共和国劳动合同法实施条例》第三条，我国现行立法规定的用人单位包括以下类型：①企业、个体经济组织、民办非企业单位等组织（含依法成立的会计师事务所、律师事务所等合伙组织和基金会）；②国家机关、事业单位、社会团体（仅针对与其建立劳动关系的劳动者）。在实践中，企业是用人单位的主流，这里仅针对企业的情况进行介绍。

此外，用人单位设立的分支机构，依法取得营业执照或者登记证书的，可以作为用人单位与劳动者订立劳动合同；未依法取得营业执照或者登记证书的，受用人单位委托可以与劳动者订立劳动合同。

在审查时要注意以下内容：

- 是否在市场监督管理部门依法完成市场主体设立登记并取得营业执照，营业执照是否被吊销等。
- 外国人在中国就业的，还要审查用人单位是否与其就业证所注明的单位相一致。

二、审查用工形式

劳动合同用工存在全日制用工和非全日制用工的区别。《中华人民共和国劳动合同法》规定，非全日制用工是指以小时计酬为主，劳动者在同一用人单位一般平均每日工作时间不超过四小时，每周工作时间累计不超过二十四小时的用工形式。

劳动合同法对非全日制用工的规定具有很多特殊之处。非全日制用工可以不签订书面劳动合同，但是如果签订书面劳动合同，则要特别留意这些特别规定。

在审查时要注意以下内容：

- 关于兼职。法律允许从事非全日制用工的劳动者与一个或者一个以上用人单位订立劳动合同，但是要求后订立的劳动合同不得影响先订立的劳动合同的履行。如果用人单位对此有特别的要求，应当在劳动合同中明确约定。
- 关于试用期。非全日制用工双方当事人不得约定试用期。
- 关于劳动报酬。非全日制用工小时计酬标准不得低于用人单位所在地人民政府规定的最低小时工资标准。非全日制用工劳动报酬结算支付周期最长不得超过十五日。
- 关于终止用工与经济补偿。非全日制用工双方当事人任何一方都可以随时通知对方终止用工。终止用工，用人单位不向劳动者支付经济补偿。

三、审查劳动合同的必备条款

《中华人民共和国劳动合同法》第十七条规定，劳动合同应当具备以下条款：①用人单位的名称、住所和法定代表人或者主要负责人；②劳动者的姓名、住址和居民身份证或者其他有效身份证件号码；③劳动合同期限；④工作内容和工作地点；⑤工作时间和休息休假；⑥劳动报酬；⑦社会保险；⑧劳动保护、劳动条件和职业危害防护；⑨法律法规规定应当纳入劳动合同的其他事项。

在审查时要注意以下内容。

（一）关于合同期限

现行立法规定了三种劳动合同形式：①固定期限劳动合同；②无固定期限劳动合同；③以完成一定工作为期限的劳动合同。要看劳动合同期限的规定是否符合劳动合同法的规定，同时关于试用期与合同期是否存在冲突。在审查时，应当了解企业的真实意图是和劳动者签订哪一种劳动合同。

此外，根据《外国人在中国就业管理规定》第十七条、第十八条和第十九条的相关规定，用人单位与被聘用的外国人订立劳动合同的期限最长不得超过五年。被聘用的外国人与用人单位签订的劳动合同期满时，其就业证即行失效；如需续订，该用人单位应在原合同期满前 30 日内，向劳动行政部门提出延长聘用时间的申请，经批准后办理就业证延期手续；当外国人被批准延长在中国就业期限并依法向当地公安机关办理居留证件延期审批手续后可以续订劳动合同。

（二）关于工作内容和工作地点

工作内容主要是指劳动者在用人单位的工作岗位，工作地点是指劳动者履行劳动义务的地点。通常而言劳动合同可以约定用人单位可根据生产经营需要、业务经营需要，又或者劳动者的身体状况、工作能力、工作表现调整劳动者的工作内容或岗位。审查时应当注意劳动合同中的约定是否具体、明确，避免出现约定过于宽泛或晦涩难懂。

就工作内容而言，实践中将劳动合同的工作内容约定为"出纳""司机""销售""专任教师"等均属正常的工作内容描述，但如果将工作内容约定为"操作工、技术、行政、后勤"或者"从事相关工作"则显然属于不合适的工作内容描述，因为前者约定的工作内容覆盖了单位的多个岗位，后者则完全无法识别出劳动者的具体工作内容，不符合工作内容约定应当具体明确的要求。同时，建议工作内容条款应详细描述劳动者的岗位名称、具体职责、工作范围、工作目标等信息，避免仅约定岗位名称。

就工作地点而言，实践中将劳动合同的工作地点约定到具体的市、区、县，如"上海市""成都市锦江区""绵阳市三台县"。具体如何约定，用人单位应当结合劳动者的职位特点和用人单位业务的实际需要进行约定。现实中有些单位考虑到有些职位需要经常出差或在不同地点工作，为避免麻烦，倾向于在将工作地点约定得较为宽泛或者完全不明确，如在合同中将工作地点约定为"全国范围""长三角区域"或"服从公司安排"。其实此种约定看似对用人单位有利，但是一旦发生争议，除非属于工作地点无法固定的特殊岗位（如担任总经理等高级管理人员或从事全国范围的销售、长途运输、野外作业的人员），是很难得到劳动争议仲裁机构和法院认可的。曾经有一个真实的案例：某管理公司与劳动者姚某在劳动合同中约定的工作地点为"服从公司安排"（实际的工作地点在长沙），并且姚某的工作岗位是专柜导购，后来公司决定姚某从长沙专柜导购岗位调往上海专柜导购岗位，姚某不愿意而被公司辞退，进而引发劳动争议。法院在审判时就认为该工作地点约定系无效约定，而将劳动合同实际履行地长沙认定为姚某的工作地点，进而判决公司败诉[①]。此外，劳动合同还可以约定，经双方协商一致，在什么情况下可以依法变更工作岗位和工作地点。

（三）劳动报酬

在约定工资数额时应当尽量争取把数额写清楚，以免在仲裁、诉讼时无法举证。实践中经常出现的诸如年终奖金、出差补助、交通报销之类并非法律强制规定发放的，因此双方应当要求尽可能在劳动合同做出明确约定，以免产生纠纷。

用人单位发放工资的方式和时间需要进行审核。根据法律规定，用人单位不得克扣或者无故拖欠员工的工资，用人单位可以做出约定，在什么情况下是合理的暂时的拖欠

---

① 详见上海市闵行区人民法院（2019）沪 0112 民初 24465 号民事判决书。

工资，但前提是需要书面通知员工并告知员工理由以及具体什么时间支付，在劳动报酬问题上需要慎重审查用人单位是否会延迟支付，或以其他方式支付报酬（例如以公司不能销售出去的产品充抵工资）。

非因劳动者一方造成用人单位停工、停产、歇业，未超过一个月的，用人单位应按劳动合同约定的标准支付基本工资；超过一个月，未安排劳动者工作的，用人单位应按不低于当地失业保险标准支付劳动者停工生活费。

（四）工作时间和休息休假

审查劳动合同时，需要注意用人单位的用工时间是否会超出法律规定的范围，同时在什么样的行业和什么样的具体情况下可以延长工作时间，延长工作时间的后果是支付加班工资还是补休。加班工资的相关内容，以及带薪年休假的规定。

尽可能在合同中明确约定加班加点工资基数；同时订立加班管理制度，甄别不属于加班的行为，防范效能低下员工索取加班费的情况。制定加班制度时应当明确：①什么情况下属于加班行为，什么情况下不属于加班行为；②加班需办理什么手续（加班申请、审核加班原因、加班工作记录、记录复核等的程序）；③加班工资的核算方法，核算依据和支付时间；④加班工资与浮动薪酬如何界定等。

婚假、丧假、探亲假等期间的工资也可以在劳动合同中明确约定计算标准。也可按本单位相关制定执行。

（五）劳动保护、劳动条件和职业危害防护

主要审查劳动合同中的相关内容是否符合法律规定。

（六）劳动纪律

这一部分主要属于用人单位的规章制度。用人单位应当与员工明确约定劳动者应当遵循哪些规章制度，如何认定违反规章制度的程度等问题（例如劳动者迟到、早退、旷工多少次即构成严重违反单位规章制度）。只有这样，当员工不遵守用人单位的规章制度时，其行为的类型或严重程度均有据可依。

（七）社会保险

劳动关系自用工之日起建立，用人单位应当依法为劳动者办理社会保险。合同中不得对为劳动者办理社会保险设置条件（如"试用期满办理社会保险"）。但是非全日制用工，用人单位可以不为劳动者办理社会保险。

此外，根据法律规定，劳动者本人不缴纳工伤保险费和生育保险费。

四、审查劳动合同的约定条款

劳动合同除前款规定的必备条款外，用人单位与劳动者可以约定试用期、培训、保守秘密、补充保险和福利待遇等其他事项。

在审查时要注意以下内容。

(一) 试用期

试用期并非必须约定，但是一旦约定则应符合《中华人民共和国劳动合同法》的规定。

关于试用期的期限。劳动合同期限三个月以上不满一年的，试用期不得超过一个月；劳动合同期限一年以上不满三年的，试用期不得超过二个月；三年以上固定期限和无固定期限的劳动合同，试用期不得超过六个月。

关于试用期的次数。同一用人单位与同一劳动者只能约定一次试用期。

以下三种情况不得约定试用期：①以完成一定工作任务为期限的劳动合同；②劳动合同期限不满三个月的；③非全日制用工。

关于试用期与劳动合同期限的关系。试用期包含在劳动合同期限内。劳动合同仅约定试用期的，试用期不成立，该期限为劳动合同期限。

关于试用期的待遇。劳动者在试用期的工资不得低于本单位相同岗位最低档工资或者劳动合同约定工资的百分之八十，并不得低于用人单位所在地的最低工资标准。

(二) 培训条款

近年来，因劳动者违反服务期约定跳槽而被用人单位索赔培训费的纠纷日益增多。由于用人单位持有的培训协议或劳动合同中的培训条款明确约定了服务期以及相应的违约金，因此劳动者在劳动争议仲裁或者诉讼中被判令承担违约金往往在所难免。

《中华人民共和国劳动合同法》第二十二条规定，用人单位为劳动者提供专项培训费用，对其进行专业技术培训的，可以与该劳动者订立协议，约定服务期和劳动者违反服务期应承担的违约金。但是法律同时对违约金规定了两点限制：①违约金的数额不得超过用人单位提供的培训费用；②劳动者支付的违约金不得超过服务期尚未履行部分所应分摊的培训费用。

审查培训条款最重要的是看培训内容、服务期、培训费金额和赔偿计算方式等内容。

常见约定条款如下：

(1) 甲方为乙方提供专项培训费用，对其进行专业技术培训的，可以与乙方订立协议，约定服务期。乙方为甲方的服务期自＿＿＿年＿月＿日至＿＿＿年＿月＿日。乙方违反服务期约定的（也即因个人单方面解除与甲方的劳动合同的，如严重违反公司规章制度的情况），乙方应按照约定向甲方支付违约金。违约金的支付数额及比例：依据甲方为乙方支付的培训费用（包括但不限于学费、资料费、差旅费等）总额按双方签订的服务期限分摊到各期间，具体约定分摊期限及约定分摊比例按培训协议执行。

(2) 甲方根据工作需要对乙方进行培训，乙方在甲方工作期间所接受的培训、进修，如费用由甲方支付的，各种证明和资质证书原件由甲方保存；如费用由乙方支付的，各种证明和资质证书原件由乙方保存，甲方留存复印件。

(三) 保密与竞业限制条款(协议)

保密条款适用于所有的劳动者,但是竞业限制限于用人单位的高级管理人员、高级技术人员和其他负有保密义务的人员。竞业限制条款(协议)应当约定用人单位在竞业限制期限内按月给予劳动者经济补偿。竞业限制的范围、地域、期限由用人单位与劳动者约定,但是期限按照规定最长不得超过两年。

常见商业保密及竞业相关条款约定如下:

(1) 若乙方为甲方的高级管理人员,高级技术人员和其他负有保密义务的人员,甲方可以与乙方签订保密协议。

(2) 乙方应保守企业的商业秘密,本合同的商业秘密是指《反不正当竞争法》第十条规定的商业秘密,包括但不限于:①技术秘密,包括但不限于技术方案、工程方案、工程设计、图纸、模型、操作手册、技术文档、计算机软件、研究开发记录、相关的函电、安全保卫防范资料等;②经营秘密,包括但不限于客户名单、行销计划、方案、经济合同、经营合同、经营管理方针、政策,财务资料,未经甲方披露的经营管理信息、资料等。

(3) 乙方违反本合同约定的保密事项或双方签订的保密协议的,对甲方造成经济损失的,应当依法承担赔偿责任,并按《中华人民共和国反不正当竞争法》第二十一条的规定支付甲方赔偿费用;情节严重触犯法律的,应当依法追究刑事责任。

(4) 解除或终止合同后,乙方不得带走甲方的技术情报资料(包括各类知识产权、商业秘密文件),如因此泄密或转给第三方使用,乙方应赔偿甲方的经济损失,甲方保留起诉及追偿的权利。

(5) 关于按月支付竞业限制补偿的标准。《中华人民共和国劳动合同法》没有明确规定竞业限制经济补偿标准,实践中一般由用人单位和劳动者通过协商约定。由于《最高人民法院关于审理劳动争议案件适用法律问题的解释(一)》第三十六条对此做出了规定,根据该司法解释的规定,在审查双方约定的竞业限制补偿数额时应当注意:①该约定的经济补偿数额,是否不低于司法解释规定的标准,即不低于劳动者在劳动合同解除或者终止前十二个月平均工资的30%。②如前述月平均工资的30%低于劳动合同履行地最低工资标准的,按照劳动合同履行地最低工资标准支付。

(四) 离职工作交接条款

常见约定条款如下:

(1) 甲乙双方无论何种原因终止劳动合同,乙方需按公司离职相关规定办理好交接手续。

(2) 如乙方擅自离职或未按约定提前三十日以书面形式通知甲方的,或未按时办理离职交接手续或工作交接不完全的,给甲方造成影响或损失的应承担赔偿责任,甲方将扣除当月应向乙方的相当于一个月的全额收入作为赔偿,如应支付乙方的金额不足,则甲方保留随时追偿的权利。

(五) 规章制度告知或公示条款

《中华人民共和国劳动合同法》第四条规定,用人单位在制定、修改或者决定有关劳动报酬、工作时间、休息休假、劳动安全卫生、保险福利、职工培训、劳动纪律以及劳动定额管理等直接涉及劳动者切身利益的规章制度或者重大事项时,应当经职工代表大会或者全体职工讨论,提出方案和意见,与工会或者职工代表平等协商确定。用人单位应当将直接涉及劳动者切身利益的规章制度和重大事项决定公示,或者告知劳动者。其中一个重要问题是要求单位将规章制度和决定公示或者告知劳动者,为避免纠纷,可以在合同中对此作出约定。

常见约定条款如下:

(1) 乙方应在本合同签订后主动熟悉并理解甲方依法制定的规章制度,如有异议应在三十个日历天内以书面方式提出,否则视为认可。

(2) 甲方依法建立和完善各项规章制度并适时对各项规章制度进行调整,调整后并向乙方公示,乙方有义务主动了解并严格遵守,如有异议应在公示后三十个日历天内以书面方式提出,否则视为认可。

(3) 乙方违反甲方依法制定的规章制度,甲方可给予乙方相应的行政处罚、经济扣款,直至解除该劳动合同。

(4) 乙方违反甲方的规章制度给甲方或第三方造成经济损失,由乙方承担赔偿责任。

(5) 乙方郑重声明与承诺:上述合同条款我已认真阅读,有关合同条款中提及的规章制度我已全部知悉并同意遵守,如有不同意见,我将与甲方以书面形式签署补充协议。

(六) 解除或终止劳动合同书面通知的送达条款

常见约定条款如下:

(1) 乙方确认并承诺:本人在合同中书写的家庭地址(住所地)系真实有效的,甲方任何书面通知均能够送达该地址。如乙方因故搬迁或要求变更送达住所地,应于变更之日30日内书面通知甲方。否则,甲方邮寄送达该住所地的所有文书均视为有效送达。

(2) 若因乙方通信地址变更,乙方又未在规定时间内通知甲方而造成任何责任及后果,均由乙方承担。

（七）工作岗位和薪酬调整条款

因劳动者不能胜任工作被调整工作岗位的，工资会按照新的岗位做出适当调整，为避免争议，可以在劳动合同中对此进行约定。

常见约定条款如下：

根据甲方的经营管理和工作需要或因乙方的能力和表现，经甲乙双方协商一致，可以变更乙方的工作岗位或工作地点，并按甲方规定实行变岗变薪的原则，则本合同继续有效；如乙方认为不适应或不胜任甲方调后的工作岗位，可以申请另行调整或提出解除劳动合同。

（八）劳动者信息真实性相关条款

常见约定条款如下：

（1）乙方在签定本合同时，确认本人情况真实，如隐瞒事实真相或未与原用人单位解除劳动合同，给第三人或原用人单位造成经济损失的，由乙方自行承担赔偿责任，甲方不承担赔偿责任。

（2）劳动者声明：本人保证提供的学历证明、资格证明、工作经历等资料真实，如有虚假，公司可立即解除劳动合同，并不予经济补偿。

（九）兼职条款

常见约定条款如下：

（1）乙方在职期间不得以任何理由和借口有兼职行为或供职于其他公司。

（2）如公司发现乙方有兼职行为，公司可立即与乙方解除本劳动合同并不予经济补偿。

（3）乙方在职期间不得利用甲方设备、技术、资金、材料及业务关系从事第二职业，损害甲方利益。一经发现，乙方需负赔偿责任，同时甲方可与乙方解除本劳动合同并不予经济补偿。

（十）续约条款

明确约定合同到期时，由哪一方主动在多少天内提出续订意向的问题。

（十一）合同的变更、解除和终止条款

这一部分通常是直接引用《中华人民共和国劳动合同法》的相关规定。

（十二）其他应当注意的条款

1. 关于违约金

实践中，有些用人单位为了引进一些高端人才，往往为其提供了某些特殊待遇（如赠送商品房、安排配偶工作、帮助解决子女入学、解决户口等），并基于此种特殊待遇在劳动合同中约定了服务期和相应的违约金。但是，《中华人民共和国劳动合同法》第二十五条规定，除劳动者因违反服务期限和竞业限制条款应当按照约定承担违约金之外，劳动合同中不得再规定要求劳动者承担违约金。因此，在劳动争议仲裁或诉讼中，此种基于用人单位给劳动者提供了特殊待遇而在劳动合同中约定的违约金条款容易因为违反了前述《中华人民共和国劳动合同法》第二十五条规定的规定而被认定为无效。为避免此种情形的发生，在审查劳动合同时，可建议将此类条款从劳动合同中移出，转而由用人单位与劳动者另行签订协议的方式进行约定。

2. 关于劳动合同效力

《中华人民共和国劳动合同法》第二十六条规定，下列劳动合同无效或者部分无效：①以欺诈、胁迫的手段或者乘人之危，使对方在违背真实意思的情况下订立或者变更劳动合同的；②用人单位免除自己的法定责任、排除劳动者权利的；③违反法律、行政法规强制性规定的。现在有些用人单位利用自己的优势地位在合同中规定了许多不利于劳动者甚至是违法的条款。例如，有公司规定，本公司同事不得谈恋爱，违者辞退；还有公司规定，新进女职工三年内不能生小孩。这些条款都属于无效条款。

【法律文书范例】

劳动合同审查法律意见书

致：成都市××科技有限公司

四川××律师事务所（下称"本所"）接受贵司委托，审查贵司与王×签订的劳动合同并出具法律意见。本所律师根据《中华人民共和国劳动法》《中华人民共和国劳动合同法》和《中华人民共和国劳动争议调解仲裁法》以及其他法律法规和规范性文件的规定，审查贵司所提供的劳动合同，就劳动合同合法性及法律问题，现出具法律意见书如下。

一、劳动合同的主体资格

1. 贵司系依法在市场监督管理部门注册登记的有限责任公司，符合《中华人民共和国劳动法》规定的可招用全日制职工并与之建立劳动合同关系的用人单位。

2. 王×，身份证号：××××××××××××××××××，已年满18周岁，具有完全民事行为能力，符合《中华人民共和国劳动法》规定的劳动者。

基于上述事实，本所律师认为，订立劳动合同的主体符合法律规定。

二、劳动合同中具体条款的效力及修改建议

1. 第 9 条关于保密义务及竞业限制的规定无效

《中华人民共和国劳动合同法》第二十三条、第二十四规定，对负有保守用人单位商业秘密的劳动者，用人单位可以在劳动合同与劳动者约定竞业限制条款，但必须注意以下三个方面：

a. 保密期限与劳动合同期限相同，至劳动合同解除或者终止时止；如劳动者属于用人单位的高级管理人员、高级技术人员和其他负有保密义务的人员，用人单位有权要求劳动者在劳动合同解除或终止后的某一期限内履行保密义务及竞业禁止。

b. 约定保密义务及竞业限制的期间为解除或终止后最长不超过二年。

c. 在竞业限制期限内必须按月给予劳动者经济补偿，但法律未规定具体标准，每月支付的经济补偿在职工月工资的 30% 以上为宜。

本所律师建议，贵司可修改如下：

第 9.1 条修改为：乙方在任职期间所知悉的甲方的商业秘密，在任职期间及解除或终止劳动合同后二年内，乙方负有保密义务。

第 9.2 条修改为：乙方在任职期间及解除或终止劳动合同后二年内，不得到本单位生产或经营同类产品、从事同类业务的有竞争关系的其他用人单位，或者自己开业生产或经营同类产品、从事同类业务。

增加 9.3 条为：在上述规定的竞业禁止期间内，乙方遵守保密和竞业禁止义务的，甲方应于每月××日前以货币形式支付经济补偿××元。

2. 劳动合同第 10.3 条关于违约金的规定无效

《中华人民共和国劳动合同法》第二十五条规定，除提供专项培训、保密及竞业限制的情形下可约定违约金外，用人单位不得与劳动者约定由劳动者承担违约金。本所律师建议：贵司删除该条款，根据培训情况单独签订服务期协议作为劳动合同的附件，约定违约金的数额不得超过服务期尚未履行部分所应分摊的培训费用；对违反保密及竞业禁止条款约定违约金，违约金的数额可参照商业秘密的经济价值确定。

3. 劳动合同第 11.1 条关于申请仲裁时效的规定无效

《中华人民共和国劳动争议调解仲裁法》第二十七条规定，申请劳动争议仲裁的时效为一年。本所律师建议：贵司依法修改本条申请仲裁的时限。

经查，劳动合同其他条款符合法律规定。

基于上述分析，本所律师认为：劳动合同中第 9 条、第 10.3 条和第 11.1 条无效，但不影响劳动合同其他条款的法律效力。

三、劳动合同其他需要补充的条款

1. 劳动合同的起始时间应明确，避免争议。
2. 规章制度的告知书作为劳动合同的附件。

《中华人民共和国劳动合同法》第四条规定，用人单位应当将直接涉及劳动者切实利益的规章制度和重大事项决定公示，或告知劳动者。如不履行上述告知程序，贵司依法制定的规章制度对劳动者无法律约束力。本所律师建议：制作规章制度告知书并由劳动者签字确认作为劳动合同的附件。

3. 第 7.2.4 条关于经济性裁员的表述不准确。

《中华人民共和国劳动合同法》第四十一条规定用人单位裁员有四种情形，律师建议与法律规定表述一致，如下：

 a. 依照企业破产法规定进行重整的；
 b. 生产经营发生严重困难的；
 c. 企业转产、重大技术革新或经营方式调整，经变更劳动合同后，仍需裁减人员的；
 d. 其他因劳动合同订立时所依据的客观经济情况发生重大变化，致使劳动合同无法履行的。

4. 增加有关送达地址的确认、送达方式及相应后果的条款。

劳动者书面确认邮寄地址的法律意义在于用人单位能够将相关通知、文件及时送达给劳动者。关于送达的方式，可约定采取直接送达、邮寄送达、公告送达等方式之一即可。同时，双方应明确约定，由于劳动者提供的送达地址不准确、地址变更未及时告知用人单位的，或劳动者拒收导致用人单位有关通知、文件等未能被劳动者实际接收的，邮寄被退回的，邮件回执上注明的退回之日视为送达之日。

四、结论意见

综上所述，本所律师认为，劳动合同系双方自愿订立的，除第 9 条、第 10.3 条和第 11.1 条以外的其他条款对双方具有法律约束力。需要注意的是，劳动合同中双方其他权利义务未明确的，依据《中华人民共和国劳动合同法》等法律规定确定。

顺颂
商祺！

四川××律师事务所
律师：×××
年　月　日

【劳动合同范本】

劳动合同

甲方（用人单位）名称：_____

 法定代表人（主要负责人）：_____

 单位地址：_____　　办公电话：_____

乙方（劳动者）姓名：_____　　手机：_____

 身份证号码：_____　　电话：_____

 住址：_____　　联系方式（E-mail）：_____

根据《中华人民共和国劳动法》《中华人民共和国劳动合同法》和现行劳动法律法

规及政策规定，为明确双方当事人权利和义务，经甲乙双方平等自愿，协商一致，订立本劳动合同，共同遵守执行。

一、劳动合同期限

甲乙双方选择以下第_____种形式确定劳动合同期限：

1. 有固定期限的劳动合同：自____年____月____日起，____年____月____日止。

2. 无固定期限的劳动合同：自____年____月____日起。

3. 以完成一定工作任务为期限的劳动合同：自____年____月____日起，完成____工作任务止。

其中，试用期为____月（日）。自____年____月____日起，____年____月____日止。

双方确认用工日为____年____月____日。

二、工作内容及工作地点

1. 甲乙双方协商一致约定乙方从事_____工种（岗位）工作。经甲乙双方协商同意，可以变更工作岗位，双方签署的变更协议或者通知书作为本合同的附件。

本工种（岗位）在工作过程中可能产生的职业病危害及其后果为_____。

2. 乙方在生产（工作）中要按照工种（岗位）规定的数量和质量指标完成生产（工作）任务。

3. 工作地点：_____。

三、工作时间和休息休假

乙方实行_____（标准工时、综合计算、不定时）工作制。

实行定时工作制的，乙方每日工作时间不超过八小时，平均每周不超过四十小时。甲方保证乙方每周至少休息一日，甲方由于工作需要，经与工会和乙方协商后可以延长工作时间，一般每日不得超过一小时，基于特殊原因需要延长工作时间的，在保障乙方身体健康的条件下延长工作时间每日不得超过三小时，每月不得超过三十六小时。

实行综合计算工时工作制的，应为经劳动保障行政部门批准的工种（或岗位），综合计算的周期为_____，平均日和平均周工作时间不超过法定标准工作时间。甲方应合理安排职工的工作和休息、休假时间，确保乙方的休息、休假权利。

四、劳动报酬

甲方要按照有关规定建立工资集体协商制度，与甲方工会或者职工代表，就甲方工资分配制度、工资分配形式、工资收入水平等事项进行平等协商，在协商一致的基础上，经甲方职工代表大会或者职工大会审议通过后，签订工资集体协议。

1. 甲乙双方经平等协商，确定乙方正常工作时间工资执行以下第_____种方式：

（1）甲乙双方实行月（日、小时）工资制。乙方月（日、小时）工资为_____元（人民币）。试用期的工资为_____元/月（日、小时）。

（2）甲乙双方实行计件工资制，计件单价为_____元。

（3）甲乙双方约定工资按下列方式执行_____。

甲方提供食宿条件或者等同于提供食宿条件的，不得折算为乙方工资。

劳动合同中约定的工资标准可以根据乙方所在岗位的变化进行调整和变更，但不得低于工资集体协议中确定的工资标准。

2. 劳动报酬支付时间及要求。

(1) 甲方要及时足额向乙方支付劳动报酬。实行月工资制的,甲方必须于每月____日前以货币形式足额支付乙方的工资报酬,不得克扣或者无故拖欠乙方的工资。实行日小时工资制的双方约定工资支付时间为_____。工资支付日期遇到法定节假日或者休息日的,甲方应当在节假日或者休息日前最近的____工作日支付。

(2) 甲方要严格执行劳动定额标准,不得强迫或者变相强迫乙方加班。甲方安排加班的,应当按照国家有关规定向乙方支付加班工资。

(3) 乙方在享受法定年休假、探亲假、婚假、丧假等休假和产假、哺乳假等假期期间及依法参加社会活动期间,其工资支付按照国家和省有关规定执行。

3. 甲方要建立正常的工资增长机制,根据本单位经济效益增长的情况逐步增加劳动者工资。

五、社会保险

1. 依法参加社会保险和缴纳社会保险是甲乙双方的法定义务。甲方按照规定及时足额为乙方缴纳各项社会保险费,乙方应承担的个人缴费部分由甲方从乙方工资中代为扣缴。

2. 乙方享受的各项社会保险待遇按现行有关规定执行。

六、劳动保护、劳动条件、职业危害防护

1. 甲方必须建立健全劳动安全卫生制度,严格执行国家劳动安全卫生规程和标准,对乙方进行劳动安全卫生教育,防止劳动过程中的事故,减少职业危害。

2. 甲方必须为乙方提供符合国家规定的劳动安全卫生条件和必要的劳动防护用品,如乙方从事有职业危害的作业,甲方应负责定期对其进行健康检查,并为其提供相应的职业病防护措施以及待遇:_____。

3. 甲方安排乙方从事特种作业的,必须对乙方进行专业培训,并在取得特种作业资格证书后上岗。

4. 乙方系女职工或未成年工的,甲方应按国家规定对其进行特殊劳动保护。

5. 乙方在劳动过程中必须严格遵守安全操作规程。在生产过程中对甲方管理人员违章指挥,强令冒险作业或者危及乙方人身安全的,乙方有权拒绝执行。

七、保守商业秘密

1. 乙方必须保守甲方的商业秘密。

商业秘密是指不为公众所知悉、能为甲方带来经济利益、具有实用性并经甲方采取保密措施的设计资料、程序、产品配方、制作工艺、制作方法、管理决窍、客户名单、货源情报、产销策略等技术信息和经营信息。

2. 如乙方属于用人单位的高级管理人员、高级技术人员和其他负有保密义务的人员,解除或终止劳动合同后,在竞业限制期间甲方按月给予乙方经济补偿金_____元,乙方_____年内不得在_____(地域)到生产同类产品或经营同类业务且有竞争关系的其他用人单位任职,也不得自己生产与原单位有竞争关系的同类产品或经营同类业务。乙方如有违反,则必须向甲方支付违约金_____元。

133

3. 乙方如违反约定披露、使用或允许他人使用甲方的商业秘密并造成甲方损失的,应当按照《中华人民共和国反不正当竞争法》的规定承担损害赔偿责任。情节严重的,应依法追究刑事责任。

八、培训服务期

甲方为乙方提供专项培训费用（不包括以师带徒）,对其进行专业技术培训的,可以与乙方订立协议,双方权利义务可通过签订培训合同另行确定服务期。

九、劳动合同的变更、解除和终止

1. 经甲乙双方协商一致,劳动合同的内容可以变更,变更劳动合同应当以书面形式。

2. 劳动合同的解除。

（1）经劳动合同双方协商一致,劳动合同可以解除。

（2）甲方按照《中华人民共和国劳动合同法》第三十九条、第四十条、第四十一条规定与劳动者解除劳动合同。

（3）乙方有下列情形之一的,甲方不得依据《中华人民共和国劳动合同法》第四十条、第四十一条的规定解除合同。

①乙方为从事接触职业病危害作业且未进行离岗前职业健康检查,或者疑似职业病病人在诊断或者医学观察期间的;

②在本单位患职业病或者因工负伤并被确认丧失或者部分丧失劳动能力的;

③患病或者非因工负伤,在规定的医疗期内的;

④女职工在孕期、产期、哺乳期的;

⑤在本单位连续工作满十五年,且距法定退休年龄不足五年的;

⑥法律、行政法规规定的其他情形。

（4）乙方提前三十日以书面形式通知甲方,可以解除劳动合同。乙方在试用期内提前三日通知甲方,可以解除劳动合同。

（5）乙方可以按照《中华人民共和国劳动合同法》第三十八条的规定解除劳动合同。

3. 劳动合同的终止。

若有《中华人民共和国劳动合同法》第四十四条规定情形之一的劳动合同终止。

4. 其他。

（1）甲方应当在解除或者终止劳动合同时出具解除或者终止劳动合同的证明,并在十五日内为乙方办理档案和社会保险关系转移手续。

（2）甲乙双方应当办理工作交接。甲方依照《中华人民共和国劳动合同法》有关规定应当向乙方支付经济补偿的,在办结工作交接时支付。

十、经济补偿

甲方违反和解除劳动合同的,应按照《中华人民共和国劳动合同法》及有关法律法规规定向乙方支付经济补偿金。

十一、劳动争议处理

因履行本合同发生争议,可先协商解决;协商不成的,当事人应当自争议发生之日起一年内向有管辖权的劳动争议仲裁委员会申请仲裁。对仲裁裁决不服的,可以自收到仲裁裁决书之日起 15 日内向人民法院提起诉讼。

十二、其他事宜

1. 本合同未尽事宜或与现行国家劳动法律法规和有关政策相抵触的,按现行国家劳动法律法规和有关政策规定执行。

2. 甲乙双方经平等协商一致,可以制定本合同的补充条款。劳动合同补充条款与合同的其他条款具有同等法律效力。甲乙双方应当在劳动合同补充条款上签字盖章。

3. 甲乙双方如修改本合同的有关内容,必须共同在修改处签字或盖章。本合同涂改或者未经合法授权代签无效。

4. 甲方用工应在一个月内与乙方订立劳动合同,并在 60 日内到劳动保障行政部门鉴证。

5. 本合同一式两份,甲乙双方各执一份,应交乙方的一份不得由甲方代为保管。

十三、下列条款为甲乙双方依法约定的其他内容:

_____

_____

_____

甲方(盖章)　　　　　　　　　　　　乙方(签名或盖章)

法定代表人或委托代理人:(签名或盖章)

　　　　　　　　　　　　　　　本合同签订日期　　　年　　月　　日

第六章　商事合同审查

实验项目介绍

一、实验目标

通过本实验项目，学生能够掌握审查商事合同的基本技能。在商事合同的审查过程中，注意审阅相关材料并及时同委托人就相关问题进行沟通，了解委托人的真实需求；熟练查阅并综合运用与商事合同相关的法律法规、规章、司法解释等法律文件；借鉴相关商事合同示范文本并结合具体工作任务，最终出具一份合格的法律意见书。鉴于商事合同内容庞杂，本章实验选择有限责任公司之股权转让作为实验项目。

二、实验内容

昆明××投资管理有限公司欲购买成都××投资管理有限公司持有的四川××日化有限公司37.5%的股权。作为昆明××投资管理有限公司的顾问律师，审查昆明××投资管理有限公司与成都××投资管理有限公司签订的股权转让合同（注：本章公司名称、股权及相关人员姓名均属虚构）。

三、实验流程

（1）学生进行实验分组，组建律师团队（3人左右）。

（2）教师介绍本次实验的目标、内容、方式，并提供作为本次实验审查对象的商事合同书文本；介绍商事合同审查基本知识，重点是商事合同审查的注意事项（可展示一些真实的法律意见书作为范例）。

（3）学生以律师团队为单位进行讨论，指出该商事合同存在的问题，同时撰写一个商事合同审查法律意见书。

（4）学生以法律意见书为基础，口头简要陈述审查意见，在此过程中，教师扮演委托人角色，可随时向学生提问。

四、考核标准

每一个实验项目的考核成绩包括三个组成部分：①考勤；②现场表现，包括团队表现和个人表现，主要考查语言表述能力、要点归纳能力、法律分析能力、团队配合能力等；③法律文书制作质量。

【实验素材】

股权转让协议

转让方：成都××投资管理有限公司（以下简称"甲方"）。
住所地：成都市××区××路×号。
法定代表人：×××，董事长。

受让方：昆明××投资管理有限公司（以下简称"乙方"）。
住所地：昆明市××区××路×号。
法定代表人：×××，董事长。

甲乙双方就乙方购买甲方持有的四川××日化有限公司37.5%的股权，经协商达成如下协议：

一、甲乙双方转让的股权是甲方持有的四川××日化有限公司37.5%的股权。

二、双方一致同意，股权转让价款为人民币370万元（大写：叁佰柒拾万元）。

三、双方约定，乙方接受转让后应按《中华人民共和国公司法》及公司章程履行职责，甲方转让份额内享有的权益和承担的责任，由甲方随之转让给乙方享有和承担。

四、本转让协议生效后30日内，甲方向乙方移交有关的证书、文件、资料等，并履行相应的手续。

五、本协议生效后，甲乙双方应和四川××日化有限公司一起，凭本协议及有关的法律文件到相关部门去办理审批及变更登记、备案等事宜，因此而发生的相关费用由双方共同承担。一方需要另一方配合时，另一方应积极配合。

六、本协议在执行中如有未尽事宜，由双方协商解决，协商不成，任何一方均可向仲裁委员会申请仲裁。

七、本协议一式陆份，甲乙双方各执贰份，商务、工商部门留存壹份，经双方法定代表人签字后生效。

甲方：成都××投资管理有限公司
法定代表/授权委托人：

签订日期： 年 月 日

乙方：昆明××投资管理有限公司
法定代表/授权委托人：

签订日期：　　年　月　日

商事合同审查基本知识

　　所谓合同，亦即契约，是当事人就其权利义务达成的、对合同当事人具有拘束力的合意。这些缔约当事人中，那些以营利为目的并实施经营性行为的民事主体，通常被称为商事主体；由此，合同也存有民事合同与商事合同之分。因为民事合同与商事合同首先在价值取向上就存在着较大的差异，如果不加区别地使用整齐划一的规则难免顾此失彼。虽然我国现行法律规定并未就商事合同进行明确的定义，但这并不意味着商事合同不存在，如保险合同、银行借款合同、融资租赁合同，往往被公认是典型的商事合同。

　　鉴于商事合同的特殊性，在对商事合同审查过程中，须对其与民事合同之不同多加注意。一般而言，商事合同是商事主体为实现其营利之目的，完成经营性活动过程中与交易相对人订立的协议。此时，如双方缔约人均为商事主体，此合同当然为商事合同；如一方当事人非商事主体，非商事主体一方出于使用、消费的目的而订立的合同，对其而言，该合同应系民事合同。如果为保护使用人之合法权益，亦可称为消费者合同，可由消费者权益保护法予以调整；但是如果非商事主体一方出于投资获利的目的而订立的买卖股票或受让股权、债券交易的合同，则应属于商事合同，对其调整的法律当系《中华人民共和国公司法》和《中华人民共和国证券法》等商事法律规范，而非《中华人民共和国消费者权益保护法》。对于非商事主体一方为了获得工作而签订的合同，则为本书第五章讲的劳动合同，不属于商事合同。因为调整商事合同的法律规范是私法，而调整劳动合同的法律规范为公法，两类合同审查的注意事项也存在较大差异。

　　商事合同具有以下特殊性：

　　第一，关于合同的效力。民事合同一般有效要件包括当事人须有相应的行为能力、须意思表示真实、标的须合法、标的须可能和确定等四项。商事合同亦不例外。不过，在商事交易中，为促进交易和保证交易的安全，商事主体订立的合同，在实践中与一般的民事合同相比，明显具有不同，其实质上对民法上的个别生效要件做出了变更。这些变更集中体现在两个方面：一是行为能力，二是意思表示。

　　关于行为能力，自然人的行为能力取决于其年龄、智力和精神状况，而作为商事主体，其为法律上拟制的人，其行为能力与其权利能力的范围是同一的，具体表现为其登记的"经营范围"。不过，为了促进交易和保护交易安全，对于民法所强调的年龄、智力等因素在商事合同的效力判定中被加以限制。如各国票据法都规定，无民事行为能力人或限制民事行为能力人在票据上签字的，其签字无效，但不影响票据上其他签字的效力。如果商事主体超出其经营范围缔结合同，显然不具备行为能力；但是，目前对于商事合同已经基本上废除了越权规则，商事主体的越权行为，只要不违反法律、行政法规的强制规定，均被认定为有效。如《中华人民共和国民法典》第一百五十三条规定，违反法律、行政法规的强制性规定的民事法律行为无效。但是，该强制性规定不导致该民事法律行为无效的除外。同时第五百零五条规定，当事人超越经营范围订立的合同的效力，不得仅以超越经营范围确认合同无效，应当依照民法典第一编第六章第三节和合同法编的有关规定确定。

第二，关于意思表示，民事合同中关于错误、欺诈、胁迫的规定，是从所谓意思主义出发，表示者对善意的相对人及第三人可以主张意思表示的不真实而撤销。但是，商事合同以经济效用为主要目的，其规定带有明显的技术性，为维护交易的迅捷与安全，交易行为的效果以交易当事人行为的外观为准，无需探求实质和真意。商事合同订立后，原则上表意人不得以意思表示瑕疵为由主张行为之撤销。而且，民事合同强调当事人意思自治，但是商事合同在肯定商事主体意思自治的同时，更强调促进交易效率，保证交易安全，因此商事合同中相关当事人的意思表示以要式为主。最为典型的是票据行为的意思表示具有要式性，即票据行为必须符合票据法规定的形式要件方有效。票据法对票据行为形式上的要求却是非常之严格，比如在我国适用的票据样式，必须都是人民银行统一管理印制的票样，而票据行为人在票据上的记载内容均由法律做出了严格的规定，甚至于书写的笔墨，人民银行都明确要求应当用碳素墨水的钢笔或者是墨汁笔；否则票据行为无效。商事合同中，当事人的意思表示，一般以其表达于外部的行为来加以认定，而不过多地探究其内心的真实想法到底是什么，以利于交易相对人从外观进行判断，保护交易安全。

此外，在民事法律制度中，民事主体被抽象成一个享有完全民事行为能力的普通人，民事主体在实施缔约行为时，其个人资历、缔约专业知识能力的差别等在法律调整中均不予以关注。不过，既然将民事主体设定为普通人，其在缔约时的注意义务，相对而言，要求就比较低。例如，《中华人民共和国民法典》将民事合同分为有效的合同、无效的合同、可撤销的合同和效力待定的合同。特别是民事合同的撤销或效力待定，目的在于保护私人利益，从而把选择民事合同是否生效的权利赋予当事人和真正权利人，由当事人通过或撤销，或追认，或否认等权利的行使而自行对有瑕疵的合同效力做出判断。但是，在商事交易过程中，如果允许商事主体因表意不真实而撤销合同，或允许效力待定的合同大量存在，必然导致交易相对人的期待利益无法实现，交易安全没有保障，因此，商事合同在效力认定上，更倾向于认定为有效。《最高人民法院关于适用〈中华人民共和国民法典〉时间效力的若干规定》第八条规定，民法典施行前成立的合同，适用当时的法律、司法解释的规定合同无效而适用民法典的规定合同有效的，适用民法典的相关规定。其实质主要针对的即为商事合同的效力认定。

第三，关于缔约时的注意义务。商事合同的缔约当事人应比民事合同的当事人负有更高的注意义务。商事合同中的商事主体，就是被法律认定为能有效地保护自己利益并使之最大化的理性主体，是强有力的智者，商场如战场，商事主体被视作为了达到其营利目的而能进行最合理行动的人，因而其是不需要依据法律来"监护"的"我行我素的人"。鉴于商事合同中投资协议缔结后，投资人不能因表意不真实或被欺诈而否定已实施的设立公司的行为，也不能主张从公司中退出，也不得以自己意思表示不真实为由而要求宣告公司无效或要求撤销合同。因为商事主体的投资行为，是其趋利而实施的"合理"行为，交易相对人对其"合理"行为亦产生"合理"的预期利益和交易期待，均受到法律保护。因此，审查商事合同时，缔约当事人之审慎注意义务的判定应当谨慎判断。例如，在商事合同中表见代理适用时，对于善意第三人的认定，则要求第三人不是明知行为人没有代理权而仍与之签订合同，也不是由于自己疏忽大意，缺乏应有的谨慎而轻易将没有代理权的行为人认作有代理权的人，而是有正当理由相信行为人有代理权，客观上须有使第三人相信表见代理人具有代理权的情形，该情形是第三人审慎判断后而认定的。否则，表见代理不能认定。可见，民事合同以维护个人自由和利益为价值取向，旨在强调意思自治而忽视了交易安全；而商事合同注重交易安全，亦对商事主体的注意义务提出了更高要求。

第四，关于合同的违约及救济。民事合同的发生，主要是出于交换者对交换物之使用价值的追求。而商事合同的缔结，则是出于营利动机，即商事主体追求的是交换物之交换价值的增加，其看重的是商品的可交换性，而不是其有用性。基于这一区别，民事合同与商事合同对违反合同的救济手段亦不相同。民法对违反民事合同的基本救济手段是强制继续履行，唯其如此，才能达到当事人对标的物实际利用之目的。而商法对违反商事合同的基本救济手段是损害赔偿，即责令违约方支付适当的赔偿金。赔偿金的数额相当于如果合同得到履行，权利人所能实现的商业利益。对商人来说，得到这一标准的赔偿金，就完全达到了合同目的，而且免去了转售才能取利的麻烦。

由于民事交易的主要动机是追求交换物之使用价值，不求营利，所以，大多数情况下是能够按等价交换原则进行的；而对商事主体来说，只有"贱买贵卖"才能达到商业的目的——营利。所以，商事交易必然是价格不等的交易，因为等价交换无从谈利。一般而言，一宗商品在商人间每转手一次，都要加价，批发商为零售商让利也是常见的事。所以，商品在流通中必然提高价格，这就是通常所说的商品增值。商品增值是任何商品交换的必要动力，因此基于商事的营利性，商事合同缔结与履行过程中必然产生投机交易、风险负担等一系列后果，违约亦可能是非不能，而是不愿意，情势变更原则在商事合同履行中更易被接受采用。

为保护缺少经验或因一时草率、疏忽而匆忙签订合同的民事主体，大陆法系国家的民法典均规定，若当事人约定的违约金过高时，可以请求法院适当减少。各国的商法则规定，违约金债务人为商事主体时，不适用民法违约金酌减之规定，因为认为商事主体能充分评估违约金约定之严重性，且较民事主体更能保护自己，对其违约责任的认定，商事交易中适用严格责任的归责原则来判定。

违约金是指合同当事人违反合同应当向对方支付的约定的或法律规定的一定数额的金钱。《中华人民共和国民法典》第五百八十五条规定，当事人可以约定一方违约时应当根据违约情况向对方支付一定数额的违约金，也可以约定因违约产生的损失赔偿额的计算方法。约定的违约金低于造成的损失的，人民法院或者仲裁机构可以根据当事人的请求予以增加；约定的违约金过分高于造成的损失的，人民法院或者仲裁机构可以根据当事人的请求予以适当减少。当事人就迟延履行约定违约金的，违约方支付违约金后，还应当履行债务。此规定与其他各国的商法规定并不相同，未区分民事合同违约金与商事合同中违约金的不同。对此，在审查商事合同中关于违约金的约定时，一定要慎重，避免约定过高不能在实践中得到法院的支持。

第五，一些特殊合同的特别注意事项。由于现行民法典并未区分民事合同与商事合同，在审查商事合同时，须对其与民事合同中的不同特别留意，以通过特别约定来避免法律规定造成的利益损失。例如，《中华人民共和国民法典》第九百三十三条规定，委托人或者受托人可以随时解除委托合同。因解除合同造成对方损失的，除不可归责于该当事人的事由外，无偿委托合同的解除方应当赔偿因解除时间不当造成的直接损失，有偿委托合同的解除方应当赔偿对方的直接损失和合同履行后可以获得的利益。因此，不论民事委托代理合同，还是商事委托代理合同，委托人或者受托人可以随时解除委托合同。可是在实践中，民事委托合同大多为无偿、不要式的合同，其信任所指主要是受托人的人品及办事能力，受托人是基于既有的甚至是先天具有的人品及办事能力处理或管理委托人的事物，往往是顺便帮助委托人完成其事项，不需要额外增加费用专为委托事项培养能力。即使委托人随时终止委托合同，受托人也无经济损失。相较民事委托合同而言，商事委托合同的常态是有偿合同、要式合同，其信任所指是受托人的商誉及经营能力，有的受托人专为委托事项而成立公司来经营委托事务，有的为完成委托事务而改变自己的经营方向、经营领域，有的为完成委托事务要投入大量的人力和物力来开拓市场、联系客户等。一旦委托人随时解除合同，受托人就要遭受重大损失，甚至导致公司终止。为保护商事受托人的利益，各国的商法无一例外地均严格限制委托人的解除条件，《中华人民共和国民法典》第九百三十三条虽无差别地赋予了委托人合同解除权，但区分了无偿委托合同和有偿委托合同解除后的不同处理方法。因此在商事委托代理中，如何有效地保护受托人的利益就是审查该类合同时应注意的主要问题，并在合同中进行有效的设定，从而实现在现行法律规定下当事人利益的最大化。

鉴于商事合同的复杂性，本次实验选择的样本为有限责任公司股权转让合同。

【股权转让合同审查涉及的主要法律文件】

商事合同审查过程中可能用到很多法律文件，除此处已经列明的部分外，还有大量的法律文件。这里仅列举本次实验中有限责任公司的股权转让合同审查中最常用到的部分。法律实践中，需要针对具体的商事合同，结合本地商事合同的相关立法和规定进行。

（1）法律：

《中华人民共和国民法典》（2021年1月1日起施行）

《中华人民共和国公司法》（2023年12月29日修订，2024年7月1日起施行）

《中华人民共和国外商投资法》（2020年1月1日起施行）

《中华人民共和国证券法》（2019年12月28日修订，2020年3月1日起施行）

《中华人民共和国企业国有资产法》(2009 年 5 月 1 日起施行)

(2) 行政法规:

《中华人民共和国市场主体登记管理条例》(2022 年 3 月 1 日起施行)

(3) 行政规章:

《非上市公众公司收购管理办法》(2020 年 3 月 20 日修订,2020 年 3 月 20 日起施行)

(4) 司法解释:

《最高人民法院关于适用〈中华人民共和国民法典〉时间效力的若干规定》(2021 年 1 月 1 日起施行)

《最高人民法院关于适用〈中华人民共和国民法典〉合同编通则若干问题的解释》(2023 年 12 月 5 日起施行)

《最高人民法院关于适用〈中华人民共和国公司法〉时间效力的若干规定》(2024 年 7 月 1 日起施行)

《最高人民法院关于适用〈中华人民共和国公司法〉若干问题的规定(二)》(2020 修正)(2020 年 12 月 29 日修订,2021 年 1 月 1 日起施行)

《最高人民法院关于适用〈中华人民共和国公司法〉若干问题的规定(三)》(2020 修正)(2020 年 12 月 29 日修订,2021 年 1 月 1 日起施行)

《最高人民法院关于适用〈中华人民共和国公司法〉若干问题的规定(四)》(2020 修正)(2020 年 12 月 29 日修订,2021 年 1 月 1 日起施行)

《最高人民法院关于适用〈中华人民共和国公司法〉若干问题的规定(五)》(2020 修正)(2020 年 12 月 29 日修订,2021 年 1 月 1 日起施行)

【股权转让合同审查要点】

一、转让方之资格审查

股东是向公司出资或者认购股份并记载在公司章程或者股东名册上的人。一般而言,能够作为股权转让合同中转让方的均为股东,其应当登记在公司章程或股东名册上。不过,股东身份的获得有两种方式:一是原始取得,二是继受取得。不论哪种方式取得,股权转让合同审查时,均需对转让方之转让资格进行审查。

(一) 原始取得之股东

原始取得基于认股行为而取得股东资格,包括公司设立时的认股行为或公司成立后发行新股时认股两种情形。

此外,由于我国现行公司法允许实际出资人或者认购股份的人以他人名义履行出资义务或者认购股份,因此存在公司章程或股东名册上登记人(显名股东)与实际出资人(隐名股东)不一致的情形。《最高人民法院关于适用〈中华人民共和国公司法〉若干问题的规定(三)》(以下简称《公司法解释三》)在确认隐名股东和显名股东股权归属时,从公司内部关系出发，以实际出资作为确认股东资格的实质要件，将股权归属于实际出资人，即隐名股东；在涉及公司外第三人时，又从保护公司外善意第三人的信赖利益和交易安全出发，确认显名股东对外应当承担的责任。虽然根据《中华人民共和国公司法》第三十四条的规定，未经登记机关登记的股东身份不能对抗第三人，但是为避免不必要的纠纷，在对股权转让方之资格审查时，应区分不同情形，必要时应做相应的尽职调查方可出具法律意见书。

《中华人民共和国公司法》关于股东出资采用的是公司人格维持机制，即股东出资有瑕疵时，并不否定股东的身份和资格，但要求股东履行出资义务，并且公司向发起人追究其义务之履行不受诉讼时效的限制。如《公司法解释三》第十九条规定，公司股东未履行或者未全面履行出资义务或者抽逃出资，公司或者其他股东请求其向公司全面履行出资义务或者返还出资，被告股东以诉讼时效为由进行抗辩的，人民法院不予支持。因此，对于转让方之股权上是否存在出资之瑕疵，需审慎地注意审查。因为《公司法解释三》第十六条规定，股东未履行或者未全面履行出资义务或者抽逃出资，公司可根据公司章程或者股东会决议对其利润分配请求权、新股优先认购权、剩余财产分配请求权等股东权利作出相应的合理限制。瑕疵出资股权之权益不但受到合理限制，其资格甚至有可能被解除。《公司法解释三》第十七条规定，有限责任公司的股东未履行出资义务或者抽逃全部出资，经公司催告缴纳或者返还，其在合理期间内仍未缴纳或者返还出资，公司可以股东会决议解除该股东的股东资格。同时，《公司法司法解释三》第十八条还规定："有限责任公司的股东未履行或者未全面履行出资义务即转让股权，受让人对此知道或者应当知道，公司请求该股东履行出资义务、受让人对此承担连带责任的，人民法院应予支持；公司债权人依照本规定第十三条第二款向该股东提起诉讼，同时请求前述受让人对此承担连带责任的，人民法院应予支持。"对于发起人是否已履行出资义务，应做必要之审查。

（二）继受取得之股东

继受取得是基于继承、赠与、公司合并和从他人手中购得股权或股票而取得。股权转让的生效要件，应为股权转让合同中约定的生效条件成就之时，如无特别约定，则为股权转让合同生效之时，而公司因股权转让到工商行政管理部门作相应的变更登记只作为对抗第三人的要件。为保证股权转让目的之实现，应对继受取得之股东资格认真审查，尤其是尚未完成工商变更登记之继受股东。

不论基于何种方式获有股权而转让股权，均要求转让方具有没有瑕疵的转让权，否则必然导致合同效力受损。实践中，股权转让中转让方的无权处分行为包括以下四种：①在代持股权（主要指股权信托和股权代理）情况下，转让方系名义股东（显名股东）而非实质股东；②在股权共有情况下未经其他共有人同意擅自转让股权；③转让可以取得但尚未取得的股权；④对标的股权的处分权受到其他限制。显然，前三种情形下的股权转让协议效力界定往往同股东资格认定相交织而显得较为复杂。一般认为，在认定股东资格的证据中，合意性证据（如签署章程、公司登记、股东名册记载等）起决定性作用，而出资凭证（《出资证明书》等）和实际享受股权的证据则属于辅助证据。况且，基于商法的"外观主义"法理和"保护交易安全迅捷"的理念，善意受让方的权益应受到尊重和保护，股权转让协议应为有效。例如，名义股东与实质股东的约定不得对抗从名义股东处受让股权的第三人，也不得对抗给予名义股东相应股东待遇的公司和其他股东，不得对抗名义股东的债权人。又如，夫妻一方未经另一方同意将记载于夫妻一方名下的共有股权擅自转让而签股权转让协议亦为有效，因为夫妻一方获取股权后，该股权已经定型化，其各项权能归于记载为股东的一方，第三人基于"外观主义"的判定而为股权受让，不受夫妻内部存在共有的"股权"约定的影响。第四种情形中，常见的是标的股权被设置了权利质押，在质押有效前提下，尽管出质人的股东资格并未丧失，但《中华人民共和国民法典》第四百四十三条明确规定，股权出质后，不得转让，但是出质人与质权人协商同意的除外。因此，审查出质人签署的股权转让协议的效力，需要确认是否有出质人与质权人协商同意股权转让的书面文书，否则该份股权转让合同将因违反法律禁止性规定而属无效协议。

鉴于《中华人民共和国公司法》第四十七条明确规定了认缴股东缴纳出资的年限为五年，同时第八十八条规定"股东转让已认缴出资但未届出资期限的股权的，由受让人承担缴纳该出资的义务""未按照公司章程规定的出资日期缴纳出资或者作为出资的非货币财产的实际价额显著低于所认缴的出资额的股东转让股权的，转让人与受让人在出资不足的范围内承担连带责任"，为避免受让股权的受让人在股权转让签订后陷入不必要的出资义务履行纠纷中，需审查转让股东的出资期限是否届满，是否已履行出资义务，并需要根据不同情形设定权益保障方法和措施。

二、受让方之资格审查

原则上，受让方应当具有成为目标公司股东的资格，否则将影响股权转让合同的效力。如受让方不具备法律、行政法规规定成为股东所必备的专业资格，不符合目标公司的公司章程中约定的股东条件，或者是属于相关法律规定不能成为股东的某类主体，如其作为股权转让合同的受让方，必然导致股权转让合同的效力认定产生分歧。例如，《中华人民共和国律师法》第二十七条规定，律师事务所不得从事法律服务以外的经营活动。如果律师事务所成为目标公司的股权受让方，则将致股权转让合同无效。

三、股权转让方式之审查

（一）股东内部转让

股东之间转让股权，是指有限责任公司股东将自己的股权部分或者全部转让于公司的其他股东的民事行为。在股权部分转让的情况下，只是公司股东的股权结构发生改变，而股东人数并不因该股权转让而变化；在转让方将全部股权转让的情况下，股东人数会相应减少，而受让股权的股东的持股比例会相应增加。因为公司股东内部相互转让股权并不会改变公司本身的信赖基础，不会导致新股东的加入，也不会改变原股东的合作关系，因而对有限责任公司的人合性及资合性不产生实质性影响。因此，《中华人民共和国公司法》第八十四条规定，有限责任公司的股东之间可以相互转让其全部或者部分股权。

只要不存在违法行为，股权在公司股东内部之间的转让是完全自由的，无需征求公司其他股东或公司的意见，完全由股东之间协商确定，公司或者其他股东也无权干涉。不过，如果公司通过章程对公司股东内部转让股权作出特殊规定的，应当符合公司章程的特殊规定。因为公司章程是公司内部的自治规则，是股东共同意志的体现，只要公司章程不违反《中华人民共和国公司法》及其他法律法规的强制性规定，公司章程的规定则应为有效。股东间股权转让应遵从其规定。

例如，《公司章程》中有关于强制转让的规定，要求以员工身份购买股权从而成为股东之员工股东，在其离开公司后，其所持有的股东必须转让给股东，不得继续持有目标公司股权。该项转让系由公司章程规定的强制转让，对员工股东和受让股东均具有拘束力。

员工股东持有股权以其参与公司经营或为公司服务为基础，其持有股权一般亦以在目标公司工作为必要条件。当其离开目标公司，对于其转让股权予其他股东之股权转让协议，在审查时应尤其审慎。如该股权转系其自愿为之，应在股权转让协议中明确阐述，以避免转让方主张其权利受到损害。如该股权转让非转让方自愿，而系公司依据《公司章程》强行为之，此时审查股权转让协议，应当考虑以下三个要素：

第一，该项限制是否为股东在成为股东时已经明知且自愿接受。如系其在成为股东时即明知公司章程之限制，则公司有权要求其离开公司时强行将股权转让给公司其他股东。同时审查时还应注意，此时公司章程中关于该项强制转让的规定之产生程序是否合法。因为如转让方自行离开目标公司，其或可能加入与公司存在竞争关系的单位中工作，从而使得其获有股权或持股权之基础发生了变更，为保护目标公司及其他股东之利益，根据《公司章程》应当允许公司强制要求离职股东将股权转让给其他在职股东。

第二，审查该项强制转让之限制的前提条件是否由公司不当促成。如员工系被公司解除劳动关系而不得不离开公司，那么审查时就应当严格审查解除劳动合同关系这一条件，以确定解除劳动合同关系之条件的促成是否正当合理，审查目标是确认是否有足够的证据足以证明目标公司解除其与该员工之劳动关系的合法性和正当性。

第三，审查强制要求离职股东作为转让方转让股权之价格是否公平问题。关于此类股权转让价格，最好是目标公司在公司章程中已有约定的股权收购的合理价格或计算方式。如果没有，则需审查转让价格的公平与合理性，并要求目标公司提供计算依据。

（二）向第三人转让

有限责任公司的设立和运作，离不开股东相互之间的信赖关系，而股东向公司以外的人转让股权，可能影响股东的良好关系及公司的稳定性。因此，《中华人民共和国公司法》第八十四条规定，股东向股东以外的人转让股权的，应当将股权转让的数量、价格、支付方式和期限等事项书面通知其他股东，其他股东在同等条件下有优先购买权。股东自接到书面通知之日起三十日内未答复的，视为放弃优先购买权。两个以上股东行使优先购买权的，协商确定各自的购买比例；协商不成的，按照转让时各自的出资比例行使优先购买权。公司章程对股权转让另有规定的，从其规定。

第三人在受让目标公司股权时，为保证合同之效力及履行，需审查该股权转让是否已按照法律规定通知了其他股东，其他股东是否已放弃了优先购买权。鉴于我国现行公司法在保护股东的股权转让权益中的设定，审查其他股东是否放弃优先购买权，实质上是一项程序的审查，确保转让方已将股权转让的数量、价格、支付方式和期限等事项书面通知其他股东，其他股东收到该书面通知后已超过三十日尚未主张行使优先购买权。

对于其他股东的优先购买权，是同等条件下的优先购买权。所谓同等条件，由于股权转让之条件一般包括转让价格、支付方式、履行期限和其他约定条件，其中转让价格是最重要的条件。首先，一般股权转让中，应当以转让价格为主要标准或单独标准，其他约定应是辅助性条件，不能单独成立。因为转让方转让股权，转让价格是最终目的，至于交款方式、时间等条件都可归结到转让价格上，是转让价格的履行问题，而不是条件本身。其次，股东如果仅愿优先购买部分股权，此时其是否有优先购买权呢？如果转让方和受让方均同意其他股东部分行使购买权的，属当事人意思自治，法律不会干预，此项转让是有效的。但是，转让方不欲部分转让，而是欲将转让股权为一整体转让时，其他股东不得主张仅优先购买部分股权。因为《中华人民共和国公司法》规定其他股东的优先购买权的目的主要在于维护公司人合性和原有股东既得利益，而不是为了维护行使优先购买权的个别股东的控制权。再次，如果其他股东欲与转让股东就股权转让达成新的交易条件，根据当事人意思自治之原则，转让股东可与其他股东可另行协商确定更高或更低的价格。但是如无法达成合意，转让股东有权要求其他股东以第三人提供的购买价为股权转让，倘若其他股东拒绝，则视为其放弃优先购买权。最后，其他股东的优先购买权与出让股东之出让权之间的关系认定，应以其他股东表示行使优先购买权的时间来界定。在转让股东与第三人协商过程中，转让股东通知其他股东欲转让股权之计划，其他股东此时之优先购买权应为一项请求权，即欲优先购买股权之股东行使优先购买权，是其向转让股东发出要约，转让股东负有在同等条件下与优先购买之股东缔结股权转让合同的义务。由于转让股东做出承诺，其与优先购买之股东才就股权转让达成合意；基于当事人意思自治之自由，转让股东在做出承诺前，并不受其之前做出的要约邀请之拘束，必须做出承诺，其可撤回其转让意向，而其他股东虽欲行使优先购买权却未能达到购买到股权之目的，亦不能据此要求转让股东承担违约责任。

四、关于合同的效力

（一）一般要件审查

有限责任公司股权转让合同的效力，是审查股权转让合同的一个要点。《中华人民共和国民法典》第五百零二条的规定，股权转让合同作为一种非典型性合同，除法律规定和当事人约定生效条件外，一般情况下自双方协商一致即成立并生效。股权变更在市场监督管理机关的变更登记是股权转让合同履行的结果，而履行合同的前提是合同有效。

（二）特别审查

在法律、行政法规关于效力有特别条件时，应当仔细审查是否符合这些条件。例如国家持有的股权进行转让，必须符合《中华人民共和国国有资产管理法》的规定。鉴于《中华人民共和国国有资产管理法》第五十三条规定，国有资产转让由履行出资人职责的机构决定。履行出资人职责的机构决定转让全部国有资产的，或者转让部分国有资产致使国家对该企业不再具有控股地位的，应当报请本级人民政府批准；国家持有的有限责任公司股权转让时，应按要求办理审批手续，而该审批手续的完成，应为股权转让协议的生效条件。同时，《中华人民共和国国有资产管理法》第五十四条规定，国有资产转让，除按照国家规定可以直接协议转让的以外，应当在依法设立的产权交易场所公开进行。转让方应当如实披露有关信息，征集受让方；征集产生的受让方为两个以上的，转让应当采用公开竞价的交易方式。因此，国有股权转让之交易方式亦应符合法律的强制性规定，否则必然影响股权转让的效力。

此外，关于有限责任公司股权转让，受让人为外商投资企业时，需审查目标公司的经营领域是不是受"负面清单"的影响，以保证股权转让合同的效力。

对于在中国境内成立的外商投资企业，鉴于我国对外商投资企业实行"准入前国民待遇加负面清单管理"制度，股东转让其持有的目标公司的股权，除须符合《中华人民共和国公司法》第八十四条的规定，还应符合《最高人民法院关于适用〈中华人民共和国外商投资法〉若干问题的解释》第三条的规定，因为如目标公司的经营领域是外商投资准入负面清单规定禁止投资的领域，股权转让合同的效力将被认定为无效。

《中华人民共和国公司法》第八十四条第三款规定，公司章程对股权转让另有规定的，从其规定。对于股权转让是否有效，还应查阅公司章程之相关规定予以审查。

（三）附约定生效条件的股权转让合同之效力

股权转让合同中当事人约定股权转让合同的生效条件，主要有三种情况：第一种是附加形式条件，以合同履行某种形式作为合同生效的要件，如约定合同须经过公证、加盖公章等；第二种是批准条件，如经过股东会批准或国有股权转让中由主管部门批准等；第三种是以某一合同义务的履行作为合同生效的要件，如受让方支付转让款、转让人交付公司账簿和文件资料或公章、转让人办理公司变更登记等作为合同生效条件。对于这些约定，根据《中华人民共和国民法典》第五百零二条的规定"当事人可以约定合同生效的条件"，审查时遵循当事人意思自治原则，在不违反法律、行政法规强制性规定的情况下，应当予以认可；不过应提醒当事人，在这些条件尚未成就且合同尚未发生效力时，不宜先行就实际履行或部分履行了合同，以避免不必要的纠纷。

如将关于股东名册的变更作为约定的股权转让合同生效条件是可行的，但应提醒当事人，如未将股东名册变更约定为股权转让合同的生效条件，则股东名册变更虽不是股权变动的法定生效条件，但是却是股东对外昭示其身份的必要形式要件，应当在合同履行中完善关于股东名册变更的义务。因为根据我国现行商事法律规范的规定，商事登记被区分为设权性登记和宣示性登记。其中设权性登记是指，有关事项在进行登记后，即产生创设权利的效力，如未登记，则不具备相关的主体资格，如公司成立时的设立登记；而宣示性登记是指，该事项是否登记，并不影响该商事行为的效力，只是如果该事项没有登记，则不能对抗善意第三人，如公司董事长因董事会决议发生变动，该变更未经登记时亦发生董事长变更的法定效果，却不产生对抗第三人的效力，即董事长变更的信息未能披露给社会公众，就不能推定社会公众知道或者应当知道这些披露信息。

五、股权转让价款及支付

由于有限责任公司的股权不像上市公司有股票价格可作为参考，因此其价格确定成为股权转让合同审查的一大难题。有限责任公司股权定价方式主要有四种：①由当事人协商（包括章程约定）。这也是世界上多数国家和地区首先采纳的方式。②立法明确采用某种估价标准，如《日本公司法典》第144条之5的规定，公司指定的受让方从转让股东或者非股东受让方处受让股份时，应采用股份的账面价格，即以公司当时的净资产除以股份总数后得出的价格。③采纳会计专家的意见，如《韩国商法典》第374条之2第3款规定，股权转让价格双方无法达成一致的，采用会计专家算定的价格。④交给法院裁定，即司法估价。这也是多数国家或者地区确定股价的最后选择。我国公司法未对有限责任公司股权的一般变更价格进行强制性的规定，不过对异议股东股权回购时股权价格的确定有规定。《中华人民共和国公司法》第八十九条规定，对法律规定的股东会某项重大决议投反对票的股东可以请求公司按照合理的价格收购其股权，协议不成，则由法院做出司法估价。对股权转让价款之约定，应当明确，以确定目标公司之资产价值；同时应将价款之具体给付方式及内容进行明确约定，以避免不必要的履行纠纷。

六、目标公司之资产及控制

公司虽是具有独立财产的法人，但并没有自然人的思维，其作为一个抽象的民事主体，必须通过股东或高管等具备思维能力的人形成法人议事机关进行运转和管理，实现公司权益。而法人的议事机关反映的意志和权利主要来源于控股股东。

股东投入的出资归公司所有，股东对公司享有的只是分红权利和公司清算后的分配财产权利，同时对公司经营过程中产生的风险以其出资为限承担责任，其取得股权后，通过对公司的经营管理实现权益。因此，当转让方（控股股东）将股权全部转让给受让方后，受让方成为公司控股股东，需对公司进行运营和管理。而要实现对公司的经营管理，需取得对公司印章、财务账册档案材料等的控制管理权利。

股权转让之转让方，如系目标公司之控制人，则股权转让合同应将目标公司之资产及实际控制现状予以确定，以有利于受让方在受让股权后，完成对目标公司之有效管理。如转让方非目标公司控制人，则此条审查要求较低。

因此，对于受让方在受让股权时与转让方双方之间达成的转让方在股权转让后将公司印章、档案材料等移交受让方管理的约定是否有效，亦应视具体情况而定：

（1）若转让方仅为公司中、小股东，股权转让后，受让方的进入并不会改变原先既有的管理公司档案材料的行政管理机构，或公司印章、相关档案材料等由公司其他股东依约定权限持有和管理，亦不会影响公司正常经营管理的，则受让方无需甚至无权要求转让方移交材料。

（2）若转让方为目标公司控股股东，转让方受让股权后，将成为目标公司的控股股东，受让方能掌控的公司印章、档案材料，将影响到公司正常经营管理，受让方为了在受让股权后得以控制目标公司，要求转让方移交印章、档案材料，在不违反公司法人的独立性和公司对财产的处分权的情况下，应当是合法有效的。不过，为避免合同履行过程中，因受让方要求目标公司向其交付上述相关资料而产生不必要的纠纷，在审查股权转让合同时，应当注意在条款中约定，转让方应当负有将其作为原控股股东所掌握相关资料之转交义务，并就相关资料予以明确约定和细化。

七、违约责任

股权转让合同系双务合同，在合同中宜对转让方和受让方之权利和义务均进行明确约定，以便于合同履行；同时应对违约责任进行清晰的约定，尤其是关于违约金的约定，应当适当。《最高人民法院关于适用〈中华人民共和国民法典〉合同编通则若干问题的解释》第六十三条规定，"在认定民法典第五百八十四条规定的'违约一方订立合同时预见到或者应当预见到的因违约可能造成的损失'时，人民法院应当根据当事人订立合同的目的，综合考虑合同主体、合同内容、交易类型、交易习惯、磋商过程等因素，按照与违约方处于相同或者类似情况的民事主体在订立合同时预见到或者应当预见到的损失予以确定"。因此，应当在审查股权转让合同时，将约定违约金过高的风险告知当事人。

八、纠纷解决方式

股权转让合同履行过程中易产生纠纷，应对纠纷解决方式进行明确约定，特别是为节约纠纷解决时间，决定采用仲裁方式解决纠纷时，一定要在合同中明确指明仲裁机构的名称，否则会导致关于仲裁的约定无效。

【法律文书范例】

关于昆明××投资管理有限公司
受让四川××日化有限公司股权的法律意见书

昆明××投资管理有限公司：

  云南××律师事务所（以下简称"本所"）受昆明××投资管理有限公司（以下简称"××公司"或"公司"）的委托，作为××公司受让四川××日化有限公司（以下简称"××目标公司"或"目标公司"）股权特聘专项法律顾问出具法律意见。

  本法律意见书依据《中华人民共和国民法典》《中华人民共和国公司法》《中华人民共和国外商投资法》及其他有关法律法规和规范性文件的规定，按照律师行业公认的业务标准、道德规范和勤勉尽责精神出具。

  为出具本法律意见书，本所按照我国有关法律、行政法规和部门规章的规定及有关文件的要求，就出具本法律意见书所涉事实进行了调查，并就有关事项向目标公司董事、监事及高级管理人员作了询问并进行了必要的讨论，取得了由公司向本所提供的证明和文件。

第一节　律师应声明的事项

  1.1　本所律师依据有关法律法规和有关规定及本法律意见书出具日前已发生或存在的事实发表法律意见。本所律师仅就与本次股权受让有关的法律问题发表法律意见，在法律意见书中涉及其他内容时，均严格按照有关中介机构出具的报告引述。

  1.2　本所得到公司和股东如下保证，即其已经提供了本所认为出具法律意见书所必需的、真实完整的原始书面材料、副本材料或口头证言、行为过程，有关材料上的签字和/或印章均是真实的，有关副本材料或者复印件均与正本材料或者原件一致。对于前述文件、资料及说明的审查验证，并协助公司股东解决存在的法律问题，履行或完善必要的法律程序或手续，构成本所出具本法律意见书的基础。上述文件或者证明所提供的信息将被本所律师信赖，公司和公司董事、监事及高级管理人员应当对其确认或证明之事项的真实性、准确性、完整性承担完全的法律责任。

  1.3　本所律师已对与出具本法律意见书有关的所有文件资料及证言进行审查判断，并据此出具法律意见。对于出具本法律意见书至关重要而又无法得到独立的证据支持的事实，本所律师向公司股东和相关人员发出了询问和查阅备忘录，或取得政府有关主管部门或者其他有关机构对有关事实和法律问题出具的确认函和/或证明文件。该确认函和/或证明文件亦构成本所出具本法律意见书的支持性资料。

  1.4　本所律师已严格履行法定职责，遵循了勤勉尽责和诚实信用原则，对公司和公司股东的行为以及本次章程修改的行为以及相关文件、材料的合法、合规、真实、有效性进行了充分的核查验证，保证本法律意见书不存在虚假记载、误导性陈述及重大遗漏。

  1.5　本所同意将本法律意见书作为公司申请变更股权所必备的法定文件，随其他文件、材料一同上报有关部门，并愿意承担相应的法律责任。

  1.6　本法律意见书仅供公司为本次股权受让的目的使用，不得用于任何其他目的。

  1.7　本所及本所律师保证由本所同意公司引用的本法律意见书内容已经本所律师

审阅，确认若因上述内容出现虚假记载、误导性陈述及重大遗漏引致的法律风险，本所对其真实性、准确性和完整性承担相应的法律责任。

第二节　股权转让协议之条款意见

2.1　关于目标公司四川××日化有限公司系中外合资经营企业之事实未确认，亦未明确目标公司之股权构成，对于其他股东是否主张优先购买权未做说明。

2.2　关于转让方成都××投资管理有限公司持有目标公司之37.5%股权的合法性未明确。

2.3　股权转让协议虽对股权转让价款约定为"人民币370万元"，但对转让价款之给付时间及方式均未做明确约定，如在之后股权转让价款给付之履行产生纠纷时，不易于确定双方的权利和义务。

2.4　股权转让协议约定，将转让方在目标公司中的权益与责任一并转为受让方，但对于转让方之责任，未在股权转让协议中予以明确，可能因约定不明加重受让方之责任。

2.5　股权转让协议约定，"转让协议生效后30日内，甲方向乙方移交有关的证书、文件、资料等，并履行相应的手续"。本条关于股权之交割条件及方式约定不明，应将有关证书、文件、资料及相应手续之内容约定明确，以利于合同履行的确定性。

2.6　鉴于目标公司系中外合资经营企业，其股权变更应至批准目标公司成立的审批机关××市商务局办理批准手续，股权转让协议应对转让方之相关协助义务进行明确约定。

2.7　股权转让协议关于纠纷解决的方式，选择为仲裁，但是未明确选定仲裁机构，因未明确仲裁机构的仲裁协议内容是无效力的，应在协议中确定双方认可的仲裁机构的详细名称。

2.8　股权转让协议虽然约定，协议在双方法定代表人签字后生效；但因目标公司系中外合资经营企业，需办理审批手续，因此该约定在办理相关审批手续之前，不能产生预期效力。

结论

综上所述，本所律师认为，《股权转让协议》条款过于简略，对双方权利和义务约定不明确，建议重新制作，以保护受让方之合法权益。

本法律意见书经本所经办律师签字并加盖本所公章后生效。

本法律意见书正本叁份，无副本。本法律意见书供昆明××投资管理有限公司受让成都××投资管理有限公司持有的四川××日化有限公司之股权时使用，任何人不得将其用于任何其他目的。

云南××律师事务所
律师：×××
年　月　日

【股权转让协议范本】

股权转让协议

本协议由以下双方于××××年××月××日在××省××市签署。

转让方：成都××投资管理有限公司（以下简称"甲方"）。
住所地：成都市××区××路×号。
法定代表人：×××，董事长。

受让方：昆明××投资管理有限公司（以下简称"乙方"）。
住所地：昆明市××区××路×号。
法定代表人：×××，董事长。

四川××日化有限公司（以下简称"目标公司"）是设立于四川省成都市的中外合资企业，其注册资本为人民币500万元；转让方是目标公司的股东，合计持有目标公司37.5%的股权。

转让方因经营策略及重心的转变，拟退出洗涤用品行业，故拟将其依法拥有的占四川××日化有限公司公司37.5%的股权（以下简称"目标股权"）按本协议规定的条款和条件转让。

受让方拟从事洗涤用品行业经营，意欲从转让方处收购目标公司股权。

双方经协商后达成一致：转让方将其持有的目标公司37.5%的股权转让给受让方；转让方愿意支付相应的对价以取得目标股权，成为目标公司的股东。

双方约定：本次股权交易成立时，所对应目标公司的资产为目标公司现在所享有动产与不动产及其他相关权益，亦包含目标公司之负债，上述资产详细清单以四川××会计师事务所于××××年××月××日作出《四川××日化有限公司资产审计报告书》为准（详见附件一）。

双方约定如下：

第一条 定义

1.1 目标股权：指在目标公司中由甲方合法享有的股权。其总额为在目标公司37.5%的股权，合计375万股。

1.2 转让价款：指依人民币计付的购买目标公司37.5%股权所对应的价款。

1.3 目标公司：四川××日化有限公司。

1.4 成立日：本协议双方共同签署之日。

1.5 生效日：本协议经××市商务局批准之日。

1.6 交易双方：

转让方：成都××投资管理有限公司。

受让方：昆明××投资管理有限公司。

1.7 股权过户：按照《中华人民共和国公司法》《市场主体登记管理条例》的规定，将目标公司的股权变更至受让方名下，受让方成为目标公司具有对抗效力的股东。

第二条 目标公司概况及股权结构

2.1 目标公司概况：

目标公司项下资产情况详见附件一。

2.2 目标公司股权结构：

目标公司是在中华人民共和国境内依法成立的有限责任公司，目标公司注册资本1000万元（大写：壹仟万元）人民币，根据公司章程及工商登记，其中，甲方在目标公司占有37.5%的股份，上海市××投资管理有限公司占有30.5%的股份，（香港）×× 实业有限公司占有股份32.0%，三者共计占持有目标公司100%股权。

第三条 股权转让的份额、股权转让价款及支付方式

3.1 目标股权数额及构成：

本次交易中双方拟进行交易的目标股权为目标公司37.5%的股权，即转让方在目标公司中持有的375万股。

3.2 股权转让的份额：

本次股权转让份额为甲方持有的目标公司37.5%的股权。

3.3 股权转让价款：

转让方以人民币375万元（大写：叁佰柒拾伍万元）的价格向受让方转让在四川××日化有限公司中持有的375万股股权。

3.4 股权转让价款的支付方式与付款安排：

股权转让价款的支付分为两期：合同签署后三日内，受让方向转让方指定的账户转款人民币175万元（大写：壹佰柒拾伍万元）；剩余的人民币200万元（大写：贰佰万元）于审批通过后五日内转入转让方指定的账户。转让方指定账户信息见附件二。

第四条 股权过户

4.1 本协议签订后20个工作日内，转让方与受让方共同促使目标公司到××市商务局和市场监督管理部门尽快完成股权变更的登记。变更登记所需要准备的手续由甲乙双方以及目标公司共同准备，股权转让完成后目标公司章程由受让方自行修订，目标公司的变更登记由受让方向市场监督管理部门提出申请；转让方应给予相应的帮助；转让方委派的董事会成员及董事长自动退出目标公司，改由受让方新派。

4.2 自本合同生效之日起，受让方应根据经审批机关批准的目标公司的登记和章程，享有相应的权利和承担相应的义务。目标股权进行上述转让后，受让方承认在目标股权转让前目标公司所签订的合同、章程及附件效力，目标股权转让后，目标公司的合同、章程及附件的一切权利、义务及责任由受让方承担。

第五条 费用

5.1 受让方承担按本协议规定支付转让价款的所有银行费用和其他相关费用。

5.2 与目标股权转让有关的登记费用由受让方承担。

5.3 因目标股权的转让而发生的税金，按中国有关法律规定办理。法律没有明确规定的由双方平均承担。

第六条　协议的解除

6.1　甲乙双方经协商一致后可以解除本协议；本协议约定的解除事由出现时，享有解除权的一方可以解除本协议，行使解除权的，应当向协议的其他各方发出出面通知，自通知送达之日起本协议即告解除。

6.2　协议各方在履行协议时出现违约，应当依实际履行的原则进行补救，在对方未作补救行为之前，对方虽构成违约，但守约方不能单方解除协议。

6.3　协议解除后，尚未履行的，终止履行；已经履行的，根据履行情况协议各方可以要求恢复原状、采取其他补救措施，并有权要求赔偿损失。

第七条　陈述和担保

7.1　转让方向受让方陈述和担保，于本协议签订日：

7.1.1　转让方系依法成立的企业法人，有独立的法人人格，并且依法存续，能够独立地处分目标股权；目标股权不存在任何权利瑕疵（包括但不限于目标股权未设置质押、未被法院查封、没有除本协议以外的第三人已经或者将要向目标股权主张权利）。

7.1.2　转让方已经取得目标公司其他股东出具的放弃优先购买权的承诺书，能够按照《中华人民共和国公司法》的规定向目标公司股东以外的其他人转让目标股权，并有权订立本协议以及履行本协议项下义务。

7.1.3　转让方已授予其授权代表签署本协议，本协议的效力从生效日开始，本协议的条款对其具有法律约束力。

7.1.4　双方签订本协议以及履行本协议项下义务：

（Ⅰ）不会违反目标公司营业执照、成立协议、章程或类似组织文件的任何规定；

（Ⅱ）不会违反有关法律或任何政府的授权或批准；

（Ⅲ）不会违反其作为当事人一方（或受之约束）的其他任何合同，也不会导致其被认定在该协议项下未履约。

7.1.5　不存在将影响本方履行本协议项下义务的能力的、已经发生且尚未了结的诉讼、仲裁申请或其他司法或者行政程序，而且据其所知无人威胁将采取上述行动。

7.1.6　双方已经向对方提供可能对其全面履行其在本协议项下义务的能力造成重大不利影响的相关政府机构颁发的所有文件，并且本方此前提供给对方的文件中没有对任何重要事实的不实陈述或者漏述。

7.2　受让方向转让方陈述和担保，于本协议签订日：

7.2.1　根据其成立地的法律，受让方为独立法人，依法定程序设立、有效存续，且相关手续完备。

7.2.2　受让方有权订立本合同以及履行本合同项下义务。

7.2.3　受让方已授予其授权代表签署本合同，本合同的效力从生效日开始，本合同的条款对其具有法律约束力。

7.2.4　受让方签订本合同以及履行本合同项下义务：

（Ⅰ）不会违反其营业执照、成立协议、章程或类似组织文件的任何规定；

（Ⅱ）不会违反有关法律或任何政府的授权或批准；

（Ⅲ）不会违反其作为当事人一方（或受之约束）的其他任何合同，也不会导致其被认定在该合同项下未履约。

7.2.5 不存在将影响该方履行本合同项下义务的能力的、已经发生且尚未了结的诉讼、仲裁申请或其他司法或者行政程序,而且据其所知无人威胁将采取上述行动。

7.2.6 受让方已经向对方提供可能对其全面履行其在本合同项下义务的能力造成重大不利影响的相关政府机构颁发的所有文件,并且该方此前提供给对方的文件中没有对任何重要事实的不实陈述或者漏述。

7.3 转让方和受让方分别向对方陈述和担保:如果在本合同签订日,一方的上述陈述和担保的任何一项与实际情况有实质性不符,则构成该方违约。

第八条 目标公司的交割

8.1 未分配利润:

自协议签署日至转让生效日的相关期间,目标公司的未分配利润暂不分红。在转让生效日后,该转让股权项下的全部权益(包括但不限于应送红利、应派股息)归乙方所有。

8.2 债务承担:

除乙方事先书面同意以及乙方已在本协议及其补充协议中所作的承诺外,(鉴于甲方在转让生效日之前对目标公司的实际控制地位)甲方承诺将按其持有的37.5%的股权比例继续对目标公司在转让生效日之前、之时的,除本协议附件一之外的债务负责,无论其是已存在或可能存在的、已知的或未知的、累积的或未累积的、到期的或未到期的,包括但不限于与下述各项有关而产生的债务和义务:(ⅰ)在转让生效日之前或之时有关目标公司的任何应付税费;(ⅱ)在转让生效日之前或之时有关目标公司的任何悬而未决的诉讼、仲裁、扣押、实施执行或其他法律程序;(ⅲ)在生效日之前或之时产生的与目标公司有关的任何义务,包括但不限于有关员工薪金、工资、离职费、医疗卫生福利、劳保支付等的义务;(ⅳ)在转让生效日之前或之时对目标公司出售的任何产品或提供的服务的任何索赔请求。如因任何第三方就本协议附件一之外的债务提出偿付请求,或与之有关而存在任何针对乙方的诉讼、仲裁或其他法律程序,或使乙方遭受任何损失,甲方应负责应诉,并就任何前述诉讼、仲裁、法律程序或乙方遭受的损失而补偿乙方。乙方有权从本协议第五条规定的存放在监管账户中的转让价款中扣除相应的上述赔偿额。

8.3 账目:

8.3.1 目标公司的有关账目包括但不限于附件中的财务报表已按照中国一切有关法律法规的规定及按照中国公认会计原则及惯例、公司法及其他适用法规编制,在各方面均准确,并且真实和公正及全面地反映目标公司截至基准日止的资产、负债、资本承担和状况。

8.3.2 目标公司的有关账目包括但不限于附件中的财务报表遵照所有适用法例的要求并不受任何不寻常或非经常项目的影响,已正确列明目标公司的资产状况,并就目标公司截至基准日的事务及盈亏状况作出真实及公平的反映。

8.3.3 自基准日以来,目标公司在经营、效益、财务及财产状况方面没有任何重大的不利变化。

8.4 账面应收账：

目标公司之账目所包括的应收账已经或将会在一般收债过程中收取该等账目的账面数另加任何累计利息（如有），且已按照中国有关法律法规的规定作出必要的呆坏账准备。

8.5 资金承诺：

除附件一所披露者外，目标公司并无任何尚未履行的资金承诺；自账目日期起，目标公司并没有订立或同意订立任何资金承诺。

8.6 借贷资本及担保：

除已由甲方向乙方提供的资料外，目标公司并没有任何尚未偿还的借贷资本、借款，也没有因提供任何担保或赔偿保证而产生的债务（不论是现时或将来的）。甲方保证为借入上述款项而签署的各项协议及作出的各项安排均合法有效，并承诺若因任何因素导致乙方遭受任何损失，甲方将向乙方提供及时、全面及无条件的赔偿。

8.7 融资及信贷的延续：

如上文第 8.6 款披露的款项尚有未偿还者，就该等款项据以发生的任何协议，或安排而言：

8.7.1 甲方向乙方提供该等协议或安排的全部详情，以及所有相关文件，并保证该等文件的真实性及准确性。

8.7.2 没有任何条款被抵触或违反。

8.7.3 未曾出现或被威胁采取任何强制执行产权负担的行动。

8.7.4 其条款及条件未曾被修改。

8.7.5 甲方没有作出任何可影响或损害该等协议、信托契据、文书或安排的延续的事情。

8.8 债务：

8.8.1 除已由甲方向乙方披露者外，目标公司再没有其他流动债务（不论任何种类）。

8.8.2 目标公司在雇员社会保险或任何其他同雇员有关的费用及储备金方面均无任何未付清的支付义务。

8.9 雇用事项：

8.9.1 目标公司均没有任何向雇员支付奖金的计划或安排，并且目标公司均已履行其在有关其雇员的一切法律法规、准则、命令、裁决和协议项下的一切义务。

8.9.2 不存在向目标公司各自的任何高级职员或雇员提供认股权计划或股份奖励计划或类似计划。

8.10 退休计划：

除中国有关法律和法规的规定之外，目标公司无需向其任何董事或高级职员或他们的任何配偶或其他家庭成员提供任何类别的退休福利（退休福利应包括在退休、离职、死亡、无行为能力时应支付的福利及在准备基金计划或退休计划项下通常提供的任何其他福利）。

8.11 债务承担：

基准日以后至本协议签署日发生的新的银行负债、对外抵押资产及对外担保均已由及将会由甲方向乙方提供资料。而自本协议签署日至交易完成日，如要发生新的银行负债，对外抵押资产及对外担保，则须取得乙方的事先同意。

8.12 业务：

8.12.1 目标公司是依中国法律注册成立并合法存续的有限公司。

8.12.2 目标公司已经获得拥有其资产和经营其目前正在经营的业务的一切必要的政府许可、授权、同意和批准，并且上述一切许可、授权、同意和批准均是有效、仍然存在、不可怀疑和无条件的，或是有条件但该条件已经成就，没有任何理由应该解除、取消或撤销它们任何之一。

8.12.3 目标公司无论何时均在各方面根据其营业执照、章程和/或任何现时适用的法律法规或条例及目前仍为或曾为其中一方的任何其他文件继续经营业务。

8.12.4 目标公司均没有进行清算，亦没有采取任何步骤进行清算；没有任何请求目标公司进行清算的申请或行政命令被提出，没有任何事由可以作为对目标公司进行清算的申请的依据，亦没有任何人士就目标公司进行清算提出申请。

8.12.5 除已披露者外，目标公司没有从事或参与使目标公司现在或将来有可能遭受吊销营业执照、罚款或其他严重影响目标公司经营的法律或行政处罚的任何违反中国法律法规的行为。

8.13 重大合同：

除了已由甲方向乙方提供的资料以外，目标公司不是任何可对其业务、利润或资产构成或相当可能构成重大影响（不论是否由于其性质、有效期、范围、价格或其他方面）的合同、安排或义务的一方，也没有订立以下合同、安排或义务：

8.13.1 并非在日常业务过程中订立的合同、安排或义务。

8.13.2 在订立之日起六个月内不能按其条款履行的合同、安排或义务。

8.13.3 完成履行后预期将导致目标公司产生损失的合同、安排或义务。

8.13.4 责任烦琐或目标公司不能在避免产生不当或不寻常开支的情况下按时完成或履行的合同、安排或义务。

8.14 知识产权：

目标公司的活动（或任何被许可人根据目标公司授予的特许而进行的活动）并不侵犯，亦不会侵犯任何目标公司以外他方的知识产权，及亦无任何人士对目标公司或上述任何被许可人提出侵权之诉讼。

8.15 税务：

8.15.1 报税表：

目标公司应作出或提交的所有必需资料、通知、账目、报表、报告、计算表及申报表，已经适当地及正式由目标公司呈交所有有关税务机关，而呈交该等机关的所有资料、通知、计算表及申报表均属真实和准确，并不是也不会成为与该等机关之间任何争议的主体。所有应由或应该已由目标公司为任何税务理由而提呈的申报表、计算及付款已于规定期间内按适当基准进行，并为最近期及正确无误，而其中并无成为或可能成为与税务当局的任何争议事项。

8.15.2 纳税责任：

目标公司有责任缴纳除本协议附件一之外的其他税项（包括但不限于营业税、建设税、政府收费、所得税及递延税项）均已妥为缴纳（在应予缴纳的范围内），并在不损害前述条文一般性的原则下，目标公司已作出其有责任或有权作出的所有扣减及保留，或已缴纳所有应予缴纳的税款。

8.15.3 目标公司已遵守所有有关税务的法律、规例、法例、法令或命令。目标公司未作出任何行为可导致更改、损害或干预目标公司曾与任何税务当局达成的任何安排或协议。

8.15.4 目标公司并未订立或从事或参与任何虚假或虚构的交易或其主要目的或其中一项主要目的是逃避或递延或减少目标公司税务责任的任何交易或连串交易或计划或安排。

8.16 产权负担：

8.16.1 除已由甲方向乙方提供的资料外，每项由目标公司持有的物业均不附带任何产权负担（包括但不限于任何债券、按揭、抵押、押记、质押、留置权或担保抵押品），亦不存在任何设置上述产权负担的协议或承诺。

8.16.2 各项由目标公司持有的物业均不受制于任何目标公司以外他方的权利，包括但不限于任何该等物业的他项权利、获取利润的权利、共有权、通行权、特许、同意或优先权益。

8.17 通知、命令及计划

8.17.1 甲方及目标公司并没有收到任何政府部门、机关或其他方所发出任何可对目标公司持有的物业造成影响的通知或命令。

8.17.2 除已提供与乙方的资料外，就甲方所知，政府部门或机关并没有可对任何由目标公司持有的物业造成不利影响的计划，包括但不限于涉及强制收购或公路建设工程的计划。

8.18 维修：

每项由目标公司持有的物业的所有建筑物或其他架设物均处于良好及充分维修的状况，因此该等物业实质上适宜用于现有用途。

8.19 租赁：

在目标公司据以持有有关租赁物业的租赁设定之日，拥有该等租赁物业租赁权的人士均持有有效业权以设定有关租赁，此外，设定有关租赁所需的一切同意均已取得。

第九条 违约责任

9.1 受让方若未按本协议的约定如期、如数支付转让价款时，每逾期一个月，受让方需缴付按应付金额每日万分之三的违约金给转让方，如逾期三个月仍未缴付的，除向转让方缴付违约金之外，转让方有权终止并解除本协议，并且转让方应当向受让方支付到期应付但未付款项数额的10%作为违约金，对于违约金不足以清偿其造成的损失的部分，应当承担赔偿责任。

9.2 本协议签订后，未经受让方书面同意，转让方不得将标的股权进行转让、质押、抵押等任何单方面处置或不按本协议的约定履行转让方在办理标的股份的过户登记手续的应尽义务，否则转让方构成违约，转让方应向受让方支付股份转让总价款10%的违约金，对于违约金不足以清偿其造成的损失的部分，应当承担赔偿责任。

9.3 除本条第9.1、9.2款以外，如果一方拒绝完成本协议项下的交易，或者如果一方未履行其于本协议项下的任何义务或一方在本协议项下的陈述或担保被证明不真实、不正确或不完整，该方则构成违反本协议的约定，或者发生在本协议项下其他违约行为的一方，应当承担相应的违约责任，违约方应赔偿守约方因对方违约而造成的全部经济损失，包括但不限于与其前述违约行为有关的任何索赔、诉讼、责任、成本或开支。

第十条 争议的解决方式

凡因执行本协议所发生的或与本协议有关的一切争议，双方应通过友好协商解决，经过双方协商一致达成补充协议的，补充协议与本合同有同等的效力；如果协商不能解决，应提交合同签订地昆明仲裁委员会仲裁。

第十一条 其他事项

11.1 合同拘束力的范围：

本合同的受益人为本合同双方以及该方合法的继承人和受让方并对其有法律拘束力。

11.2 修改：

本合同不得以口头方式修改，而必须以双方签署书面文件的方式修改。双方在本协议签订后若达成了新的约定，应当就新约定的事项签订书面的补充协议，补充协议的内容与本协议有同等的效力。

第十二条 本协议的成立条件

本协议在以下先决条件满足之日起成立：

12.1 本合同经双方法定代表人（或双方授权代表）签字或盖章或捺印之日起成立。

12.2 本合同（包括其附件）的修改，必须经双方书面同意，并经过双方当事人法定代表人或授权代表签字或盖章后生效。

12.3 本合同及其附件用中文书写。合同共10页，正本一式陆份，甲方执叁份，乙方执叁份，各份具有相同法律效力。

（以下无正文，为签署及印章处）

甲方：成都××投资管理有限公司
法定代表/授权委托人：

乙方：昆明××投资管理有限公司
法定代表/授权委托人：

附件及附录

附件一：

四川××会计师事务所于 2014 年 3 月 6 日作出的《四川××日化有限公司资产审计报告书》。

附件二：

转让方的开户银行及账号相关信息。

附录

1. 除非本合同条款或上下文另有所指，下列用语含义如下：

"有关法律"指对本合同一方或本合同标的适用的法律法规、规章，以及本立法、行政或者司法机关颁发的通知、命令、决定或其他公示性文件。

"工作日"指中华人民共和国境内公司通常对外营业的任何一日，包括中国政府宣布为临时工作日的星期六或星期日（"调休工作日"），但不包括法定节假日以及调休工作日以外的星期六或星期日。

"保密资料"指某方所披露的符合以下条件之一的商业、营销、技术、科学或其他信息：在披露时标明为保密（或者有类似标记）的；在保密情况下披露的，或双方根据合理的商业判断应理解为保密资料的。

2. 本合同中提及附录、附件和条款均指本合同的相应附录、附件和条款。

3. 本合同中提及法律法规或规章，或合同、协议或者其他文件，也包括其修订后的版本。本合同中提及政府、局、委员会、署，也指这些机构的继受机构。

4. 条款标题仅为方便查阅，对本合同的理解和解释无影响。

第七章　股权激励方案审查

实验项目介绍

一、实验目标

通过本实验项目，学生了解股权激励方案的设计原理，掌握审查股权激励方案的基本技能，同时具备制作简单股权激励方案的能力。在股权激励方案的具体审查过程中，能够熟练查阅并综合运用与股权激励方案相关的法律法规指出基础材料中存在的问题，并能够制作符合要求的法律意见书。

二、实验内容

四川××科技产业集团及下属四川××电业电器股份有限公司拟实施股权激励计划，公司已草拟《四川××电业电器股份有限公司经营者持股计划方案（征求意见稿）》和《四川××科技产业集团股权激励制度改革方案及管理规定（征求意见稿）》。假如你是公司聘请的法律顾问，请为前述方案出具法律意见书。

请同时思考：股权激励还有哪些较为常见的设计方案？各方案需要拟定哪些协议或制度文件作为支撑？

请同时尝试：为公司设计新的不同类型的股权激励方案和配套文件，应做到简单、易操作，能够发挥激励作用。

三、实验流程

（1）学生进行实验分组，组建律师团队（3人左右）。

（2）教师介绍本次实验的目标、内容、方式，并提供作为本次实验审查对象的股权激励方案（征求意见稿）；然后，介绍股权激励方案审查的基本知识，重点是股权激励方案的原理，可展示一些真实的法律文书作为范例。

（3）学生以律师团队为单位进行讨论，指出股权激励方案（征求意见稿）中存在的问题，同时撰写法律意见书。

(4) 学生以法律意见书为基础，口头简要陈述审查意见，在此过程中，教师扮演委托人角色，可随时向学生提问。

四、考核标准

每一个实验项目的考核成绩包括三个组成部分：①考勤；②现场表现，包括团队表现和个人表现，主要考查语言表述能力、要点归纳能力、法律分析能力、团队配合能力等；③法律文书制作质量。

【实验素材1】

四川××电业电器股份有限公司
经营者持股计划方案
（征求意见稿）

依照集团公司关于经营者持股的原则规定，根据公司董事会与总经理团队签订的三年利润定额包干风险责任协议，为了发挥经营者的积极性、主动性、创造性，并使主要经营者成为企业资产的所有者，形成企业内部的利益共同体，特制定本方案。

一、公司资本结构的调整：

1. 经营者持有本公司股权总比例在三年中逐年达到公司总资本的49%，集团公司持有公司股权比例为公司总资本的51%，保持绝对控股的地位。三年后根据公司发展情况，可进一步调整股权结构，使集团公司保持第一大股东的地位。

2. 经营者持股在三年内逐步达到总金额3920万元，即49%。2024年末计划经营者股权金额达3120万元。

二、经营者持股计划实施原则和范围：

1. 股权份额的分配应本着职责大小、对公司发展的重要度以及对公司业绩的实现贡献与对长期经济增长的潜力大小来确定。

2. 经营者持股计划的范围：四川××电业电器股份有限公司及其控股的公司高层经营管理者以及由总经理团队认定的公司营销、技术、生产、管理骨干。

3. 按照本计划方案取得股权的经营管理者，必须至少在公司工作三年。提前离开公司的，受到公司处罚或末位淘汰而离开公司的，公司将按个人实际出资（取消优惠待遇）原价收回其股权。

三、经营者持股的优惠待遇：

1. 经确定允许持股的人员，个人交付股权款的5%，其余95%根据考核情况分三年赠送。

2. 持股者按实际股权即个人出资与公司赠送之和从2025年度起，实施按股权比例分红。

四、经营者持股的具体名单和逐年计划分配股权金额，由总经理团队第一责任人牵头提出，报董事会批准后施行。

五、总经理团队第一责任人、总经理个人可以分配公司股权比例占经营者持股总比例的 30%~70%。

六、经营者股权分配的具体办理机构为董事会办公室，财务工作由公司财务部承办。

【实验素材 2】

四川××科技产业集团
股权激励制度改革方案及管理规定
（征求意见稿）

四川××科技产业集团自 2020 年开始进行员工股权激励制度的策划和实践，回顾和总结四年来的情况，从中吸取了许多有益的经验和教训。面对民营经济大发展的历史机遇和市场竞争不断扩大与加剧的挑战，根据四川××科技产业集团发展战略的需要，股权激励制度必须作进一步的改革，重新调整股权激励的思路，完善四川××科技产业集团股权激励制度，以期达到激励人才资源向人才资本转化，调动一切积极因素，推动四川××科技产业集团先进生产力的不断发展。为此，特制定本方案和规定。

一、基本方针和依据

股权激励制度的改革必须坚持以培养和造就本企业事业型人才，促进人才资源向人才资本转化，增大企业的盈利能力和可持续发展能力为目标，调动员工的积极性，不断改善员工的待遇，提高员工的长期收益，保障并兼顾股东、企业、员工和国家的利益，落实企业与员工共创财富、共享利益、共担风险的利益共同体，实现股东与员工、员工与企业、企业与社会双赢的局面。

股权激励制度改革的思路，主要根据以下三个方面的情况提出：

第一，国家宏观上政策的鼓励；

第二，国内外先进企业的经验；

第三，本集团及各公司发展战略以及企业文化建设的实际需要。

本改革方案与管理规定主要依据以下集团制度文本制定：

第一，四川××科技产业集团的七个留人机制；

第二，四川××科技产业集团事业型人才培养和管理办法；

第三，四川××科技产业集团薪酬体制改革的指导性意见；

第四，四川××科技产业集团的激励与风险管理的规定，并结合过去四年来四川××科技产业集团实施股权激励计划有关管理办法等。

二、股权配送的原则

1. 增大激励效果与控制股权风险相结合。
2. 近期利益和长期利益相结合。
3. 设立股权进入机制，必须设立退出机制。
4. 股权收益与薪酬分配和事业型人才待遇相配套。
5. 兼顾股东、经营者与公司利益。

6. 过去四年已持股人员，按原规定执行，不再扩大范围和股权额度。对部分进行调整，保护大多数人员的既得利益，对少数不合格者取消资格。

三、股权配送的对象与条件

1. 属于五种事业型人才或培养对象的人员，按照《四川××科技产业集团事业型人才培养和管理办法》规定的条件、标准和认定的办法配送；

2. 其他特殊人才或有贡献者，按照股权赠与者认定的条件配送；

3. 取得赠与股权的持股人必须遵守本文件所有条款的规定。

四、股权来源

股权来源于控股股东或其他股东让渡，并通过协议有条件赠送。

1. 已上市或拟上市的股份有限公司由集团公司控股股东让渡；

2. 有限责任公司由本公司控股股东或大股东让渡；

3. 在公司增资扩股或新办子公司时，由实际出资人预留部分股权让渡。

五、本文件中有关股权的含义以下列诠释为准

• 取得赠与股权的持股人与公司原始出资人差别：

依据本文件规定而持有股权的人员，属本股权激励制度规范的人员，在本文件规定的期限内持股人只有其股权份额上的部分权利，在达到规定的条件和期限届满后持股人拥有全部权利。而原始出资人自出资之日起即享有其出资额的全部权利。

• "股权"即附着于出资额或股本金上的权利。这些权利有：

第一，收益权：享有获取红利的权利和增资扩股时或股权转让时的优先购买权或优先受让权。

第二，管理权：享有出席股东大会对公司重大决策和选择高层经营管理者的审议权和表决权。

第三，所有权：享有个人占有的股权份额不受侵占的所属权，但还不能由个人处置。

第四，处置权：拥有建立在所属权上的个人可以作出继承、赠与、质押、转让等处置的权利。

• 同时具有以上四种权利称为"完全股权"，即实股。

没有同时具备以上四种权利，仅享有其中第一种和第二种权利，称为"部分股权"，即"非实股"。

六、股权实现的办法和管理方式

1. 股权的实现以控股股东（股权赠与者）有条件赠与95%，个人出资5%的方式获得。

2. 属于本文件规定的配送股权的对象，经公司与股权赠与者认可，由股权赠与者与股权受赠人签订股权赠与协议书，由股权所在公司发给受赠人股权凭证后，受赠人即取得股权。

3. 股权赠与协议书必须至少载入以下内容：

A. 赠与股权的数额和价款以及该价款以公司股本金原始价格赠与或按公司当时净资产价格折算赠与。

B. 赠与的股权是"完全股权"或"部分股权"或分期实现的股权。若是分期实现的股权，应写明期限和到期可行使的什么权利。

C. 受赠人在获得赠与股权后应尽的责任和义务以及没有尽到责任和义务时其股权应当受到的处理或处分。

D. 受赠人的股权可以在什么条件下、什么时间，允许采取什么方式、按照什么比例、按照什么价格变现（退出）。

E. 其他双方认为应当载明的条款。

4. 赠与股权的管理：

A. 鉴于有限责任公司股东名额受限，受赠人不可能都进入股东名册。对部分受赠人的股权实行委托代理的办法，签订委托代理协议，由股权受托代理人，代表其行使股东权利和义务。

B. 赠与股权管理机构是集团公司或各公司的董事会办公室，由董事会秘书负责；股权的账务处理和档案资料管理，由财务部门负责。

七、赠与股权一般依照以下时限，分步实现其完全股权

1. 自签订股权赠与协议书之日起，受赠人的股权即享有收益权即分红权。

2. 第四年到第五年的两年内，受赠人应当按协议书约定的股权价格，从个人在公司的所得中缴给股权赠与者所赠与股权数额5％的价款。个人可以订出计划，公司在两年内代扣代缴。在这两年内，受赠人的股权享有收益权和管理权。

3. 在股权赠与后的五年内，经每年考核合格的可以每年转20％的股权为实股，考核不合格的不转为实股。第五年期满后，受赠人的股权享有收益权、管理权、所有权和处置权。此时受赠人的股权全额转为实股。对公司发展有重大贡献的持股人，可以由董事会或原赠与股权的股东决定，还可提前转为实股。

4. 受赠人股权转为实股后，依照公司建立"百年老店"的战略目标，为了使股权激励能长期发挥作用，使受赠人得到实惠，从第六年起，对受赠人可以有条件地用现金收购一定比例的股权。使受赠人的股权按比例变现一部分，相应地同比例退出一部分股权。

A. 这种退出机制将发挥两个作用：其一，腾挪出一定的股源供后来符合条件的人才受赠。退出股权的人员若业绩与贡献大还可以再次受赠股权，形成股权激励的长期效应。其二，对已获得股权的持股人可以实现其股权的不断增值变现，把近期利益与长期利益结合起来。

B. 受赠人股权变现的比例原则上每年按本人当时持有的实股的5％～8％变现，由当时股东会和董事会具体决定。

C. 收购股权将由法人股东、自然人股东、原赠与人、外来法人或自然人等经公司股东会通过，依法协议收购。

D. 收购股权的价格依照当年每股净资产的协商价格计算。

5. 依据公司持续发展对人才的需求，受赠人的股权在转为实股后，还必须与公司签订继续在公司工作一定时间的协议。该协议条款可以在股权赠与协议中一并写入。

从第六年起，受赠人必须在公司工作的时期，原则上按本人在获赠股权时的实际年

龄确定：

　　A. 35 岁以下的还应当在公司工作至少 10 年；

　　B. 35~45 岁的还应当在公司工作至少 8 年；

　　C. 45 岁以上的还应当在公司工作至少 5 年；

　　D. 在公司连续司龄达 10 年的在正常退休时，可以不受以上的时间限定。

八、股权中止与变更

　　1. 在个人获赠股权，从"部分股权"变为"完全股权"的中间过程中，个人由于过错而受到处罚或处分时，其股权的处理办法：

　　A. 属个人实股部分包括个人 5% 的出资，一律按公司股权受赠时原价由原赠与人收回；

　　B. 对个人的非实股部分的股权，予以中止，返回原赠与人；

　　C. 由处罚处分决定减少股权数额的，对其减少的非实股股权，返回原赠与人。

　　2. 个人意志衰退丧失信心，素质与能力长期不能提高，已不符合事业型人才的标准和条件的，应当减少或中止其非实股部分的股权。情况严重的可按前条办法处理。

　　3. 在个人获赠股权，从"部分股权"变为"完全股权"的中间过程中，个人由于职位晋升、获奖或非因过错而降低职位、变更事业型人才层次的，依据董事会或总经理的决定，并取得原股权赠与者的同意，可以新增股权，或减少其非实股部分的股权。

　　新增赠与股权或减少股权后，本条规定的分步实现股权的期限可以与原来已过的时间连续计算。

　　增减股权的数额由董事会或总经理商定并取得原股权赠与者的同意。

　　4. 股权终止后原签订的股权赠与协议书同时作废；股权增减变更后应立即重新签订股权赠与协议书，取代原协议书。

　　5. 在个人获赠股权全额转为实股后，违反关于继续在公司工作一定时间的协议，提前离开公司的，将按违约责任进行处罚。处罚的办法是受赠人必须支付相当于获赠股权总额的 30%~70% 的违约金。原则上依据离开时间与约定年限的差距确定具体比例的违约金。违约者可以无偿转让股权的形式向原赠与者支付违约金。

九、股权配送数额标准和原则

　　1. 股权配送的总额和实现的步骤：

　　第一步，按目前实际确定的额度配送；

　　第二步，总额不超过集团公司或本公司注册资本的 49%；

　　第三步，控股股东比例还可缩小，真正让人才资本和能者持大股。

　　2. 五种事业型人才的配送额度：

　　A. 事业型职业经理人（一般指总经理或特别贡献者），可配送持有集团公司或本公司不超过本公司总股本金或注册资本总额（下同）的 15% 的股权，最低股权为 200 万元；

　　B. 职业经理人，可配送持有不超过 5% 的股权，最低股权为 50 万元；

　　C. 事业型专业经理人，可配送持有 10 万~100 万元股权；

　　D. 事业型职业者，可配送持有 5 万~50 万元股权；

E. 定向职业能手，可配送持有1万～20万元股权。

　　3. 在配送股权的额度范围内，可参照以下原则，由事业型人才评审管理领导小组组长牵头逐个落实具体数额。

　　A. 对领导小组成员本人赠送股权数额，由赠与股权者直接确定。

　　B. 应适当考虑受赠人的职位区分。原则上同一事业型人才类型中的高层副职或相当于副职的人员占高层正职的20％～30％，中层副职占中层正职的50％～80％，中层正职占高层副职的20％～30％。营销、技术等方面的优秀专业人才，可以不考虑其职位，而按高一层级的配送额度赠与股权。

　　C. 应适当考虑受赠人所在岗位职能的重要度。原则上同一类型中的重要岗位上的受赠人应略高于其他岗位上的受赠人。重要岗位主要指与技术研发、目标市场或重大营销等直接涉及企业生存与发展的岗位。

　　D. 应适当考虑各公司的产业特点、现实规模和发展前景，拉开公司与公司的一定差距。对个别公司的事业型人才配送股权，经赠与者同意，还可略高于总的配送额度。

　　E. 可以适当考虑受赠人在四川××科技产业集团工作的司龄。司龄长的可以略高一点。

　　4. 除事业型人才五类人员以外的其他特殊人才或有贡献者的股权配送，采取个别办理的方式由股权赠与者同公司总经理商定标准。

　　股权受赠人的股权是集团薪酬体系中的一种薪酬结构，应纳入薪酬管理与考核的范畴，接受KPI（关键业绩指标）或其他规定的业绩考核。

　　本文件经集团股东联合会和董事局审议通过后，须经股权赠与者签署才能生效。

　　本文件生效后，集团或各公司原制订的股权激励计划实施方案或办法，凡调整纳入本文件一并施行的，一律以本文件为准；凡继续保留的仍以原方案或办法施行。

股权激励方案审查基本知识

　　股权激励是指公司在符合法律法规及公司章程规定的前提下，以股权为标的，对公司董事、监事、高级管理人员及其他员工进行的长期性激励。激励对象能够从公司的发展中获得收益，也需要承担相应的风险。股权激励的核心目标是促使激励对象勤勉尽责地为公司服务。实务中，股权激励的类型有很多种，较为常见的是股票期权、限制性股票和虚拟股权。

【股权激励方案审查涉及的主要法律文件】

　　说明：因为企业类型不同，对股权激励方案的审查会涉及不同的立法和相关规定。实务中，针对上市公司和国有公司的具体规定相对较多，针对有限责任公司的规定相对较少，但后者应符合《中华人民共和国公司法》的一般要求。

　　（1）法律：

《中华人民共和国公司法》（2024年7月1日起施行）

《中华人民共和国证券法》（2020年3月1日起施行）

（2）行政规章：

证监会《上市公司股权激励管理办法》（2018年8月15日修订）

证监会《关于上市公司实施员工持股计划试点的指导意见》（2014年6月20日起施行）

证监会《非上市公众公司监管指引第6号——股权激励和员工持股计划的监管要求（试行）》（2020年8月21日起施行）

国资委《中央企业控股上市公司实施股权激励工作指引》（2020年4月23日起施行）

国资委、财政部《关于印发〈国有控股上市公司（境外）实施股权激励试行办法〉的通知》（2006年3月1日起施行）

国资委、财政部《关于印发〈国有控股上市公司（境内）实施股权激励试行办法〉的通知》（2006年9月30日起施行）

【股权激励方案审查要点】

一、注意股权激励的类型

股权激励有很多种类型，虽然目标总体一致，但基本原理大有不同，有些股权激励类型并不适用于特定形态的企业。实务中，有些企业还会在较为常见的、类型化的股权激励类型中增加新的机制设计，这无疑会增加法律风险和审查的难度，因此，在审查股权激励方案时，应首先对方案所属的股权激励类型有所了解。

（一）股票期权

股票期权是指公司授予激励对象在未来一定期限内以预先确定的价格和条件购买本公司一定数量股份的权利。激励对象可以行使这种权利，也可以放弃该权利。

1. 股票期权的主要特点

第一，股票期权是一种权利而非义务，激励对象享有买与不买的充分自由，公司无权干涉。

第二，股票期权是一种以特定价格在未来购买股票的权利，如果未来公司股票价格提高，则激励对象能够通过以"现价"购买股票并以市价卖出的方式获利，从而达到激励效果。

第三，股票期权是一种公司无偿赠与激励对象的权利，但激励对象在行使该权利以"现价"购买股票时仍需要支付相应对价。

第四，股票期权是一种有时间限制的权利。一方面，期权本身存在有效期；另一方面，期权的行权和股票的售出也有严格的时间要求。

2. 股票期权的实施流程简介

第一，授权日。根据股权激励计划，激励对象获赠期权之日即为授权日，授权日之后有一个行权限制期，或被称为等待期，《上市公司股权激励管理办法》对上市公司的要求是不得少于 12 个月。

第二，可行权日。等待期满之日，即为可行权日，从这一天开始到股票期权有效期结束的任何时间，激励对象均可实施权利。

第三，行权日。行权日是指激励对象实际行使股票期权的时间，表现为激励对象根据股权激励计划的安排实际购买股票。行权日之后，激励对象实际成为公司股东，并受到《中华人民共和国公司法》和《中华人民共和国证券法》的约束，比如《中华人民共和国证券法》第四十四条规定，上市公司、股票在国务院批准的其他全国性证券交易场所交易的公司持有百分之五以上股份的股东、董事、监事、高级管理人员，将其持有的该公司的股票或者其他具有股权性质的证券在买入后六个月内卖出，或者在卖出后六个月内又买入，由此所得收益归该公司所有，公司董事会应当收回其所得收益。因此，激励对象如果希望在二级市场转售股票并实际获利必须在一定时限以后。

第四，出售日。出售日指激励对象将行使股票期权后实际获得的公司股票出售之日。

第五，失效日。股票期权本身设置有有效期，比如国资委《中央企业控股上市公司实施股权激励工作指引》第三十条规定，上市公司每期授权权益的有效期，应当自授权日起计算，一般不超过 10 年。超过有效期的，权益自动失效，并不可追溯行使。

股票期权实施流程见图 7-1。

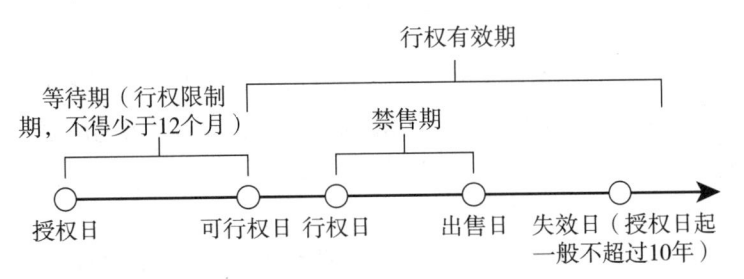

图 7-1 股票期权实施流程

（二）限制性股票

限制性股票，是指公司按照预先确定的条件授予激励对象一定数量的本公司股票，激励对象只有工作年限或业绩目标符合股权激励计划规定条件的，才可出售限制性股票并从中获益。

1. 限制性股票的主要特点

第一，限制性股票的获得受到限制。严格来说激励对象的范围如何确定属于企业自主经营权的范畴，但对于一些特殊类型的公司，如上市公司而言，因为涉及广大投资者的利益，为防止内部人控制现象，监管机构的规范性要求相对较多。比如单独或合计持有上市公司 5% 以上股份的股东或实际控制人原则上不得成为激励对象，独立董事和监事不得成为激励对象等。

第二，限制性股票的定价受到限制。为了达到激励效果，限制性股票的价格一般低于市值，激励对象可以以较低成本获得股票，实务中也存在无偿获得股票的案例，如何定价一般由企业决定，但也有一些特殊限制，比如《上市公司股权激励管理办法》就规定，限制性股票的授予价格不得低于股票票面金额，且原则上不得低于下列价格较高者："（一）股权激励计划草案公布前1个交易日的公司股票交易均价的50％；（二）股权激励计划草案公布前20个交易日、60个交易日或者120个交易日的公司股票交易均价之一的50％。"

第三，限制性股票的转让受到限制。激励对象获得的限制性股票，在登记过户后便享有和一般股票同样的权利，包括股票的分红权、配股权、投票权和自由支配股票获得的现金分红的权利等，但限制性股票包括在禁售期内因持有限制性股票而获得的股票股利，均不得在二级市场出售或以其他方式转让，只有在禁售期满并达到特定条件时才能解除限制，这些条件可以是时间（比如两年内不得转让等），也可以是业绩（如公司净资产达到多少、利润增产率达到多少等）。对于特殊企业，尤其是上市公司，有关解锁方面的要求相对较多。比如国资委《中央企业控股上市公司实施股权激励工作指引》就规定，限制性股票激励"应当设置限售期和解锁期，限售期自股票授予日起计算，原则上不得少于2年（24个月），在限售期内不得出售股票；限售期满可以在不少于3年的解锁期内匀速分批解除限售"。

2. 限制性股票的实施流程简介

第一，授予日。授予日即为交易日，激励对象根据股权激励计划确定的交易价格实际获得股票，并成为公司股东。

第二，锁定期。激励对象获得的股票在授予后即被锁定，不得转让、用于担保或偿还债务，同时在锁定期内，激励对象因获授的限制性股票而取得的股票股利、资本公积转增股份、配股股份、增发中向原股东配售的股份等同时锁定，不得在二级市场出售或以其他方式转让。

第三，解锁期。锁定期满后，即进入所谓解锁期，实务中一般设置有多个解锁期，在不同时期内满足相应的业绩考核目标后可以解锁一定比例的股权。股权解锁后，激励对象可以通过在二级市场交易的方式获得现金收益。当然，前提是需要满足《中华人民共和国公司法》《中华人民共和国证券法》等相关立法有关股权转让的限制性要求。

（三）虚拟股权

虚拟股权并不是真正意义上的股权，只是公司授予给激励对象的一种股权象征，激励对象一般不需要出资，在满足绩效考核要求等相关要求后即可以分红形式获得与真实股权相同的公司利润分配。

1. 虚拟股权的主要特点

第一，股权形式虚拟化。虚拟股权不同于一般意义上的公司股权，不需要进行工商变更登记，不会影响到公司股权结构，严格意义上，激励对象并不是公司股东，与公司之间只是普通的合同关系。

第二，股东权益不完整。虚拟股权的持有者仅享有分红收益权，即按照持有虚拟股权的数量，按比例享受公司税后利润分配的权利，一般不享有其他股东权益，如表决权、转让权等，所以虚拟股权的持有者会更多地关注企业经营状况以及利润情况。

第三，激励形式更灵活。尽管虚拟股权在分红时可能参考普通股权的计算标准，但在更多场合下，二者是截然不同的概念，因此，虚拟股权的方案设计较少受到现行立法的限制，比如有限责任公司股东人数的限制、股权转让的必经程序等。实务中，采用虚拟股权进行激励，企业可以在制度设计方面更加灵活多样。

2. 虚拟股权的实施流程

第一，确定激励对象。与其他股权激励方式相同，虚拟股权激励应首先确定对象。为吸引人才，一般以公司"核心员工"作为激励对象，其范围和资格条件等可由公司自由确定。

第二，确定股权数量。为保证激励的公平性，激励对象持有的股权数量需要明确计算标准，可以根据激励对象的职位、绩效和工龄等作为标准加以设计，小型企业或对于特殊人才也可以灵活处理。

第三，确定变动规则。在方案设计时需要考虑员工职位变动、受到纪律处分、离职等情形，相应地也会涉及虚拟股权的增减、回购等问题，实务中也有一些企业允许在特殊情况下将虚拟股权按照一定比例转化为普通股权，如何进行制度设计一般由企业自主决定。

第四，确定分红办法。虚拟股权的主要激励手段就是赋予激励对象股份的分红权，一般由企业进行专门的财务制度安排，根据经营目标的实际完成情况，确定分红的资金规模，并根据激励对象的持股数量进行分红。

（四）各主要股权激励形式的区别[①]

股票期权与限制性股票的比较见表7-1。

表7-1 股票期权与限制性股票的比较

类别	股票期权	限制性股票
对应标的	购买股票的选择权	真实股票
获得方式	无偿	较低成本
获利前提	市场价高于可行权价	满足业绩考核要求
利益来源	二级市场股价减去行权价格	二级市场股价减去获得成本
激励效果	重在奖励，缺少惩罚功能，如股票市场价格低于预期，激励对象可选择不行权，从而避免损失	兼具奖励和惩罚作用，由于限制性股票的获得需要激励对象支付一定对价，如股票价格持续下降，激励对象需要承担相应风险

[①] 由于虚拟股权受到的限制较少，企业在设计激励方案时更加灵活，严格意义上并无统一要求，同时考虑到限制性股票和股票期权在实务中运用较为广泛，因此，此处比较仅涉及股票期权和限制性股票。

二、注意企业类型

目前立法对上市公司、国有企业等实施股权激励有较多限制性规定，对有限责任公司等非上市公司的要求相对较少，但由于有限责任公司在公司性质、治理结构等方面的特殊性，其股权激励方案在具体设计时仍会存在一定限制，因此在审查企业提供的股权激励方案时应注意不同类型企业的不同要求。

（一）上市公司

为保护广大投资者利益，证监会对上市公司实施股权激励计划专门制定了多部规范性文件，包括 2018 年修订的《上市公司股权激励管理办法》、2014 年《关于上市公司实施员工持股计划试点的指导意见》等。在审查上市公司股权激励方案时，应首先了解上述立法的基本精神，并熟练掌握其基本内容。

【相关法律文件】

上市公司股权激励管理办法（节选）

第七条　上市公司具有下列情形之一的，不得实行股权激励：

（一）最近一个会计年度财务会计报告被注册会计师出具否定意见或者无法表示意见的审计报告；

（二）最近一个会计年度财务报告内部控制被注册会计师出具否定意见或无法表示意见的审计报告；

（三）上市后最近 36 个月内出现过未按法律法规、公司章程、公开承诺进行利润分配的情形；

（四）法律法规规定不得实行股权激励的；

（五）中国证监会认定的其他情形。

第八条　激励对象可以包括上市公司的董事、高级管理人员、核心技术人员或者核心业务人员，以及公司认为应当激励的对公司经营业绩和未来发展有直接影响的其他员工，但不应当包括独立董事和监事。外籍员工任职上市公司董事、高级管理人员、核心技术人员或者核心业务人员的，可以成为激励对象。

单独或合计持有上市公司 5% 以上股份的股东或实际控制人及其配偶、父母、子女，不得成为激励对象。下列人员也不得成为激励对象：

（一）最近 12 个月内被证券交易所认定为不适当人选；

（二）最近 12 个月内被中国证监会及其派出机构认定为不适当人选；

（三）最近 12 个月内因重大违法违规行为被中国证监会及其派出机构行政处罚或者采取市场禁入措施；

（四）具有《公司法》规定的不得担任公司董事、高级管理人员情形的；

（五）法律法规规定不得参与上市公司股权激励的；

（六）中国证监会认定的其他情形。

……

第十三条　股权激励计划的有效期从首次授予权益日起不得超过10年。

第十四条　上市公司可以同时实行多期股权激励计划。同时实行多期股权激励计划的，各期激励计划设立的公司业绩指标应当保持可比性，后期激励计划的公司业绩指标低于前期激励计划的，上市公司应当充分说明其原因与合理性。

上市公司全部在有效期内的股权激励计划所涉及的标的股票总数累计不得超过公司股本总额的10%。非经股东大会特别决议批准，任何一名激励对象通过全部在有效期内的股权激励计划获授的本公司股票，累计不得超过公司股本总额的1%。

本条第二款所称股本总额是指股东大会批准最近一次股权激励计划时公司已发行的股本总额。

第十五条　上市公司在推出股权激励计划时，可以设置预留权益，预留比例不得超过本次股权激励计划拟授予权益数量的20%。

上市公司应当在股权激励计划经股东大会审议通过后12个月内明确预留权益的授予对象；超过12个月未明确激励对象的，预留权益失效。

……

第二十三条　上市公司在授予激励对象限制性股票时，应当确定授予价格或授予价格的确定方法。授予价格不得低于股票票面金额，且原则上不得低于下列价格较高者：

（一）股权激励计划草案公布前1个交易日的公司股票交易均价的50%；

（二）股权激励计划草案公布前20个交易日、60个交易日或者120个交易日的公司股票交易均价之一的50%。

上市公司采用其他方法确定限制性股票授予价格的，应当在股权激励计划中对定价依据及定价方式作出说明。

第二十四条　限制性股票授予日与首次解除限售日之间的间隔不得少于12个月。

第二十五条　在限制性股票有效期内，上市公司应当规定分期解除限售，每期时限不得少于12个月，各期解除限售的比例不得超过激励对象获授限制性股票总额的50%。

……

第二十九条　上市公司在授予激励对象股票期权时，应当确定行权价格或者行权价格的确定方法。行权价格不得低于股票票面金额，且原则上不得低于下列价格较高者：

（一）股权激励计划草案公布前1个交易日的公司股票交易均价；

（二）股权激励计划草案公布前20个交易日、60个交易日或者120个交易日的公司股票交易均价之一。

上市公司采用其他方法确定行权价格的，应当在股权激励计划中对定价依据及定价方式作出说明。

第三十条　股票期权授权日与获授股票期权首次可行权日之间的间隔不得少于12个月。

第三十一条　在股票期权有效期内，上市公司应当规定激励对象分期行权，每期时限不得少于12个月，后一行权期的起算日不得早于前一行权期的届满日。每期可行权的股票期权比例不得超过激励对象获授股票期权总额的50%。

（二）国有企业

有关国有企业实施股权激励计划的规定相对较多，但很多都有一定的适用范围。比如专门适用于国有控股上市公司的规定，如国资委、财政部制定并于2006年3月施行的《国有控股上市公司（境外）实施股权激励试行办法》和2006年9月施行的《国有控股上市公司（境内）实施股权激励试行办法》。再比如专门适用于中央企业上市公司的规定，如国务院国资委2020年4月发布的《中央企业控股上市公司实施股权激励工作指引》等。如审查对象系地方国企，还要考虑地方国资监管方面的相关规定。

【相关法律文件】

国有控股上市公司（境内）实施股权激励试行办法（节选）

第九条 实施股权激励计划所需标的股票来源，可以根据本公司实际情况，通过向激励对象发行股份、回购本公司股份及法律、行政法规允许的其他方式确定，不得由单一国有股股东支付或擅自无偿量化国有股权。

……

第十一条 股权激励对象原则上限于上市公司董事、高级管理人员以及对上市公司整体业绩和持续发展有直接影响的核心技术人员和管理骨干。

上市公司监事、独立董事以及由上市公司控股公司以外的人员担任的外部董事，暂不纳入股权激励计划。

证券监管部门规定的不得成为激励对象的人员，不得参与股权激励计划。

……

第十三条 上市公司母公司（控股公司）的负责人在上市公司担任职务的，可参加股权激励计划，但只能参与一家上市公司的股权激励计划。

在股权授予日，任何持有上市公司5%以上有表决权的股份的人员，未经股东大会批准，不得参加股权激励计划。

第十四条 在股权激励计划有效期内授予的股权总量，应结合上市公司股本规模的大小和股权激励对象的范围、股权激励水平等因素，在0.1%~10%之间合理确定。但上市公司全部有效的股权激励计划所涉及的标的股票总数累计不得超过公司股本总额的10%。

上市公司首次实施股权激励计划授予的股权数量原则上应控制在上市公司股本总额的1%以内。

第十五条 上市公司任何一名激励对象通过全部有效的股权激励计划获授的本公司股权，累计不得超过公司股本总额的1%，经股东大会特别决议批准的除外。

第十六条 授予高级管理人员的股权数量按下列办法确定：

（一）在股权激励计划有效期内，高级管理人员个人股权激励预期收益水平，应控制在其薪酬总水平（含预期的期权或股权收益）的30%以内。高级管理人员薪酬总水平应参照国有资产监督管理机构或部门的原则规定，依据上市公司绩效考核与薪酬管理办法确定。

（二）参照国际通行的期权定价模型或股票公平市场价，科学合理测算股票期权的预期价值或限制性股票的预期收益。

按照上述办法预测的股权激励收益和股权授予价格（行权价格），确定高级管理人员股权授予数量。

……

第十八条　根据公平市场价原则，确定股权的授予价格（行权价格）。

（一）上市公司股权的授予价格应不低于下列价格较高者：

1. 股权激励计划草案摘要公布前一个交易日的公司标的股票收盘价；
2. 股权激励计划草案摘要公布前30个交易日内的公司标的股票平均收盘价。

（二）上市公司首次公开发行股票时拟实施的股权激励计划，其股权的授予价格在上市公司首次公开发行上市满30个交易日以后，依据上述原则规定的市场价格确定。

第十九条　股权激励计划的有效期自股东大会通过之日起计算，一般不超过10年。股权激励计划有效期满，上市公司不得依据此计划再授予任何股权。

第二十条　在股权激励计划有效期内，应采取分次实施的方式，每期股权授予方案的间隔期应在一个完整的会计年度以上。

第二十一条　在股权激励计划有效期内，每期授予的股票期权，均应设置行权限制期和行权有效期，并按设定的时间表分批行权：

（一）行权限制期为股权自授予日（授权日）至股权生效日（可行权日）止的期限。行权限制期原则上不得少于2年，在限制期内不可以行权。

（二）行权有效期为股权生效日至股权失效日止的期限，由上市公司根据实际确定，但不得低于3年。在行权有效期内原则上采取匀速分批行权办法。超过行权有效期的，其权利自动失效，并不可追溯行使。

第二十二条　在股权激励计划有效期内，每期授予的限制性股票，其禁售期不得低于2年。禁售期满，根据股权激励计划和业绩目标完成情况确定激励对象可解锁（转让、出售）的股票数量。解锁期不得低于3年，在解锁期内原则上采取匀速解锁办法。

中央企业控股上市公司实施股权激励工作指引（节选）

第八条　上市公司股权激励计划应当依据法律法规和股票交易上市地监管规定科学制定，对上市公司、激励对象具有约束力，股权激励计划应当包括下列事项：

（一）股权激励的目的。

（二）激励对象的确定依据和范围。

（三）激励方式、标的股票种类和来源。

（四）拟授出的权益数量，拟授出权益涉及标的股票数量及占上市公司股本总额的百分比；分期授出的，本计划拟授予期数，每期拟授出的权益数量、涉及标的股票数量及占股权激励计划涉及标的股票总额的百分比、占上市公司股本总额的百分比；设置预留权益的，拟预留权益的数量、涉及标的股票数量及占股权激励计划涉及标的股票总额的百分比。

（五）激励对象为董事、高级管理人员的，其各自可获授的权益数量、权益授予价值占授予时薪酬总水平的比例；其他各类激励对象可获授的权益数量、占股权激励计划拟授出权益总量的百分比。

（六）股票期权（股票增值权）的行权价格及其确定方法，限制性股票的授予价格及其确定方法。

（七）股权激励计划的有效期，股票期权（股票增值权）的授予日、生效日（可行权日）、行权有效期和行权安排，限制性股票的授予日、限售期和解除限售安排。

（八）激励对象获授权益、行使权益的条件，包括公司业绩考核条件及激励对象个人绩效考核条件，上市公司据此制定股权激励业绩考核办法。

（九）上市公司授出权益、激励对象行使权益的程序，上市公司据此制定股权激励管理办法。

（十）调整权益数量、标的股票数量、授予价格或者行权价格的方法和程序。

（十一）股权激励会计处理方法、限制性股票或股票期权公允价值的确定方法、涉及估值模型重要参数取值合理性、实施股权激励应当计提费用及对上市公司经营业绩的影响。

（十二）股权激励计划的变更、终止。

（十三）上市公司发生控制权变更、合并、分立以及激励对象发生职务变更、离职、死亡等事项时股权激励计划的执行。

（十四）上市公司与激励对象之间相关纠纷或争端解决机制。

（十五）上市公司与激励对象其他的权利义务，以及其他需要说明的事项。

……

第十八条　下列人员不得参加上市公司股权激励计划：

（一）未在上市公司或其控股子公司任职、不属于上市公司或其控股子公司的人员。

（二）上市公司独立董事、监事。

（三）单独或合计持有上市公司5%以上股份的股东或者实际控制人及其配偶、父母、子女。

（四）国有资产监督管理机构、证券监督管理机构规定的不得成为激励对象的人员。

……

第二十条　在股权激励计划有效期内，上市公司授予的权益总量应当结合公司股本规模大小、激励对象范围和股权激励水平等因素合理确定。上市公司全部在有效期内的股权激励计划所涉及标的股票总数累计不得超过公司股本总额的10%（科创板上市公司累计不超过股本总额的20%）。不得因实施股权激励导致国有控股股东失去实际控制权。

第二十一条　上市公司首次实施股权激励计划授予的权益所涉及标的股票数量原则上应当控制在公司股本总额的1%以内。中小市值上市公司及科技创新型上市公司可以适当上浮首次实施股权激励计划授予的权益数量占股本总额的比例，原则上应当控制在3%以内。

……

第二十八条　股权激励计划的有效期自股东大会通过之日起计算，一般不超过10年。股权激励计划有效期满，上市公司不得依据该计划授予任何权益。

第二十九条　在股权激励计划有效期内，采取分期实施方式授予权益的，每期权益的授予间隔期应当在1年（12个月）以上，一般为两年，即权益授予日2年（24个月）间隔期满后方可再次授予权益。

第三十条　上市公司每期授予权益的有效期，应当自授予日起计算，一般不超过10年。超过有效期的，权益自动失效，并不可追溯行使。

（三）有限责任公司

尽管立法的限制性规定相对较少，但因为《中华人民共和国公司法》特殊的制度安排，有限责任公司在实施股权激励时存在一定障碍，在方案设计和审查时需要重点关注下列问题：

第一，股权定价问题。上市公司股权激励计划在股权的定价方面一般会参考股市的价格，因为股票市场的平均价格基本能够反映股权的真实价值。然而，非上市公司不存在集中竞价的股票交易市场，因此，如何给股权定价就成为一个难题。实务中较为常见的做法是以公司净资产为定价依据，但由于公司净资产的计算标准不同，可能会存在一定差异，往往较难反映激励对象过去一段时间的工作成绩，容易引发纠纷。

第二，购买资金问题。多数股权激励计划要求激励对象必须购买股权，这往往是其参与激励计划的前提，尽管购买股权的对价一般低于股权的真实价值，但对于大多数激励对象而言仍构成一种负担。由于上市公司的特殊性，立法不允许为激励对象提供特别的财务支持，但对于非上市公司未做出明确限制，实务中，很多企业也会为激励对象提供财务支持，但此时需要重点关注此类制度设计的合理性与合法性，尤其是可能涉及担保制度和财税制度方面的规定。

第三，进退机制问题。有限责任公司等非上市公司强调人合性，因此，在股东人数、公司治理结构等方面均不同于上市公司，相对闭合的制度设计在实施股权激励计划时会存在一定障碍，因为激励对象在参与股权激励计划时，其身份即成为股东，能够行使股东的全部或者部分权利，而其退出股权激励计划时，即意味着股东身份的丧失，对于公司而言即意味着股权结构的变化，这又会涉及其他股东的优先购买权、工商变更登记等一系列复杂的程序问题。因此，非上市公司的股权激励计划在进出机制的设计方面要复杂于上市公司。

【法律文书范例】

审查股权激励方案的备忘录

敬启者：

经过对贵公司《四川××科技产业集团股权激励制度改革方案及管理规定（征求意见稿）》（"征求意见稿"）和《四川××电业电器股份有限公司经营者持股计划方案》

("××电业持股方案")的分析和讨论,我们初步形成了对上述方案的观点和看法。为此,我们出具本备忘录,仅供贵公司参考。

一、征求意见稿当中需要关注的问题

征求意见稿从整体来说内容翔实,结构合理,对有关股权激励制度的规定也较为全面,具有很强的实用性,因此对于征求意见稿,我们仅提醒贵公司关注以下几个方面:

1. 实股的管理和限制

根据贵公司征求意见稿第7条第3款的规定,在股权赠与后的五年内,经营者每年经考核合格后均可获得部分实股,即拥有征求意见稿所称的"完全股权"。

对此,我们有两方面的问题提请贵公司关注:

其一,完全股权拥有股权的全部权能,因此在获得实股之后经营者即成为公司的真正股东,由于公司股东发生变更则贵公司应按照《中华人民共和国公司法》的规定进行工商变更登记;

其二,如果经营者所持股份属于新设成立的股份有限公司,则可能受到发起人三年不得转让股份的限制。

2. 经营者的义务和责任

通过对贵公司征求意见稿的分析,我们初步认为贵公司有必要在下述两个方面加以规范:

其一,如果经营者未能在第四年到第五年的两年内交付征求意见稿第7条第2款规定的赠与股权数额5%的价款,则贵公司应当如何处理;

其二,如果贵公司经营者基于某些原因在获赠股权尚未全额转为实股前,离开贵公司的,则其相应的权利和义务应当作何调整。

二、××电业持股方案当中需要关注的问题

我们理解一份完整的持股计划方案应当包括基本原则和依据、持股范围、股份来源、股权性质、持股比例、认购形式、资金来源、进退制度以及股权管理和配套措施等。考虑到持股方案所应当具备的完整性、细节性和可操作性等特点,我们认为××电业持股方案中有下述值得关注的方面:

1. 股权性质

鉴于××电业持股方案是依据征求意见稿的基本原则和精神而制定的,同时考虑到征求意见稿对股权的性质分为"完全股权"和"部分股权",我们认为在××电业持股方案中也应当对股权的性质予以明确,因为股权的性质将决定股权的权能以及股权的管理等各个方面,可以说对股权性质的明确是整个持股方案的前提。

2. 股权来源

四川××电业电器股份有限公司正处于筹划阶段,因此我们希望了解的是贵公司经营者所持股份属于经营者以发起人的身份出资认购还是集团公司对经营者股权的让渡,同时在持股计划方案中也有必要给予明确的规定。

3. 股权转让的限制

《中华人民共和国公司法》规定,发起人在三年之内不能转让所持有的股份,因此××电业持股方案中第一条第1款所称"经营者持有本公司股权总比例在三年中逐年达

到公司总资本的49%",我们认为有必要进行修改或者予以明确的界定。

4. 股权回购

根据《中华人民共和国公司法》的有关规定，除特殊情况外公司不得回购自己的股份，因此××电业持股方案第二条第3款所称，"公司将按个人实际出资（取消优惠待遇）原价收回其股权"，以及第三条第2款，"持股者按实际股权即个人出资与公司赠送之和从2025年度起，实施按股权比例分红"，均应作相应的调整。

5. 董事会权限

××电业持股方案中第四条规定，"经营者持股的具体名单和逐年计划分配股权金额，由总经理团队第一责任人牵头提出，报董事会批准后施行"。根据我们对持股方案的理解，股权的来源主要是原股东的赠与或转让，因此有关上述经营者的名单以及股权金额等均应当获得原股东的同意。

6. 进退机制

通过对贵公司××电业持股方案的分析，我们认为该方案中缺少对经营者持股进退机制的规定，即没有对经营者级别的变化、经营者持股范围的变化等导致的股权比例变化问题进行规范，考虑到进退机制在整个持股计划中的重要地位，我们建议贵公司对该部分内容给予明确的说明。

7. 定价依据

××电业持股方案中第三条第1款规定，"经确定允许持股的人员，个人交付股权款的5%"，由于在该方案中没有对股权款的标准作出规定，我们认为也有必要对股权款的作价依据，即是根据公司股本金的原始价格还是根据公司当时的净资产价格或是采取其他的计算标准作出明确的说明。

8. 上市的相关要求

根据证监会《关于最近三年内连续盈利及业绩连续计算问题的审核指引》（股票发行审核标准备忘录第15号），审核人员在审核开业时间不满三年、以有限责任公司整体变更为股份有限公司的方式成立且有限责任公司存续时间已满三年的发行人是否可以连续计算经营业绩时，按照下列标准掌握，其中包括"最近三年内发行人的经营业务、经营资产、管理层未发生较大变化，最近一年内发行人的股东结构未发生较大变化"，因此贵公司在对持股方案进行设计时有必要对上述规定给予适当的考虑。

对于上述事项，如有任何问题，请随时与我们联系。

顺颂

商祺！

北京市××律师事务所
二〇二四年十一月十日

【股权激励计划参考版本】

××股份有限公司 2024 年限制性股票激励计划（草案）摘要

声明

本公司及董事会全体成员保证本公告内容不存在任何虚假记载、误导性陈述或者重大遗漏，并对其内容的真实性、准确性和完整性依法承担法律责任。

本公司所有激励对象承诺，公司因信息披露文件中有虚假记载、误导性陈述或者重大遗漏，导致不符合授予权益或权益归属安排的，激励对象应当自相关信息披露文件被确认存在虚假记载、误导性陈述或者重大遗漏后，将由本激励计划所获得的全部利益返还公司。

特别提示

一、本激励计划系依据《中华人民共和国公司法》《中华人民共和国证券法》《深圳证券交易所创业板股票上市规则》《上市公司股权激励管理办法》《深圳证券交易所创业板上市公司自律监管指南第 1 号——业务办理》和其他有关法律法规、规章和规范性文件，以及《××股份有限公司章程》制订。

二、本激励计划采取的激励工具为限制性股票（第二类限制性股票）。股票来源为××股份有限公司（以下简称"公司"或"本公司"）从二级市场回购的公司 A 股普通股股票和/或向激励对象定向发行的公司 A 股普通股股票。

符合本激励计划授予条件的激励对象，在满足相应归属条件后，以授予价格分次获得从二级市场回购的公司 A 股普通股股票和/或向激励对象定向发行的公司 A 股普通股股票，该等股票将在中国证券登记结算有限公司进行登记。激励对象获授的限制性股票在归属前，不享有公司股东权利，并且该限制性股票不得转让、用于担保或偿还债务等。

三、本激励计划拟向激励对象授予的限制性股票总量为 720.00 万股，约占本激励计划草案公告时公司股本总额 24014.60 万股的 3.00%。其中，首次授予限制性股票 640.00 万股，约占本激励计划草案公告时公司股本总额 24014.60 万股的 2.67%，首次授予部分约占本次授予权益总额的 88.89%；预留 80.00 万股，约占本激励计划草案公告时公司股本总额 24014.60 万股的 0.33%，预留部分约占本次授予权益总额的 11.11%。

截至本激励计划草案公告日，公司全部在有效期内的股权激励计划所涉及的标的股票总数累计未超过公司股本总额的 20%。本激励计划中任何一名激励对象通过全部在有效期内的股权激励计划获授的本公司股票，累计不超过本激励计划提交股东大会审议时公司股本总额的 1%。

四、本激励计划首次授予部分限制性股票的授予价格为 3.70 元/股。预留部分限制性股票授予价格与首次授予部分限制性股票的授予价格相同。在本激励计划草案公告当日至激励对象完成限制性股票归属登记前，若公司发生资本公积转增股本、派发股票红利、股份拆细或缩股、配股、派息等事宜，限制性股票授予价格或数量将根据本激励计划相关规定予以相应的调整。

五、本激励计划首次授予的激励对象总人数为 110 人，包括公司公告本激励计划时在本公司及控股子公司任职的高级管理人员及核心骨干员工。预留激励对象指本激励计划获得股东大会批准时尚未确定但在本激励计划存续期间纳入本激励计划的激励对象，在本激励计划经股东大会审议通过后 12 个月内确定。预留激励对象的确定标准参照首次授予的标准确定。

六、本激励计划有效期自限制性股票授予之日起至激励对象获授的限制性股票全部归属或作废失效之日止，最长不超过 48 个月。

七、公司不存在《上市公司股权激励管理办法》第七条规定的不得实行股权激励的下列情形：

1. 最近一个会计年度财务会计报告被注册会计师出具否定意见或者无法表示意见的审计报告；

2. 最近一个会计年度财务报告内部控制被注册会计师出具否定意见或者无法表示意见的审计报告；

3. 上市后最近 36 个月内出现过未按法律法规、公司章程、公开承诺进行利润分配的情形；

4. 法律法规规定不得实行股权激励的；

5. 中国证监会认定的其他情形。

八、参与本激励计划的激励对象不包括公司监事、独立董事。单独或合计持有公司 5% 以上股份的股东或实际控制人及其配偶、父母、子女未参与本激励计划。激励对象符合《上市公司股权激励管理办法》的规定，不存在不得成为激励对象的下列情形：

1. 最近 12 个月内被证券交易所认定为不适当人选；

2. 最近 12 个月内被中国证监会及其派出机构认定为不适当人选；

3. 最近 12 个月内因重大违法违规行为被中国证监会及其派出机构行政处罚或者采取市场禁入措施；

4. 具有《中华人民共和国公司法》规定的不得担任公司董事、高级管理人员情形的；

5. 法律法规规定不得参与上市公司股权激励的；

6. 中国证监会认定的其他情形。

九、公司承诺不为激励对象依本激励计划获取有关限制性股票提供贷款以及其他任何形式的财务资助，包括为其贷款提供担保。

十、本激励计划经公司股东大会审议通过后方可实施。

十一、自公司股东大会审议通过本激励计划之日起 60 日内，公司将按相关规定召开董事会对首次授予部分激励对象进行授予，并完成公告等相关程序。公司未能在 60 日内完成上述工作的，应及时披露未完成的原因并终止实施本激励计划，未授予的限制性股票失效。根据相关规定，上市公司不得授出权益的期间不计算在 60 日内。预留部分须在本激励计划经公司股东大会审议通过后的 12 个月内授出。

十二、本激励计划的实施不会导致股权分布不符合上市条件的要求。

（略）①

---

① 全文见深圳证券交易所网站，https://www.szse.cn/disclosure/listed/bulletinDetail/index.html?fa629144-7fdd-46f1-81e6-a8352fe33b1e。

【股权激励协议参考版本】

股权激励协议

甲方：
乙方：

鉴于：

1. 甲方作为四川××电力建设有限公司第一大股东，占有公司____％股权，为促进公司员工的主人翁精神，促进公司长远高效发展，拟提供部分股权的分红权利给员工。

2. 乙方为公司员工，且已在公司工作多年，为公司作出了卓越贡献，并愿意继续为公司提供长期服务。

甲乙双方经友好，达成以下协议：

第一条 释义

本协议的以下词语除特别说明以外，具有本条所述含义：

1. 公司：四川××电力建设有限公司。

2. 股权：本协议所称股权是指公司股权，对乙方而言仅指有关股权的分红权等合同约定的有限权利，并不包括股权对应的全部权利。

3. 甲方股权：本协议所称甲方股权是指工商登记的甲方股权份额，包括甲方根据本合同转让给乙方分红权部分的股权。

4. 乙方股权：本协议所称乙方股权是指根据本协议乙方受让的股权对应的分红权。

5. 企业发展基金：指为公司发展或扩大经营而准备的资金，包括但不限于流动资金、固定资产的采购资金等用途。

6. 子公司：四川××电力建设有限公司对外投资成立的全资子公司或与他人合资成立的子公司。

7. 可分配利润：指公司的每年盈余按照法律规定弥补上年度亏损、提取法定公积金后，再提取20％的企业发展基金，加上上年度的未分配利润。

8. 第一大股东：指在公司中持有股权份额最多的股东，在任何情况下，不应局限为公司的控股股东。

9. 实际控制权：指在公司中通过股权、协议、承诺或其他合法形式享有对公司经营决策的核心权利，并不以持有公司相对多数股权为前提。

第二条 转让标的

甲方拟转让公司____％股权给乙方，乙方只享有该等股权的分红权。

第三条 转让价格

甲乙双方确认转让的股权价值为人民币_____元，因乙方之前为公司所作贡献并认同公司文化，愿与公司共同发展，甲方同意股权实际转让价格为人民币_____元。

第四条 支付方式

本协议约定的股权转让款项，乙方同意由公司从应当支付给乙方的年终奖金或提成中代为支付。若公司应当支付给乙方的年终奖金或提成不足以支付转让款项的，由乙方另行支付转让款项给甲方，或双方协商减少该次受让的股权。

第五条　登记

本协议股权转让不进行工商登记，乙方也不享有实际股权，不享有股东会表决权。

第六条　分红保障

1. 为保障乙方的分红权，甲方同意在本协议签订后，每年应当分配利润不低于可分配利润的50%。

2. 为保障公司的经营，甲乙双方同意每年从利润中提取法定公积金后，再提取20%的企业发展基金，剩余部分作为可分配利润。

第七条　其他股东的优先权放弃

甲方确保公司其他股东放弃对该部分股权的优先购买权。

第八条　财务查询

1. 乙方受让股权后，有权了解公司财务情况，甲方应当在每年的8月前向乙方提供上半年的公司财务情况，在每年的2月前向乙方提供上年度的公司财务情况。乙方对甲方提供的财务情况有异议的，甲方应当予以说明。

2. 为避免影响公司正常经营，除上述财务公开外，乙方不得另行要求甲方或公司提供财务情况。

第九条　对外投资

公司需要对外投资设立新公司（合资或全资），甲方应当事先告知乙方，乙方不享有新公司股权及资产分配权。

第十条　公司并购和分立

1. 公司并购：

公司因发展需要，吸引战略投资者，或者与其他公司发生合并，或者公司被他人兼并或收购时，甲方应当事先通知乙方，由双方协商确定本协议的变更。若在甲方通知乙方后30日内，双方无法就本协议的变更达成一致，则双方按照本协议第十七条由甲方予以回购。

2. 公司分立：

若在本协议有效期内，公司因发展需要进行分立，甲方应当事先通知乙方，并与乙方协商确定本协议的变更，具体方式如下：

（a）若双方协商确定乙方所持有的股权变更为分立后的一家公司的股权，则双方应当按照分立后公司所占的全部资产比例，对乙方的股权进行折算。

（b）若双方协商确定乙方所持有的股权分立为分立后的几家公司的股权，则股权份额不变。

（c）若双方协商由甲方予以回购，则按照本协议第十七条约定予以回购。

第十一条　公司的清算及破产

若本协议履行过程中，公司股东决定对公司进行清算，或依法进行清算、破产的，甲方应当回购乙方股权。

第十二条　甲方股权转让

1. 在本协议有效期内，乙方同意，甲方有权转让部分股权或分红权给第三人，乙方对该部分股权没有优先购买权，甲方无需征得乙方同意，但甲方剩余股权份额应当超过本协议转让给乙方的股权份额。

2. 在本协议有效期内，甲方将股权转让或赠与给甲方全资设立的其他公司或甲方的直系亲属，甲方应当在转让协议或赠与协议中明确乙方权益，由受让人继续履行本协议中甲方的义务。乙方不享有优先购买权。

第十三条　公司增资

公司发展需要，甲方及公司其他股东决定对公司进行增资，甲乙双方确定，在增资到位后，乙方股权相应稀释比例，股权价值不做调整。

第十四条　其他特殊事项

1. 乙方按照本协议约定已经受让股权后，因工伤导致丧失劳动能力的，乙方有权选择继续享有股权分红或要求甲方予以回购。乙方选择继续享有股权分红的，除出现本协议其他应当回购的情况外，甲方不得要求乙方转让股权。乙方要求甲方回购的，应当提前三个月通知甲方，以便甲方安排资金。

2. 乙方因年龄达到国家退休年龄而无法继续工作的，乙方有权选择继续享有股权分红或要求甲方予以回购。乙方选择继续享有股权分红的，除出现本协议其他应当回购的情况外，甲方不得要求乙方转让股权。乙方要求甲方回购的，应当提前三个月通知甲方，以便甲方安排资金。

3. 若在协议履行期间，乙方非因工伤丧失劳动能力或民事行为能力的，甲方按照本协议第十七条约定回购股权，并将有关款项支付给乙方或其监护人。

4. 若在协议履行期间，乙方死亡的，甲方应当按照本协议第十七条约定回购股权，并将有关款项作为乙方遗产予以处置；若乙方没有继承人及遗赠人的，乙方确认将有关款项赠送给公司。

5. 甲乙双方确认本协议的股权具有人身性质，若乙方离婚，不得将本协议的股权作为夫妻共同财产予以分配。

6. 乙方因其他债务其在本协议项下享有的权益被他人查封、冻结或强制执行时，甲方有权按照协议第十七条予以回购。

第十五条　股权限制

1. 本协议有效期内，未经乙方同意，甲方不得将其转让给乙方的部分股权对外设定抵押、质押或其他权利限制。

2. 乙方不得将其本协议项下的权益为他人设定抵押、质押或其他权利限制。

第十六条　协议解除

1. 出现以下情况，甲方有权解除协议，乙方已经受让的部分股权，按照本协议第十七条约定进行由甲方回购：

（a）乙方被刑事处罚；

（b）乙方有严重损害公司利益的行为；

（c）乙方严重违反公司制度，给公司造成损害的；

(d) 乙方离职、辞职；

(e) 基于乙方原因，被辞退、被开除；

(f) 其他导致乙方终止与公司之间劳动关系的情况。

2. 出现以下情况，乙方有权解除协议，已经受让的部分股权，按照本协议第十七条由甲方回购：

(a) 甲方恶意损害公司利益，导致乙方权益受到严重影响；

(b) 甲方未经乙方同意，低价处置公司主要资产；

(c) 甲方股权被依法执行或拍卖；

(d) 公司依法被解散或吊销营业执照。

3. 本协议因不可抗力或其他非双方原因导致无法继续履行，双方应当友好协商对本合同进行变更或解除。

4. 如因公司发展，需要进行整合、改制、集团化等情况，双方应当协商对本协议进行变更或解除，协商不成则甲方有权按照第十七条第 3 款约定进行股权回购。

第十七条　股权回购

1. 若基于乙方的原因（除本协议第十四条第 1、2 款约定的情况外）导致需要进行股权回购的，股权按照以下方式确定回购价格：

股权回购价格＝股权购置价格。

在此情况下发生的回购，乙方承诺放弃其所享有的股权对应的公司未分配利润。

2. 若基于甲方或公司的原因需要进行股权回购的，包括本协议第十四条第 1、2 款约定的情况，股权按照以下方式确定回购价格：

股权回购价格＝股权购置价格＋股权对应的公司未分配利润。

3. 若因不可归责于任何一方的因素导致需要进行股权回购的，股权按照以下方式确定回购价格：

股权回购价格＝股权购置价格＋股权对应的公司未分配利润×50%。

第十八条　协议有效期

本协议有效期自双方签字盖章之日起，至协议解除或终止之日止。

第十九条　税收

根据法律规定，甲乙双方需要缴纳的税费，由甲乙双方各自缴纳，公司分红部分由公司代扣代缴。

第二十条　保密条款

未经对方书面同意，任何一方均不得向其他第三人泄漏在协议履行过程中知悉的商业秘密或相关信息，也不得将本协议内容及相关档案材料泄漏给任何第三方。但法律法规规定必须披露的除外。

保密条款为独立条款，不论本协议是否签署、变更、解除或终止等，本条款均有效。

第二十一条　协议签订地

本协议签订地为：四川成都。

第二十二条　争议解决条款

甲乙双方因履行本协议所发生的或与本协议有关的一切争议，应当友好协商解决。如协商不成，任何一方均有权向协议签订地人民法院起诉。

第二十三条　协议生效条款及其他

本协议经甲乙双方签字或盖章之日起生效。

本协议生效后，对本协议的任何修改都应当以书面补充协议形式进行，双方之间的任何口头或其他非协议形式的书面文书均不构成对本协议的修改。补充协议与本协议具有同等效力。

本协议一式叁份，甲乙双方各执壹份，公司存档壹份。

甲方：	乙方：
身份证：	身份证：
地址：	地址：
传真：	电话：

第八章　法律风险审查

实验项目介绍

一、实验目标

通过本实验项目，学生了解法律风险管理的基本原理，掌握法律风险识别的方法，能够综合运用所学知识对企业某一领域存在的法律风险进行识别和分析，并能在此基础上提出风险控制方案或者管控建议。

二、实验内容

四川××配餐服务有限公司拟对公司人力资源管理现状进行风险诊断，了解公司人力资源管理存在的风险漏洞。为此，律师工作组派驻工作人员入场对公司有关人力资源管理方面的资料进行了收集，其中包括《员工培训协议》和《新员工承诺书》。假如你是工作组的成员，请就前述两份资料进行审查，提出存在的风险点供工作组汇总。

请同时思考：如果你是工作组的负责人，需要对企业人力资源管理领域进行整体风险控制，应如何组织并开展工作？有哪些需要注意的事项？作为工作成果的法律风险审查报告应主要包括哪些内容？

三、实验流程

（1）学生进行实验分组，组建律师团队（3人左右）。

（2）教师介绍本次实验的目标、内容、方式，并提供作为本次实验审查对象的基础材料；然后，介绍法律风险管理的基本原理，重点是法律风险管理的工作流程和工作方法。

（3）学生以律师团队为单位进行讨论，指出基础材料中存在的法律风险，将风险进行排序和汇总，最终形成风险控制方案或风险管控建议。

（4）学生以风险控制方案为基础，口头简要陈述管控建议，在此过程中，教师扮演委托人角色，可随时向学生提问。

四、考核标准

每一个实验项目的考核成绩包括三个组成部分：①考勤；②现场表现，包括团队表现和个人表现，主要考查语言表述能力、要点归纳能力、法律分析能力、团队配合能力等；③法律文书制作质量。

【实验素材1】

员工培训协议

甲方（出资培训单位）：四川××配餐服务有限公司
乙方（培训人员）：
（年龄：_____，入职时间：_____，现任职部门：_____，身份证号：_____）

为提高员工业务能力、促进员工自身发展，甲方鼓励并支持员工参加职业培训。为确保甲方整体运行的稳定性和可持续发展，根据《中华人民共和国劳动法》《中华人民共和国劳动合同法》等有关规定，甲乙双方在平等互惠、协商一致的基础上达成如下协议，以共同遵守。

第一条　培训服务事项
甲方根据企业发展的需要，同意出资送乙方参加培训。乙方培训结束后，回到甲方单位继续工作服务。

第二条　培训时间与方式
（一）培训时间：自____年____月____日至____年____月____日，共____天。
（二）培训方式：_____（脱产、半脱产、函授、业余、自学）。

第三条　培训项目与内容
（一）参加培训项目：_____。
（二）培训主要内容：
1. _____；
2. _____；
3. _____。

第四条　培训效果与要求
乙方在培训结束时，要保证达到以下水平与要求：
（一）取得培训机构颁发的成绩单、相关证书、证明材料等；乙方受训后荣获的相关资格证书（如有）由甲方保存，待乙方离职日或协议服务满年限后交付乙方。
（二）甲方提出的学习目标与要求：
1. 能够熟练掌握应用_____专业或相关理论知识。
2. 具备胜任_____岗位或职务的实践操作技能和关键任务能力。

3. 其他要求：_____。

第五条　培训服务费用

（一）费用项目、范围及标准：

1. 培训期内甲方为乙方出资费用项目包括：_____（工资及福利费、学杂费、教材费、往返交通费、住宿费等）。

2. 费用支付标准：

（1）工资及生活补助费：工资_____；福利按甲方统一规定标准执行；生活补助费_____。

（2）学杂费及教材资料费：_____元。

（3）往返交通费：往返路线_____至_____，乘坐交通工具_____，每次_____元，共计：____次，合计：_____元。重庆市内往返路线_____至_____，乘坐交通工具_____每次_____元，共计____次，合计_____元。

（4）住宿费：住宿费标准：均为两人合住，住宿标准_____，共计_____，每人合计：_____元。

（5）培训费用［以上（1）～（4）项］合计：_____元。

（二）费用支付的条件、时间与期限：

1. 满足本协议第四条款约定，甲方向乙方应支付出资费用范围内全部培训费。

2. 工资及生活补助的发放。

□按月发放；□分学期发放；□培训结束后一次性发放；□随甲方统一发放；□分次预借报销。

3. 其他费用，包括学杂费、教材资料费、交通费、食宿费等。

□分期预借报销；□一次性预借报销；□分次凭票报销；□一次性凭票报销。

4. 所有培训费用的报销支付在培训结束后一个月内办理完毕，过期后由乙方自行负担。

第六条　甲方责任与义务

（一）保证及时向乙方支付约定范围内的各项培训费用；

（二）保证向乙方提供必要的服务和条件；

（三）在培训期间，做好培训指导、监督、协调和服务工作。

第七条　乙方责任与义务

（一）保证完成培训目标和学习任务，取得相关学习证件证明材料；

（二）保证在培训期服从管理，不违反甲方与培训单位的各项政策、制度与规定；

（三）保证在培训期内服从甲方各项安排；

（四）保证在培训期内维护自身安全和甲方一切利益；

（五）保证在培训期结束后，回到甲方参加工作，服从甲方分配，胜任工作岗位（或职务），服务期限达到____年及以上，从培训结束后的第二个工作日起算。

第八条　违约责任

（一）发生下列情况之一，乙方承担的经济责任：

1. 在培训结束时，未能完成培训目标任务，未取得相应证书证明材料，乙方向甲方赔偿全部培训成本费用（全部培训成本费用包括甲方出资全部培训费用和因乙方参加培训不能为甲方提供服务所损失的机会成本）。

2. 在培训期内违反了甲方和培训单位的管理和规定，按甲方和培训单位奖惩规定执行。

3. 在培训期内损坏甲方形象和利益，造成了一定经济损失，乙方补偿甲方全部经济损失。

4. 培训中期自行提出中止培训或解除劳动用工合同，乙方向甲方赔偿两倍全部培训成本费用和劳动合同违约补偿金。

5. 培训期结束后不能胜任甲方根据培训效果适当安排的岗位或职务工作，乙方负担全部培训成本费用。

6. 培训期结束回到甲方工作后（从培训结束后的第二个工作日起算），未达到协议约定的最低工作年限的，乙方需赔偿部分培训费用；达到或超过协议约定的最低工作年限的，则免除乙方承担当年所有的培训费用；在服务工作期限内除无法抗拒的特殊情况外，乙方提出辞职或离职的（乙方违反甲方管理规定的另行处理），甲方有权根据乙方实际协议服务期限，要求乙方承担一定的培训费用。公式如下：

乙方承担的培训费用＝（培训费用合计÷协议服务月份数）×（协议服务月份数－实际服务月份数）。

7. 乙方参加培训学习期间的工薪计入正常考勤，按照乙方当前在甲方服务的基本月薪计算，由甲方支付。

8. 本协议执行期间，基于甲方原因，甲方提出解除劳动合同的，乙方无需补偿培训费用。乙方因违纪被甲方辞退的须全额补交培训费用。

（二）发生下列情况之一，甲方承担的经济责任：

1. 甲方未按约定向乙方支付全部或部分培训费用，按协议向乙方支付培训费用；

2. 甲方提出与乙方终止培训协议或解除劳动用工合同，向乙方支付劳动合同违约补偿金。

（三）发生违约情况时，除补偿经济损失外，另一方可提出解除培训协议并终止劳动用工合同。

第九条　法律效力

本协议作为甲乙双方所签订劳动合同的附件，经双方签字后，具有法律效力，并在乙方人事档案中保存。

第十条　附则

（一）未尽事宜双方可另作约定；

（二）当双方发生争议不能协商处理时，由当地劳动仲裁部门或人民法院处理；

（三）本协议一式贰份，甲乙双方各执壹份。

甲方（盖章）：　　　　　　　　　　　乙方（签字）：

法定代表人或授权人（签字）：

　　年　　月　　日　　　　　　　　　　年　　月　　日

【实验素材 2】

新员工承诺书

公司对拟聘员工进行政审，应聘员工须保证所交证件、材料真实准确，本人无违法犯罪记录。

员工须保证身体健康，无传染病及遗传病史，在公司指定医院进行体检，取得健康证。

公司对员工实施严格的考评制度，按相应条款对员工进行奖励、处罚甚至解除劳动合同。

公司为提高员工的综合素质，根据工作需要适时轮岗，调整工作任务，员工须服从公司管理，服从工作安排，如不服从安排，予以辞退。

公司实行工资保密制度，禁止员工互相透漏薪金情况，不得相互打听工资，一经发现，立即解除劳动合同。

员工必须遵守公司综合计算工时制或不定时工时制，遵守公司考勤制度、工作时间安排。

承公司录用，本人在就职前向公司郑重承诺：

1. 遵守《安全运行手册》及各项规章制度和空防安全管理制度，接受公司技能与安全培训等要求。

2. 遵守公司各项管理制度，服从公司任何工作调遣与指令。

3. 遵守公司《保密制度》，严守公司商业机密。

4. 愿按公司规定，自录用日起接受为期三个月的培训期；培训期后经考核合格，正式任用。如岗位知识考试不合格，公司将对其本人进行知识培训，培训时间为一个月。一个月后进行重考，考试合格转为正式员工，自合格之日起享受正式员工待遇。

5. 培训期不符合公司要求，接到公司停止培训通知后服从立即离职，不提任何离职条件和要求任何经济补偿。

6. 培训期满正式录用后，如违反公司制度，给公司造成经济损失或信誉损害的，愿按公司管理制度接受处罚。

7. 公司因经济情况不良，发生经济性裁员时，愿遵照公司要求离职，接受公司按国家相关政策发放的资遣，不提任何其他条件和要求，在规定的时间内办理好离职手续。

8. 本人合同期满前因故须离职时，愿按《劳动合同》中双方协定的提前日期尽早提出辞职申请，并经公司批准后方可离开工作岗位，否则愿按公司规定接受处罚。

9. 本人经培训已知悉并将遵守公司各项管理规定：

《员工绩效考核管理规定》

《考勤管理办法》

《薪酬管理规定》

10. 本承诺书经本人签字生效。

承诺人（签名）：

身份证号码：

日期：　　年　　月　　日

法律风险审查基本知识

法律风险审查是近年来新兴的律师非诉讼业务，与传统律师工作重在判断企业某项业务或者协议是否合法，如何使其合法的工作思路不同，法律风险审查引入了风险管理学的相关理念，是法律审查与风险管理的有机结合。法律风险管理在进行合法性审查的同时，以企业行为是否会带来法律上的负面评价，并进而引起损失，以及发生损失的可能性等为评估要素，从整体性、大范围和一体化的视角识别企业存在的各种类型的法律风险，并根据风险的严重程度进行排序，最终从企业管理角度有针对性地提出管控意见。

【法律风险审查涉及的主要法律文件】

说明：法律风险审查可以针对企业的某一领域，如人力资源管理、知识产权管理或者合同管理，也可以针对企业的某一部门，如销售部门、研发部门或者财务部门等。实务中，也有一些企业要求进行全方位的法律风险控制，因此，法律风险审查要求学生具备扎实的理论功底、全面的知识储备以及综合运用所学知识解决问题的能力，严格意义上，与企业组织、行为、业务等直接相关的法律均属于开展此项业务的必备知识。

(1) 企业组织法律风险：
《中华人民共和国公司法》（2023年12月29日修改）
《中华人民共和国市场主体登记管理条例》（2022年3月1日起施行）
《国务院关于实施〈中华人民共和国公司法〉注册资本登记管理制度的规定》（2024年7月1日公布并施行）

(2) 企业经营法律风险：
《中华人民共和国民法典》（2021年1月1日起施行）
《中华人民共和国证券法》（2019年12月28日修改）
《中华人民共和国著作权法》（2020年11月11日修改）
《中华人民共和国专利法》（2020年10月17日修改）
《中华人民共和国商标法》（2019年4月23日修改）

(3) 企业用工法律风险：
《中华人民共和国劳动法》（2018年12月29日修改）
《中华人民共和国劳动合同法》（2012年12月28日修改）
《中华人民共和国劳动争议调解仲裁法》（2008年5月1日起施行）
《中华人民共和国劳动合同法实施条例》（2008年9月18日公布并施行）

(4) 企业财税法律风险：
《中华人民共和国税收征收管理法》（2015年4月24日修改）
《中华人民共和国税收征收管理法实施细则》（2016年2月6日修改）

《中华人民共和国企业所得税法》（2018年12月29日修改）
《中华人民共和国增值税法》（2024年12月25日通过，2026年1月1日起施行）

【企业法律风险审查基础理论概述】

在法商时代，法律在调整和保护企业权益的同时，也为企业行为附加了大量规则，若企业行为不符合这些规则或者在规则允许范围内没有采取最为有利的方式，就会给企业带来法律风险。在全球经济一体化加速发展的今天，企业作为市场经济的主体，不仅面临着激烈的市场竞争和快速变化的市场环境，还必须在复杂的法律框架内运营。随着法治社会的不断完善和法律法规体系的日益健全，法律风险已成为影响企业可持续发展的关键因素之一。

近年来，国内外一系列重大法律事件频发，如跨国公司的反垄断调查、数据泄露导致的巨额罚款、企业高管因职务犯罪被判刑等。这些案例不仅凸显了法律风险防控的重要性，也迫使企业不得不重新审视自身的法律风险管理体系。特别是在数字化转型和全球化战略推进的背景下，企业面临的法律风险更加复杂多变，如跨境数据流动合规、国际贸易规则变化、国际税收调整等，都对企业的法律风险审查能力提出了更高要求。

同时，随着消费者权益保护意识的增强和社会监督机制的完善，企业的任何违法行为都可能迅速被曝光，引发公众舆论的强烈反应，进而严重损害企业的品牌形象和市场价值。因此，构建一套科学、系统、高效的企业法律风险审查机制，不仅是企业合规经营的基础，也是提升企业竞争力、保障企业稳健发展的必然选择。

一、企业法律风险的内涵

企业法律风险是指基于法律规定或合同约定，由于企业外部法律环境发生变化或法律主体的作为及不作为，而对企业产生负面法律责任或后果的可能性。这一概念不仅涵盖企业由于外部法律环境变化（如法律法规的修订、司法解释的变更等）可能面临的法律风险，也包括企业内部法律主体（如企业的管理者、员工等）的行为或不作为（如违反合同约定、未能履行法定义务等）可能引发的法律风险。企业法律风险作为企业运营过程中不可避免的一部分，其存在对企业的发展具有深远的影响。简而言之，是指企业在经营管理过程中，因违反法律法规、合同违约、知识产权侵权、不正当竞争、劳动用工纠纷、环境保护不达标等，可能引发的经济损失、声誉损害、法律责任乃至刑事制裁等不利后果的风险。这一概念彰显了企业法律风险的如下特质：

第一，企业法律风险的产生是由企业行为不规范导致的。

在制度经济学看来，法律为行为人提供了一套制度框架和行为准则，在制度合理的前提下，行为人顺应制度的利益趋向行事就能获得积极效应。企业行为不规范是指在制度提供的利益格局中，企业做出了错误选择。企业行为不规范并不仅仅是指违反法律的规定，违法行为是最为极端的情况，但不是最为主要的类型。比如《中华人民共和国商标法》主要对已注册商标进行保护，对未注册商标的保护相对较弱，如果企业不进行商标注册，虽不影响商标的使用，但却会承担商标被抢注的法律风险。此时，企业行为虽不违法，但却是一个不规范的行为。

第二，企业法律风险的存在仅仅是不利后果发生的可能性。

一方面，法律风险仍属于风险的范畴，所谓风险仅仅是产生不利后果的可能，并不必然引起损失。存在法律风险并不意味着企业需要承担不利的法律后果，但是重视、认识并把握法律风险是必需的，因为谁也不能保证企业的"好运"会持续多久。另一方面，不利后果可以有不同的表现形式，在制度层面上往往表现为法律责任，如民事领域的违约金、赔偿金，行政领域的罚款、停业整顿、吊销营业执照，甚至是刑事领域当中的罚金和徒刑等，但最终的表现形式则是企业生存环境的恶化以及经济利益的损失。为了更准确地描述法律风险的内涵，我们将法律风险所导致的后果，统一称为产生法律不利后果的可能性。比如在企业商标未注册的情况下，并不必然发生抢注行为，企业经营也未必一定受到影响，但这种风险会使企业始终处于一种可能发生损失的状态。

企业法律风险的定义包含三个基本要素：

（1）法律对其有相关的规定或者合同对其有相关的约定：法律风险的前提是存在法律或合同的约束。法律或合同规定了企业行为的合法边界，一旦企业行为超出了这一边界，就可能面临法律风险。

（2）企业外部法律环境发生变化或企业自身或其他当事人（法律主体）做出了某种行为或没做出某种行为（作为或不作为）：法律环境的变化，如法律法规的修订、司法实践的变化等，都可能影响企业的法律行为。同时，企业自身或相关当事人的行为，如合同的履行、知识产权的管理等，也可能触发法律风险。

（3）风险发生后会给企业带来负面的法律责任或后果：法律风险一旦触发，往往会导致企业承担法律责任，如罚款、赔偿等，甚至可能引发诉讼、仲裁等法律纠纷，从而对企业的声誉、财务状况和运营产生负面影响。

企业法律风险的发生领域十分广泛，涵盖了企业生产经营的各个方面。

（1）合同风险：企业在经济合同订立、生效、履行、变更和转让、终止及违约责任的确定过程中，利益受到损害的风险。例如，企业因履行合同不符合约定而承担违约赔偿责任。

（2）知识产权风险：企业在知识产权的创造、运用和保护过程中，可能面临侵权或被侵权的风险。例如，企业的商标被抢注，将严重影响企业的品牌形象和市场竞争力。

（3）劳动法律风险：企业在用工过程中，若未依法签订劳动合同、未按时足额发放工资、未缴纳社会保险等，将面临劳动者要求支付经济补偿、赔偿损失等法律风险。

（4）并购风险：企业在并购过程中，涉及公司法、劳动法、房地产法、税收法、知识产权法等法律法规，操作程序复杂，潜在的法律风险较高。

二、企业法律风险的成因

研究法律风险的成因非常有价值，一方面，对风险成因的分析可以使企业做到未雨绸缪，提前采取防范措施；另一方面，即使在风险形成以后，也能够使企业更有针对性地采取补救措施，将损失降至最低。

（一）外部：法律方面的原因

1. 法律规范的抽象性导致的法律风险

法律是个别性调整发展到规范性调整的产物。个别性调整是指出现一个纠纷，就事论事地解决一个纠纷。个别性调整的实践经验丰富以后，人们感到了一些现象具有共性，出于公正性的要求，必须做到相同情况相同处理，在此基础上，规范性调整应运而生。规范性调整区别于个别性调整的显著特点之一，就是事先明确行为规则，并适用于某一类主体和某一类情形，由于其具有更为宽泛的适用范围，这种事前的规则必须具有一定的抽象性。

立法者从纷繁复杂的社会事物中抽象出具有共性的法律要点，并将这种抽象性的概括以法律语言表述出来，从而形成了法律规范的抽象性。企业依据这样具有抽象性的法律规范做出法律行为时，必须将这些一般性的抽象规范还原为具体的、个别的事实。比如《中华人民共和国专利法》第二十二条规定："授予专利权的发明和实用新型，应当具备新颖性、创造性和实用性。"然而何谓新颖性、创造性和实用性？法律虽然有进一步的规定，如"实用性，是指该发明或者实用新型能够制造或者使用，并且能够产生积极效果"，但何种效果能够被认定为积极效果，积极效果需要达到什么程度，并没有非常清晰的标准。如果企业管理者对某项发明的新颖性、创造性和实用性的理解与执法者的认识不一致，换言之，企业对法律产生误解，就有可能公开了技术信息，但却无法获得专利授权。这种由法律规范的抽象性以及企业与执法者理解不一致所导致的法律风险是客观存在的。

此外，法律所调整的社会关系总是动态的以及变化的，用确定的法律条文管辖变化的社会生活，这本身就是一种矛盾，为此法律发展出很多基本原则和基本规范，用其中蕴含的价值追求来弥补法律条款的不足，但这些规定所带来的模糊性同样容易引发企业的误解或认识偏差。

2. 法律规范的变动导致的法律风险

在法律规范所引起的各种法律风险中，企业最缺乏控制力的就是法律规范变动引起的法律风险。法律的稳定性是法律的内在属性，也是维护法律权威、发挥法律规范作用的客观要求，然而法律作为社会调整工具，必须随着社会经济、文化等方面的变化而相应调整。特别是在民商事法律制度中，由于社会的经济形式、交易模式不断创新，法律制度的变动更为明显。从企业法律风险角度看，法律规范的变动一般不会影响企业已经做出的经营行为，即不会由法律规范直接产生法律风险。然而在一些特殊情况下，法律规范的变动会成为企业法律风险产生的原因：

首先，最为典型的是企业经营活动具有持续性而法律常变动导致的法律风险。企业在从事大型项目时，通常不会在短时间内完成全部交易，一些项目持续时间达到数年，甚至更长。若在项目运作过程中，法律发生变化可能使企业原来的经营方式无法实现，从而，法律风险给企业带来的影响直接导致经营目标无法实现。

其次，司法解释在我国法律体系中占据着十分重要的地位。司法解释是司法机关在具体适用法律过程中对法律规范的内容和含义所作的解答和说明,然而,实践中司法"解释"已不再是"解释"一词的原意,不是简单地对法律条文的说明的"文义解释",还包括解释者根据立法目的及自己对正义价值的认识,对法律内容作进一步修改、完善和补充。司法解释实质上不属于新的立法,因此,其效力从解释颁布之日起即行产生,这导致司法解释具有溯及力。

3. 法律漏洞导致的法律风险

由于民事关系具有复杂性、广泛性和活跃性,社会生活是发展的,新的民事关系会不断涌现,而民事立法总是会落后于社会关系的发展,这就决定了法律规定难以囊括各种民事关系。"立法者不是可预见一切可能发生的情况并据此为人们设定行为方案的超人,尽管他竭尽全力,仍会在法律中留下星罗棋布的缺漏和盲区。"[1]知识经济时代,经济发展速度是以往从来没有过的,新的技术、新的商业模式、新的交易形态、新的权利冲突频繁出现,法律的滞后性问题越来越突出,这种规则不确定的状态在束缚企业创新性的同时,也会给企业的经营活动带来法律风险。

(二)内部:企业自身的原因

1. 企业管理层的原因

企业管理层是企业的核心和灵魂,管理层的思维直接影响到企业的战略方针和经营理念,并在具体事务上起到决定或者指导作用,因此在企业承受不必要法律风险的情况下,我们有理由相信企业管理者在考虑法律风险的问题上存在着一定的失误。实践中,我们可以很容易地在任何一个大中型企业中发现技术专家、财务专家、营销专家等,但往往很难发现法律专家,而这种知识结构上的缺失往往会导致企业缺乏有效和及时的法律支持,无法对可能出现的法律风险做出及时准确的判断,这也是很多企业频繁遭遇纠纷并承担各种经济损失的主要原因。

当然,这与过去律师采取的单一法律风险处理手段有密切联系。企业管理者往往不会关注个别法律风险给企业带来的影响,即使企业有某个法律风险对企业存在重大影响,企业管理者的关注也是临时性的,并非一种制度性的常态。只有当律师站在管理者的角度从整体上去把握企业面临的法律风险,才能让法律人得到企业管理者的重视。

2. 企业管理制度的原因

崇尚法治建设和制度建设的人往往会认为当一个国家的制度走向极致的完善时,即使是一个低智商的人也有能力成为领导者。虽然这种理念具有理想主义的成分,但是要管理好一个企业,必须有一个好的制度。如果管理制度健全并且都能够有效运转的话,企业管理者的个人错误就不至于扩展到整个企业组织体内,法律风险就可以得到有效控制,即使是个人甚至是整个团体都没有意识到法律风险的存在,法律风险给企业带来的负面影响也会是最低的。

---

[1] 徐国栋:《民法基本原则——克服法律局限性的工具》,中国政法大学出版社,1998年,第139页。

3. 企业雇员的原因

理论上企业是一个独立的民事主体，但在实践中，企业的所有行为均表现为管理者或者普通员工的个人行为，员工行为不当，就会直接给企业带来法律风险。员工行为不当，常常和企业管理制度方面不健全有关联，比如，企业没有对展会宣传活动提供明确的规范，员工就有可能在展会中泄露企业的商业秘密；企业缺乏合同管理规范，员工所签合同违约的法律风险就会增加。

除上述原因外，导致企业承担法律风险的因素还有很多，比如侵权法律风险和违约法律风险基本上由企业外部主体的行为引发，等等。尽管诱发法律风险的因素有很多，但我们更倾向于从企业角度来看待各类法律风险的成因，比如由外部法律规范引起的法律风险，可以认为是企业未能及时根据法律规定调整自身的经营行为；由企业内部员工的个别行为所带来的法律风险，可以看作是企业的管理行为缺陷导致的；企业以外的第三人行为造成的法律风险，可以看作是企业的日常法律监控活动存在漏洞，等等。

三、企业法律风险的管理

过去我们认为法律风险只能给企业带来损失，因此，企业管理者对法律风险唯恐避之不及，人们习惯性地将法律风险的对策描述为一种预防或者说事前的处理，很多企业管理者感觉法务工作开展得并不理想，这和法务工作者将其职能定位在杜绝一切法律风险是对应的，为实现这样的目标，法务工作者只能选择尽量让企业不要从事那些具有不确定性的经营活动，哪怕牺牲企业的收益机会，最终的结果是企业经营者转向另一个极端，认为法律风险无非法律人危言耸听而已，于是法律风险控制被排除在企业经营之外，法务工作者的主要任务依然是在事后解决法律纠纷。

如何应对法律风险？我们认为正确的态度应当是管理法律风险。法律风险存在于每一个企业，不管企业管理者是否意识到这一风险以及是否愿意承受这种风险，它都将存在于企业经营管理的方方面面，因此在应对法律风险的问题上，企业管理者不能回避，更不能置若罔闻，而应当采取一种积极的管理的态度来处理这些风险。法律风险管理并不能保障企业从所有的法律风险中脱离出来，而是用各种科学的方法降低企业的法律风险，让企业能够从整体上科学地决策承担什么样的法律风险，以及选择最有利于企业的商业行为。

借鉴风险管理学的理论，法律风险管理大致可以划分为风险识别、风险评估以及风险控制三个环节。各个环节均有不同的任务目标：风险识别的目的在于系统地识别出企业承担的法律风险的来源及其分布；风险评估的目的在于对识别出的法律风险进行定性和定量分析，形成风险排序；而风险控制的目的在于通过合理的风险管理方案，对各类法律风险进行有效应对，将企业承担的法律风险控制在合理范围。

（一）法律风险的识别

法律风险的识别有两种不同的途径：一种是基于历史损失的考察，也就是企业根据此前遭遇的诉讼或者纠纷，而建立起来的对特定法律风险的认知能力，从而对此类法律风险产生天然敏感性。另一种是系统的识别途径，通过特定方法识别企业法律风险。严格意义上，企业不应等待损失发生后再作总结，尤其是那些给企业带来致命损害的法律风险，一旦产生损害就会导致企业的消亡乃至整个产业的衰落，因此系统识别法律风险是非常必要的。可惜的是，目前国内大部分企业并没有这种事先了解企业法律风险的意识，只是在企业运营到一定阶段，法律风险积聚到逐步爆发时，企业才开始从损失中不断总结经验。

在风险识别阶段，可以采用各种辅助模型和识别工具帮助识别企业存在的法律风险，但最为关键的还是在充分了解企业相关信息的基础上，根据识别人员的风险管理经验以及专业知识来进行风险识别，这就如同体检一样，企业是否健康，各种检验结论可以起到一定的辅助作用，但医生的经验和判断才是最为重要的。

（二）法律风险的评估

1. 法律风险的定性分析

风险识别仅仅是风险评估工作的前提，对于识别出来的法律风险，评估人员还需要进行定性分析和定量分析，了解风险可能造成的损失以及损失发生的概率，从而为企业风险控制和风险决策提供依据。定性分析一般是法律风险分析和评价的第一步，在这一阶段，评估人员需要了解知识产权法律风险对企业究竟会产生多大影响，并采用概况性的计量尺度对这些影响进行衡量和判断，最终的目标一般包括：

第一，对企业存在的法律风险进行整体的定性分析和评价，对风险整体影响的大小进行直观的描述和说明。

第二，根据风险的性质和影响对识别出来的法律风险进行排序，形成风险清单。

第三，区别需要和能够进行量化分析的法律风险。

由于定性分析方法属于模糊分析方法的一种，因此在该阶段评估人员不可能对风险的特征和影响做出非常精确的判断，也就是说评估的质量主要取决于判断者的知识水平和判断能力以及他们对风险动态变化的了解。在实践中，必要的方法和评价指标是必不可少的，一般包括德尔菲法、风险坐标图示法、矩阵分析法、风险地图法等。需要指出的是，适合某一企业的方法并不一定适合其他企业。比如微软、杜邦、大通银行等各自都有一套风险评价的方法体系，但是这些方法不是大同小异，而是各具特色。因此，在实际的评估当中，风险的定性分析方法也应该是动态的和变化的，也就是说评估人员可以根据企业的特色以及风险管理的基本原理，设计出具有针对性的分析方法。

2. 法律风险的定量分析

严格意义上，风险定性分析和风险定量分析并没有一个在时间上的泾渭分明的区分，也就是说风险定性分析并非一定先于风险定量分析，但习惯上将风险定性分析作为定量分析之前的一个工作。之所以会有这样一种认识，主要是因为与其他风险相比，将法律风险进行数据化处理更为困难，在某些情景下不仅缺乏可操作性而且缺乏实用性和说服力，因此在一定程度上定性分析是首选的方法，只有在定性分析的基础上，作为一种更为深入的分析以及在相关数据体系化的基础上，定量分析的方法才能够和有必要作为评估的方法之一。也正是基于这样一种认识，一般认为风险定量分析是之后的工作，而定性分析的任务之一是区别需要和能够进行量化分析的法律风险。

虽然在法律风险的分析阶段使用定量分析方法具有某种固有的缺陷，但并不意味着这种方法是不重要的。当一个数字与实际的风险背景相结合时，相信任何管理者都会考虑这一数字所代表的含义，而且通过量化分析方法，企业管理者也更容易理解风险的来源以及风险所造成的影响。

实践中较为常见的识别方法包括风险要素分析法、模糊综合评价法、VAR、EVA、概率树分析法、蒙特卡罗模拟技术等。需要指出的是，风险定量分析追求的是相对精确以及结论的数据化显示，但是由于法律风险的特殊性，对其进行定量分析有一定难度，这不仅是因为法律风险可能缺乏大量的历史数据作为支撑，缺乏定量分析的可操作性，还因为过于精确的数据化结论不仅不能提供参考价值，还可能对企业管理者起到误导的作用。当然，并不是说在企业法律风险的分析过程中不能使用定量分析的方法，只是提醒评估人员注意，进行定量分析时一定要慎之又慎。

在法律风险评估环节，评估人员一般会根据企业的实际风险情况制定风险地图，标示出法律风险在企业的分布，同时还会对企业法律风险做出各种分析，集中展现各种风险的特质，如概率和危害程度等基本信息，从而获得企业法律风险的排序。这些法律风险的分析结论能够帮助企业制定有针对性的应对措施。

（三）法律风险的控制

1. 单一法律风险的控制方法

借鉴风险管理学的相关理论，企业管理者在应对法律风险时有四种方法可供选择，分别是风险避免、风险降低、风险转移以及风险保留，不同的风险应对措施有不同的适用条件，比如风险保留只适合那些发生概率较低、损失后果较小的风险，风险回避适合发生概率较高、损失后果较为严重的风险。如果企业管理者能够很好地了解各种风险应对措施的特点和适用范围，那么在基本了解风险特征的基础上，就能够有针对性地做出风险控制的决策。一般认为：

（1）如果发生概率较高，损失程度较小，可以采用风险降低的方式，降低损失的发生概率。同时在损失比较小的情况下，企业也可以考虑保留风险。

（2）如果发生概率较高，损失程度较大，可以采用风险回避的方法，彻底消除风险的危害性。当然在风险能够降低以及风险管理成本相对较低的情况下，也可以考虑风险降低的方式。

（3）如果发生概率较低，损失程度较大，可以采用保险的方式或者其他方式将风险进行转移，由于概率比较低，因此风险转移的成本一般不会很高。当然在能够降低损害后果的情况下，企业也可以采用风险降低的方法。

（4）如果发生概率较低，损失程度较小，这种风险一般适合企业自己承担，因为保留风险的同时也意味着获得了进一步营利的可能性。

最后，如果以图示（图8-1）的方法将所有的应对方法进行分类，我们大致可以得到一个应对法律风险时的基本思路，虽然这种思路不能绝对地作为具体管理决策的依据，但至少能够起到指导作用。

发生概率	小	大
高	降低/保留	降低/回避
低	保留	降低/转移

图 8-1 法律风险的控制方法

2. 法律风险的整体控制方案

企业同时存在的法律风险数量会非常多，比如技术密集型企业可能会同时出现上百个与知识产权相关的法律风险点，若将这些风险漏洞都作为控制对象，不仅企业管理成本骤增，风险控制方案的实施也将失去重点，风险控制的效果反而不好。实践中，企业法律风险的整体控制方案更为重要，我们倾向于绘制企业法律风险排序，在此基础上明确企业的重大法律风险，再针对重点法律风险确定控制方案，从而实现风险的集中管理和有效管理。当然，法律风险排序并非只有一种排序方式，以何种排序确定风险控制重点，则与企业的具体情况相关，通常会在法律风险识别前确定企业的关注方向。从实务角度出发，法律风险的整体控制方案应包括以下内容：

（1）重要法律风险的应对方案。

在法律风险的识别与分析过程中，分析人员对企业实际的法律风险进行了一系列的分析和研究，揭示了法律风险的表现、成因、损害程度等重要信息。这些分析有助于确定企业法律风险的排序，其中排序靠前的法律风险应成为企业法律风险管理的阶段性重点，结合这些重要法律风险制定富有针对性的应对措施是法律风险整体控制方案的一项重要内容。

企业部门存在工作和业务上的分工，部门之间的联系多数是业务信息的传递，共同协作相对较弱，然而，重要的法律风险往往是跨部门的交叉风险，其控制方案需要多部门密切协作，具体的协作方式和工作机制也应在整体控制方案中有所体现。

当重要法律风险体现为特定部门的法律风险时，则需要将部门的法律风险控制方案与整体的法律风险控制方案结合起来，根据法律风险的特性，调整部门的人员、职能等，也可以考虑将相关法律风险的控制权从该部门转移到其他部门，以提升企业的整体风险控制效果。

（2）次级法律风险的监控方案。

企业法律风险是动态的，随着企业经营活动的开展，各种法律风险将不断出现变化。法律风险分析完成后，分析人员提供的风险排序，很难保证在管理周期内一成不变，因此，有必要在重点管理法律风险外，确定哪些次级法律风险应纳入监控范围并建立预警机制，这些次级法律风险一旦出现发生变化，企业需要进行相应的风险控制方案调整，将这些法律风险提升到重要法律风险予以管理。

(3) 法律风险的分类控制方案。

不同类型的法律风险各具特色，需要采取的应对措施也会有一定差异，为提高风险控制效果，可以建议企业根据自身特点对法律风险做出更为细致的分类，同时在法律风险的整体控制方案中明确各具体法律风险的应对策略。在风险分类控制方案中，可以以部门存在的法律风险作为分类标准，不同部门面临的法律风险肯定有所不同，在方案中可以明确规定各部门的风险控制目标和具体职责，从而形成整体控制风险的效果。

四、企业法律风险的应对

在企业的日常运营和发展过程中，法律风险是一种不可忽视的重要风险类型。它不仅可能带来经济损失，还可能对企业的声誉、市场地位和长期发展产生深远影响。因此，企业一方面应当采取积极的预防性策略，以最大限度地降低法律风险的发生概率和潜在影响；另一方面是在风险发生后，企业应采取有效的应对性策略，以最大限度地减少损失，并恢复企业的正常运营。

（一）预防性策略

企业法律风险审查中的预防性策略包括完善法律风险防范体系、加强合同管理、加强知识产权管理、建立法律风险防范培训机制、制定法律风险应对策略以及强化外部合作与沟通等多个方面。通过实施这些策略，企业可以有效地降低法律风险的发生概率和潜在影响，为企业的稳健发展提供有力的法律保障。

1. 完善法律风险防范体系

首先，企业需要建立一套完善的法律风险防范体系。这一体系应包括明确的法律风险管理制度、流程和机制，确保法律风险能够被及时发现、评估和应对。企业应设立专门的法务部门或法律顾问岗位，负责全面管理企业的法律事务，包括合同的审核、法律纠纷的处理以及法律政策的制定等。此外，企业还应定期对法律风险进行审查和评估，根据评估结果及时调整和完善风险防范措施。

2. 加强合同管理

合同是企业与外部实体进行交易的重要法律文件，也是法律风险的重要来源之一。因此，加强合同管理是预防法律风险的关键措施之一。企业应建立严格的合同审核制度，对所有对外签订的合同进行法律审查，确保合同条款的合法性、合规性和有效性。同时，企业还应建立合同档案管理制度，对所有合同进行分类、归档和保管，以便在需要时能够迅速查阅和应对。

在合同管理过程中，企业应特别注意对合同主体的审查。合同主体是否合法、是否具有相应的民事权利能力和民事行为能力，直接关系到合同的法律效力。因此，在签订合同前，企业应对合作方的资质、信誉和履约能力进行全面调查，确保合作方的可靠性和合法性。

3. 加强知识产权管理

知识产权是企业的重要无形资产，也是法律风险的重要领域之一。因此，加强知识产权管理是预防法律风险的重要措施之一。企业应建立完善的知识产权管理制度，明确知识产权的申请、审查、保护和使用流程，确保企业的知识产权能够得到有效的保护和管理。

同时，企业还应加强知识产权的培训和宣传，提高员工对知识产权的认识和重视程度。通过加强知识产权管理，企业不仅可以降低知识产权侵权的风险，还可以提高企业的核心竞争力和市场地位。

4. 建立法律风险防范培训机制

法律风险防范需要全员参与，因此，企业应建立法律风险防范培训机制，定期对员工进行法律风险防范的培训和教育。培训内容可以包括法律法规的解读、法律风险的认识和应对方法、合同管理的重要性等。培训可以提高员工的法律意识和风险防范能力，使他们在工作中能够自觉遵守法律法规，降低法律风险的发生概率。

5. 制定法律风险应对策略

除了以上具体的预防性措施外，企业还应制定全面的法律风险应对策略。这一策略应包括风险识别、风险评估、风险应对和风险监控等各个环节。企业应定期对法律风险进行识别和评估，根据评估结果制定相应的应对措施和预案。同时，企业还应建立风险监控机制，对法律风险进行持续监控和跟踪，确保应对措施的有效性和及时性。

6. 强化外部合作与沟通

企业应加强与外部法律机构和专业律师的合作与沟通。外部法律机构和专业律师具有丰富的法律知识和实践经验，能够为企业提供专业的法律支持和建议。通过与外部法律机构的合作，企业可以获得更加全面和专业的法律服务，降低法律风险的发生概率和潜在影响。

7. 提高员工法律意识

员工是企业法律风险审查中的重要一环。提高员工的法律意识，使他们能够在日常工作中遵守相关法律法规，是预防法律风险的关键。

企业应定期组织法律培训活动，邀请专业的法律顾问或律师为员工讲解相关法律法规和业务操作中的法律风险点。通过这些培训活动，员工可以更加深入地了解法律风险，提高自我保护能力。同时，企业还应将法律培训纳入员工绩效考核体系，激励员工积极参与培训和学习。除了培训活动外，企业还可以通过内部宣传栏、邮件等方式，向员工普及法律知识，提高他们的法律意识。例如，企业可以定期发布法律风险提示和案例分析，让员工了解最新的法律动态和风险点，从而在工作中更加谨慎和小心。

8. 建立应急机制

尽管企业可以通过上述措施降低法律风险的发生概率，但法律风险仍然有可能发生。因此，建立应急机制是应对法律风险的重要手段。

企业应制定详细的法律风险应急预案，明确应急响应流程和责任分工。一旦发生法律风险事件，企业应立即启动应急预案，迅速采取措施进行干预或避免。例如，企业可以立即寻求专业的法律援助，与对方进行积极的协商和谈判，寻求达成对己方有利的解决方案。同时，企业还应建立法律风险事件报告和统计制度，及时收集和整理法律风险事件的相关信息，分析法律风险的发生原因和趋势，为今后的法律风险审查提供借鉴和参考。

（二）应对性策略

企业法律风险应对性策略是企业法律风险审查的重要组成部分。通过危机管理、合同补救、诉讼应对、股权调整和内部控制重建等措施，企业可以在法律风险事件发生后，迅速恢复正常运营，并减少损失。

1. 危机管理

危机管理是企业法律风险恢复性策略中的核心环节。当企业面临法律风险事件时，如合同纠纷、知识产权侵权、行政处罚等，必须迅速启动危机管理机制。建立应急响应团队：建立由企业高层管理人员、法律顾问、公关专家等组成的应急响应团队，负责迅速评估法律风险事件的性质和严重性，制定应对策略，并协调各方资源。及时进行信息披露：在法律允许的范围内，及时向公众、股东、员工等相关方披露法律风险事件的情况，避免信息不对称导致的恐慌和误解。媒体公关：积极与媒体沟通，确保信息的准确传播，防止不实信息的扩散，维护企业的声誉和形象。恢复运营计划：制订详细的恢复运营计划，包括风险评估、资源调配、业务恢复等步骤，确保企业在法律风险事件后能够迅速恢复正常运营。

2. 合同补救

合同是企业日常经营中的重要法律文件，合同纠纷也是企业常见的法律风险之一。当企业面临合同纠纷时，可以采取以下补救措施——审查合同条款：仔细审查合同条款，确认合同双方的权利和义务，明确违约责任的划分。协商调解：在发现合同违约情况时，首先尝试与对方进行协商调解，寻求双方都能接受的解决方案。法律诉讼：当协商调解无果时，可以通过法律诉讼途径维护企业的合法权益。在诉讼过程中，企业应积极收集证据，配合律师进行诉讼活动。合同修订：针对合同中的漏洞和不足之处，及时进行修订和完善，避免类似纠纷的再次发生。

3. 诉讼应对

诉讼是企业法律风险恢复性策略中不可避免的一环。当企业面临诉讼时，应采取以下应对策略——积极应诉：在接到诉讼通知后，企业应积极应诉，避免缺席审判带来的不利后果。组建专业团队：组建由企业法律顾问、外部律师等组成的专业团队，负责诉讼案件的策划和执行。证据收集：积极收集与诉讼案件相关的证据，包括合同、交易记录、证人证言等，确保在诉讼过程中占据有利地位。法律和解：在诉讼过程中，应根据案件的实际情况，适时考虑与对方和解，以减轻企业的法律风险和诉讼成本。

4. 股权调整

股权调整是企业法律风险恢复性策略中的重要手段之一。当企业面临股权纠纷或股东矛盾时，可以采取以下措施——明确股权结构：通过公司章程、股东协议等文件，明确企业的股权结构和股东的权利和义务。股权转让：在股东之间出现矛盾或纠纷时，可以通过股权转让的方式，调整股东持股比例，化解矛盾。股东诉讼：当股东权益受到侵害时，可以通过股东诉讼的方式，维护股东的合法权益。股权回购：在特定情况下，企业可以通过股权回购的方式，回购部分或全部股东的股权，以化解股权纠纷。

5. 内部控制重建

内部控制是企业法律风险防范的基础。当企业面临法律风险事件时，应重新审视和重建内部控制体系，以防止类似风险的再次发生。完善规章制度：制定和完善企业的规章制度，明确各部门的职责和权限，规范企业的业务流程。加强员工培训：定期对员工进行法律风险防范培训，提高员工的法律意识和风险防范能力。建立监督机制：建立内部监督机制，对企业的业务流程和风险管理进行定期检查和评估，确保内部控制的有效性。引入第三方审计：在必要时，可以引入第三方审计机构，对企业的内部控制体系进行全面审计和评估，发现潜在的法律风险并提出改进建议。

说明：企业法律风险审查不仅是企业合规经营的基础，也是提升企业竞争力、保障可持续发展的关键。通过构建完善的法律风险审查体系，积极应对审查实践中的挑战，并紧跟时代发展趋势，企业能够有效控制和降低法律风险，为自身的稳健发展奠定坚实的基础。未来，随着理论与实践的不断深化，企业法律风险审查将在促进企业治理现代化、维护市场秩序、保护消费者权益等方面发挥更加积极的作用。企业法律风险审查是在合法性审查的基础上，运用风险管理的思维和方法对企业管理环节和具体行为的全面审视，这一新型的非诉讼业务在实务中正在受到越来越多的关注和运用，但客观来看有关法律风险管理的理论研究还存在较多缺陷，目前以"法律风险"为名的著述正在逐渐增多，但在内容上多为简单介绍，并未准确把握法律风险的实质，系统而深入探讨这一业务的研究相对较少，实务中如何开展法律风险审查也还有待进一步总结和提炼，如何开展此项业务也可以作为学生讨论的内容之一。

推荐阅读：

国家标准化管理委员会：《企业法律风险管理指南》（GB/T 27914—2011）。

【法律风险审查的参考结论】

- 关于《员工培训协议》

1. 《员工培训协议》第一条关于培训类型。根据规定，用人单位与劳动者之间的培训应包括两类：一是提供专项培训费用，对员工进行的专业技术培训；二是新进员工或转岗员工的培训，如岗前安全教育培训、安全卫生培训、普通上岗培训等。两类培训企业承担的权利义务有所不同，应进行区分。

2. 《员工培训协议》第四条关于资格证书。根据规定，用人单位不得扣押员工居民身份证和其他证件，建议将该条修改为由贵公司查验，要求员工提交复印件或者明确员工有随时提交原件的义务等。

3. 《员工培训协议》第四条关于学习目标。不管是专项培训还是一般岗前培训，学习目标均是衡量双方权利义务的具体标准，尤其是岗前培训，如不合格将会作为企业辞退员工的重要依据，因此该条应具体、客观，因岗位而异，并有足够证据证明。

4. 《员工培训协议》第五条关于培训费用的标准。对员工进行岗前培训是企业应尽的义务，要求员工返还培训服务费用有一定难度。专项培训可以计算培训费用，费用中可以包括为员工发放的培训补贴，但不应包括工资。

5. 《员工培训协议》第五条关于培训服务费用的支付。协议对此部分规定在操作流程上稍显模糊，存在一定法律风险。可明确由乙方先行垫付，培训结束并满足协议第四条规定后，要求员工持有效票据办理报销手续。

6. 《员工培训协议》第五条关于培训服务费用的确认。考虑到培训过程中会有各种类型的费用支出，同时培训费用总额可能构成未来员工赔偿的依据，因此，建议在第5条增加一项，即培训结束后，双方应书面确认企业为员工培训实际发生的费用，以作为证据使用，避免争议。

7. 《员工培训协议》第六条关于培训进度的安排。为避免法律风险，用人企业应有权根据需要中止员工的培训进程。

8. 《员工培训协议》第七条关于服务期的适用对象。只有企业提供专项培训费用，对员工进行的专业技术培训才可以约定服务期，因此应特别关注《员工培训协议》的适用范围问题，以避免法律风险。

9. 《员工培训协议》第七条关于服务期的单方解除权。根据规定，劳动合同期满而服务期尚未到期的，劳动合同延续至服务期满，双方另有约定的，从其约定。培训合同中虽然规定有服务期，但未约定用人单位可以放弃服务期的情形，在终止劳动合同时存在一定法律风险。

10. 《员工培训协议》第八条第一款第1项关于机会成本的赔偿问题。此约定虽不违法，但是否能得到劳动仲裁委员会及法院的支持尚不得而知，存在一定风险，仅可达到让员工谨慎辞职的目的。

11. 《员工培训协议》第八条第一款第4项关于员工自行中止培训的问题。为与前文保持一致，建议调整为乙方不得报销已支出费用。

12. 《员工培训协议》第八条第一款第6项关于违约金的总额。约定的违约金数额不应超出用人单位提供的培训费用的总额，约定有服务期的，要求劳动者实际支付的违约金数额不应超出服务期尚未履行部分所分摊的培训费用，因此，《员工培训协议》中有关违约金的规定应特别关注该问题。

13. 《员工培训协议》第八条第二款第2项关于企业违约补偿金。企业应有权根据需要终止培训协议，因此不存在支付违约补偿金的问题。

14. 《员工培训协议》第八条第三款关于劳动合同解除。《劳动合同》与《员工培训协议》分别调整不同的法律关系，建议删除此条，将相应规定在《劳动合同》中加以明确。

15. 《员工培训协议》增加第九条关于协议的终止和解除。应明确用人单位在特定情形下享有单方解除或终止培训协议的权利，如员工行为不当、未完成阶段性考核指标等，以加强管理。

16.《员工培训协议》第十条关于劳动争议的处理。为降低法律风险，建议由用人单位所在地的劳动仲裁部门或人民法院处理。

17.《员工培训协议》第五条有关票据的报销和保存。《中华人民共和国劳动合同法》规定用人单位提供的培训费用应有相应凭证，因此应注意各种支出凭证的收集和保管，《员工培训协议》中有关费用支付和报销等问题缺乏明确规定，存在法律风险。

18.《员工培训协议》第八条第一款第5项关于不能胜任的标准。关于员工不能胜任工作要求，企业需要承担举证责任，因此应注意客观证据的收集和整理。

- 关于《新员工承诺书》

1.《新员工承诺书》关于内容安排。《新员工承诺书》应包括三方面内容：一是员工承诺所提供资料真实有效，二是承诺知悉并遵守公司各项规定，三是承诺遵守公司的各项安排。从承诺书的内容来看，稍显凌乱，尤其是未明确列举企业各主要规章制度，在劳动合同解除时存在法律风险。

2.《新员工承诺书》关于工资保密与合同解除。《新员工承诺书》规定，公司实行工资保密制度，禁止员工互相透漏薪金情况，不得相互打听工资，一经发现，立即解除劳动合同，该规定与《中华人民共和国劳动合同法》有关合同解除的规定不一致。

3.《新员工承诺书》前言部分关于辞退的规定。有关辞退及解除劳动合同的制度设计与立法规定有所不同，实践中将无法发挥预期效果，存在法律风险。

4.《新员工承诺书》第4条关于培训期。有关培训期的规定，应适用现行立法有关试用期的要求，由于在企业提供的《劳动合同管理办法》中规定员工首次签订劳动合同期限为2年，因此建议培训期缩减至2个月为宜。

5.《新员工承诺书》第7条关于无条件离职。提出要求是劳动者的权利，不得放弃，该规定在实践中不能产生预期效果。

6.《新员工承诺书》第9条关于知悉的内容。应详细罗列企业各项规章制度，员工签字即视为知悉其内容，从而有利于企业后续管理，降低法律风险。

【法律风险审查报告书参考版本】

××律师事务所
关于四川××配餐服务有限公司人力资源专项治理
法律风险审查报告书

致：四川××配餐服务有限公司

惠承信任，××律师事务所（以下简称"本所"）接受四川××配餐服务有限公司（以下简称"贵公司"）委托，对贵公司人力资源管理现状进行风险诊断，分析贵公司目前人力资源管理的整体法律风险状况。

本所律师主要根据《中华人民共和国劳动法》《中华人民共和国劳动合同法》《中华人民共和国劳动合同法实施条例》等法律法规的有关规定，制作并提交本报告。

本报告下列词语若无特别说明，则具有以下含义：

"公司"或"贵公司",是指四川××配餐服务有限公司。

"本所",是指××律师事务所。

一、基本情况

（一）工作目的

本次法律服务目的在于,对公司的人力资源现状进行尽职调查,识别、整理目前人力资源管理存在的法律风险,以便公司全面掌握人力资源管理体系的整体情况。对各类法律风险进行汇总、分析后,提出具有针对性的建议,为贵公司进一步解决人力资源管控问题,进而形成行之有效的内部人力资源管控法律体系提供有效的基础数据支撑。

（二）工作范围

公司现有制度类文件20份、文书类文件32份,及相关配套记录表单。本次法律服务主要针对公司提供的书面文件,同时也涉及公司相关负责人以口头形式传达但尚未形成规章制度的管理规范以及对人力资源管理现状的介绍。

（三）工作周期

本次法律服务周期从2023年5月21日至2023年9月20日：

2023年5月21日至2023年5月31日,本所律师组成工作组对贵公司人力资源管理进行尽职调查,收集人力资源管理相关文件,与公司相关负责人员进行座谈；

2023年6月3日至2023年6月14日,律师工作组对收集到的书面文件进行逐一审查,梳理审查意见；

2023年6月17日至2023年6月21日,律师工作组与公司负责人员约谈以了解公司人力资源管理实际操作中的一些问题；

2023年6月24日至2023年7月3日,公司根据座谈结果补充相关基础资料；

2023年7月4日,律师工作组赴公司就公司重点关注的绩效考核制度、薪酬管理等进行当面沟通；

2023年7月5日至2013年7月12日,根据公司意见对绩效考核制度、各用工环节流程进行设计；

2023年7月15日至2023年8月2日,与公司沟通并对《劳动合同书》《面试告知书》《员工试用期管理办法》《保密承诺书》《新员工承诺书》《新员工入职培训签到表》《员工谈话记录表》《员工绩效考核管理办法》《员工调岗确认书》《劳动合同续签审批表》《员工离职管理办法》《岗位胜任力考核表》《公司解除劳动关系与对策一览表》等文书进行审核修订；

2023年8月5日至2023年8月23日,律师工作组内部讨论,对之前梳理的人力资源管理制度审查意见进行分析；

2023年8月26日至2023年9月11日,律师工作组撰写、完善人力资源专项治理分析报告。

（四）工作方式

本次法律服务以对公司现有人力资源管理制度书面文件审查为工作基础,同时采用与负责人员进行座谈、当面沟通、电话沟通等方式了解操作情况。

二、尽职调查（略）

（一）基础资料收集

（二）公司基本情况、发展历史及管理结构

（三）劳动用工情况

（四）规章制度建立情况

三、人力资源管理法律分析意见概述（略）

（一）人力资源规章制度、合同、协议文件体系存在的问题

（二）人力资源组织管理运作存在的问题

（三）人力资源管理对业务部门支撑存在的问题

（四）劳动关系管理存在的问题

四、人力资源管理法律风险具体分析（略）

（一）公司招聘与岗位配置的合规性分析

在本次法律服务过程中，律师工作组整理出贵公司涉及公司招聘与岗位配置的制度类文件有《劳动合同管理办法》，协议类文件有《劳动合同》《劳务协议》《实习协议》，程序类文件有《员工登记表》《新员工承诺书》《员工定岗审批表》等。经评估，我们认为贵公司在该领域存在下列法律风险：

1. 实体性法律风险
2. 程序性法律风险
3. 其他法律风险

（二）公司培训、商业保密与竞业限制的合规性分析

在本次法律服务过程中，律师工作组整理出贵公司涉及公司培训、商业保密与竞业限制的合规性分析的制度类文件有《人力资源控制程序》，协议类文件有《劳动合同》《员工培训协议》，程序类文件有《签到表》《培训申请单》《培训计划表》《考试成绩表》等。经评估，我们认为贵公司在该领域存在下列法律风险：

1. 实体性法律风险
2. 程序性法律风险
3. 其他法律风险

（三）公司绩效管理与奖惩管理的合规性分析

在本次法律服务过程中，律师工作组整理出贵公司涉及公司绩效管理与奖惩管理的制度类文件有《管理干部问责制度》《员工个人绩效管理规定》《薪酬管理办法》《考勤管理办法》，协议类文件有《劳动合同》《劳务协议》，程序类文件有《月考核记录表》《考勤登记表》等。经评估，我们认为贵公司在该领域存在下列法律风险：

1. 实体性法律风险
2. 程序性法律风险
3. 其他法律风险

（四）公司薪酬福利管理的合规性分析

在本次法律服务过程中，律师工作组整理出贵公司涉及公司绩效管理与奖惩管理的制度类文件有《薪酬管理办法》《员工社会保险管理办法》《意外伤害保险管理办法》

《工作装配置表》《工作装管理规定》《劳动保护用品发放管理规定》，协议类文件有《劳动合同》《劳务协议》《实习协议》，程序类文件有《加班补休条》《补休条发放记录表》《休假申请单》《年休假申请单》《考勤登记表》《加班申请单》《工装发放表》《劳保发放表》等。经评估，我们认为贵公司在该领域存在下列法律风险：

1. 实体性法律风险
2. 程序性法律风险
3. 其他法律风险

（五）公司劳动关系管理的合规性分析

在本次法律服务过程中，律师工作组整理出贵公司涉及劳动关系管理的制度类文件有《劳动合同管理办法》《员工工伤管理规定》《意外伤害保险管理办法》《离职流程管理办法》，协议类文件有《劳动合同》《劳务协议》《实习协议》《培训协议》，程序类文件有《员工登记表》《新员工承诺书》《员工定岗审批表》《月考核记录表》《签订固定期限劳动合同申请表》《劳动合同变更审批表》《劳动合同续订审批表》《终止续订劳动合同通知书》《解除劳动合同通知书》《终止解除劳动关系证明书》《终止解除劳动合同经济补偿金领取表》《休假申请单》《年休假申请单》《员工工伤报告表》。经评估，我们认为贵公司在该领域存在下列法律风险：

1. 实体性法律风险
2. 程序性法律风险
3. 其他法律风险

五、管控意见及后续操作建议（略）

（一）重新梳理制度体系

从目前收集的资料来看，贵公司已经初步形成人力资源管理的制度体系，在招聘、培训、绩效管理、薪酬福利以及劳动关系的日常管理等方面均有相应规章制度，并且在各主要管理环节及流程中均有对应协议文本和表格作为支撑，但在具体调查及评估过程中，我们认为贵公司仍有必要对现有制度文件做进一步梳理及完善。需要重点关注的方面有：

第一，制度之间的衔接仍有待加强。从流程化管理的角度出发，单一制度文件仅负责流程中的某一环节，评价某一规章制度的优劣不仅是该文件能否在其所处领域充分发挥功能，还在于该文件是否能够与其他制度相匹配，从而形成有机的制度体系。经过评估，我们认为贵公司在人力资源管理方面的规章制度有必要在整体上进行重新规划和梳理。比如，《加班管理规定》与《考勤管理办法》中有关工时制的规定有所不同，《劳动合同》与企业规章制度的衔接不够紧密等。

第二，具体制度仍有待完善。经过对所收集资料的分类整理，我们注意到贵公司在人力资源管理的某些环节仍然存在制度漏洞，比如在招聘、录用环节中就无具体制度加以规范，也缺乏相应的文书，如录用通知书等。此外，在竞业禁止和商业秘密保护方面，也仅有劳动合同有简单条款涉及，不管是适用范围还是条文的设计均有不足之处。部分文件的调整对象相对过窄，可能出现一些主体无规可依的情况，比如退休返聘人员、非全日制用工等。

（二）确立重点管控风险

我们前期为企业进行的风险识别及评估，意在为企业提供一种风险排序，其中排序相对靠前的风险应成为企业未来一段较长时间内风险管理工作的重点。根据我们的分析和识别结果，我们建议贵公司在后续操作中重点关注《劳动合同》《培训协议》《员工个人绩效管理规定》及其配套文件的修订，以及招聘录用环节的制度完善等，在这些环节中，法律风险相对集中，并且对企业影响较大。

需要指出的是，企业的法律风险是动态的，随着企业经营活动的开展，各种法律风险将会不断发生变化。我们所提出的风险排序仅是在分析企业所提供资料的基础上得出的结论，仅适于用企业现状，并不能保障这样的排序在整个法律风险管理周期都继续维持。因此，次级法律风险也应成为企业风险管理的对象。

（三）建立风险事件统计数据库

人力资源管理是企业的常态性工作，从法律风险的一般理论而言，与人力资源管理相关的法律风险具有高频率的特征，即可以通过对有关历史数据的分析和归纳来达到识别企业法律风险的目的。有鉴于此，我们建议贵公司对近期发生的已经显性化的风险事件进行罗列和统计，一方面明确风险集中爆发的管理环节及部门，确定风险管理的重点对象；另一方面可以通过历史数据的对比检测风险管理的效果，为下一个周期风险管理策略的制定提供依据。

（四）培养法律风险管理文化

任何一种法律风险管理的办法都有其局限性，可以说缺少了清晰而强有力的风险控制文化，用以衡量和控制风险的政策和规章制度很难有效发挥作用。因此要积极创造条件，通过培训、风险管理与专项教育、经验交流会等多种途径或有效载体，将风险控制和企业文化建设有机结合起来，以培养一种在整个企业内上下沟通、讲究诚信、勤勉尽责、排斥利益冲突的风险控制文化，充分发挥每一个员工在风险管理中的作用。

（五）形成定期风险评估制度

企业法律风险与企业日常经营管理密切相关，企业动态地进行经营活动，意味着企业的法律风险同样呈现动态变化的过程。此外，有关人力资源管理的法律法规仍然处于不断变动之中，法律变化可能导致企业原有的人力资源管理体制在法律上的评价被改变，比如新修订的《中华人民共和国劳动合同法》对劳务派遣方面的规定进行了大幅修改，企业原有的人力资源管理策略就需要进行重新审视，否则就会产生新的法律风险。有鉴于此，我们认为企业不仅应当采用科学的法律风险识别策略和方法，还应当考虑通过制度建设形成常态持续的风险管理工作机制。

××律师事务所
××××年××月××日

附 录

附录1 法学院民事非诉讼法律实务模拟课程保密承诺书

法学院民事非诉讼法律实务模拟课程保密承诺书

本人自愿参加民事非诉讼法律实务模拟课程的学习,为维护该课程正常的教学秩序,并切实保障相关权利人的合法权益,特作出以下承诺:

1. 对于在本课程中所接触到的所有相关权利人个人隐私、商业秘密等信息,仅限于本课程范围内使用,不得向外传播;
2. 如因泄露上述信息而给相关权利人、学院或学校造成的损失及其他不良影响,由本人承担责任;
3. 如本人泄露上述信息而造成不良影响,本人愿意接受学院和学校的处理。

承诺人签字:
年 月 日

附录2 法学院民事非诉讼法律实务模拟课程平时成绩考核记录表

法学院民事非诉讼法律实务模拟课程平时成绩考核记录表

学生姓名： 班级： 学号： 统计成绩：
律师事务所名称： 职务： 联系方式：

课程名称	评分依据				成绩
课程一 （5分）	考勤（2分）	课堂表现（3分）			
课程二 （20分）	考勤（2分）	现场表现（8分）		法律文书（10分）		
^	^	团体表现 （3分）	个人表现 （5分）	顾问协议 （5分）	备忘录 （5分）	
课程三 （10分）	考勤（2分）	课堂表现（3分）		文件清单（5分）		
课程四 （10分）	考勤（2分）	课堂表现（3分）		尽职调查报告（5分）		
课程五 （15分）	考勤（2分）	课堂表现（3分）		合同审查（10分）		
课程六 （10分）	考勤（2分）	现场表现（8分）			
^	^	团体表现（4分）			个人表现（4分）	
课程七 （8分）	考勤（2分）	现场表现（6分）			
^	^	团体表现（3分）			个人表现（3分）	
课程八 （2分）	考勤（2分）				

备注：

附录 3 法学院民事非诉讼法律实务模拟课程记录表

法学院民事非诉讼法律实务模拟课程记录表

(教师/学生用)

学期：20××—20××学年××学期　　班级：
律师团队：　　　　　　　　　　　　指导教师：

	时间	内　容	教学效果	参与者
1				
2				
3				
4				

附录4　法学院民事非诉讼法律实务模拟课程调查表

法学院民事非诉讼法律实务模拟课程调查表

时间：　　年　月　日　　　　年级：　级　班　　　　姓名：

1. （单选）你认为开设本课程对于法学教育有无必要？
□非常有必要　　　□有必要　　　　□没有必要　　　□说不清楚

2. （单选）你认为在课程中自己有无收获？
□收获很大　　　　□有一些收获　　□没有收获　　　□说不清楚

3. （单选）你认为在本次实践课程所选择的项目
□很有代表性　　　□代表性一般　　□没有代表性　　□说不清楚

4. （单选）你对自己在本次实践课程中的表现的评价为
□非常积极　　　　□比较积极　　　□不积极　　　　□说不清楚

5. （单选）你对指导教师在本次实践课程中的评价为
□非常负责　　　　□比较负责　　　□不负责任　　　□说不清楚

6. （单选）你对同学们在本次实践课程中的参与情况的评价为
□绝大部分同学积极参与其中
□部分同学积极参与，其余同学参与不够积极
□少部分同学积极参与，大多数同学不闻不问
□说不清楚

7. （单选）你对本次实践课程的总体评价为
□效果很好　　　　□有一定效果　　□没有什么效果　□说不清楚

8. （单选）你认为本实践课程开设在哪一个学期比较合适？
□大三上期　　　　□大三下期　　　□大四上期　　　□大四下期

9. （可多选）你认为在今后的实践课程中，值得改进的地方有哪些？
□应当选择更具代表性的实验项目
□实验项目不能太难
□教师指导时应当更加认真负责
□丰富课程形式（如请资深律师来举办讲座、作报告）
□应当让同学得到更多的锻炼机会
□应当给同学留出更充分的完成作业时间

10. 你的其他建议是：＿＿＿＿＿＿＿＿＿＿＿＿＿＿＿＿＿＿＿＿＿＿＿＿
＿＿＿＿＿＿＿＿＿＿＿＿＿＿＿＿＿＿＿＿＿＿＿＿＿＿＿＿＿＿＿＿＿＿
＿＿＿＿＿＿＿＿＿＿＿＿＿＿＿＿＿＿＿＿＿＿＿＿＿＿＿＿＿＿＿＿＿＿

参考文献

［1］周琳. 非诉讼法律业务实训教程［M］. 北京：中国民主法制出版社，2025.
［2］熊浩. 非诉讼纠纷解决论纲：源流、技艺、规制［M］. 北京：法律出版社，2024.
［3］冯清清. 新律师进阶之路：非诉业务的思维与方法［M］. 2版. 北京：中国法制出版社，2024.
［4］白文静. 法学教育改革与法律人才培养研究［M］. 北京：中国民主法制出版社，2023.
［5］范愉. 非诉讼程序（ADR）教程［M］. 4版. 北京：中国人民大学出版社，2020.
［6］许身健. 法律实践教学手册［M］. 北京：法律出版社，2015.